WISSEN ENTSCHEIDET

Wie erfolgreiche Unternehmen ihr Know-how managen –
eine internationale Studie von McKinsey

Jürgen Kluge
Wolfram Stein
Thomas Licht
Michael Kloss

Co-Autorin:
Alexandra Bendler

REDLINE WIRTSCHAFT
bei ueberreuter

McKinsey & Company
Jürgen Kluge / Wolfram Stein / Thomas Licht / Michael Kloss
Wissen entscheidet: Wie erfolgreiche Unternehmen ihr Know-how managen – eine internationale Studie von McKinsey
Frankfurt/Wien: Redline Wirtschaft bei Ueberreuter, 2003
ISBN 3-8323-0881-4

Unsere Web-Adressen:

http://www.redline-wirtschaft.de
http://www.redline-wirtschaft.at

1 2 3 / 2004 2003 2002

Die in diesem Buch vorgestellten Konzepte und Umfrageergebnisse sind erstmalig in dem englischsprachigen Buch *Knowledge Unplugged* (Palgrave, 2001) diskutiert worden.
Umschlagmotiv: Volker Kraus, McKinsey & Company, und Ulrich Scholz Design, Düsseldorf
Umschlaggestaltung und Innenseitenlayout: Heinke Biermann-Rank
Illustrationen: Adaptionen aus WEB OF LIFE 2002 / ZKM Karlsruhe / Autoren: Torsten Belschner, Michael Gleich, Bernd Lintermann, Jeffrey Shaw, Lawrence Wallen, Manfred Wolff-Plottegg
Druck: Druckerei Theiss GmbH, A-9431 St. Stefan im Lavanttal
Printed in Austria

INHALT

Auf dem Großbildschirm laufen fragmentierte Videoclips, überlagert von Netzwerkstrukturen, bewegte Kompositionen, fremdartig und doch ästhetisch. Drei Männer stehen davor an einer Konsole, geben ihrem Spieltrieb nach, legen eine Hand auf das ausgesparte Feld. Ein Scanner erfasst die Linien der Handfläche, legt das Muster als neues Netzwerk über das Bild, stößt damit eine neue Ordnung auf der Fläche an, verändert, kreiert.

Diese Szene spielte im Straßburger Hauptquartier des deutsch-französischen Pharmakonzerns Aventis, wo die Kunst-Installation „Web of Life" des Zentrums für Kunst und Medientechnologie Karlsruhe (ZKM) im Foyer aufgebaut ist (siehe Seite 245). Die drei Männer, die fasziniert die spielerischen Netzwerkstrukturen betrachten, haben sich getroffen, um ein ernstes Thema zu diskutieren: das Management der Ressource Wissen. Jürgen Dormann, Aufsichtsratsvorsitzender der Aventis S.A., Georg von Krogh, Professor für Betriebswirtschaftslehre an der Universität St.Gallen, und Jürgen Kluge, Leiter des deutschen Büros der Unternehmensberatung McKinsey & Company und Mitautor dieses Buches, wollten im Gespräch dem schwer greifbaren Begriff Wissensmanagement beikommen – alle sind sich einig, wie wichtig es ist, aber jeder versteht etwas anderes darunter –, und das oft so abgehoben behandelte Thema erden. Bereits vor dem Beginn des Diskurses war man bei einem zentralen Punkt angelangt. Die Netzwerk-Installation veranschaulicht, wie Neues aus der Verknüpfung von Vorhandenem entsteht, sie steht für die schaffende Kraft von Gemeinsamkeit, symbolisiert Verbindungen – in unserem Kontext von gespeichertem explizitem Wissen und personengebundenem implizitem Wissen. Die Kraft der Bilder hat uns so begeistert, dass wir aus der Installation die Illustrationen für dieses Buch generiert haben, nach der Devise: Wissen plus Phantasie ist die beste Basis für Erfolg.

Dieses Buch stellt den Zusammenhang zwischen dem Umgang mit der Ressource Wissen und dem Erfolg eines Unternehmens her. Basis ist eine Umfrage bei 40 erfolgreichen Unternehmen rund um die Welt, die McKinsey gemeinsam mit dem Institut für Produktionstechnik und spanende Werkzeugmaschinen der Technischen Universität Darmstadt durchführte. Gemeinsam mit den Darmstädter Wissenschaftlern, die über exzellente Verbindungen in die produzierende Industrie verfügen, hat McKinsey schon eine Reihe empirischer Untersuchungen durchgeführt. Das Projekt zum Wissensmanagement brachte drei Ergebnisse. Erstens: Es gibt kein Patentrezept für gutes Wissensmanagement. Zweitens: Es gibt sehr wohl erprobte Wissensmanagement-Maßnahmen für bestimmte Prozesse oder Situationen. Und drittens: Es besteht ein nachweisbarer Zusammenhang zwischen dem Einsatz dieser Wissensmanagement-Instrumente und dem finanziellen Erfolg eines Unternehmens.

Diese Erfolgsfaktoren für den Umgang mit der Ressource Wissen schildern wir an Fallbeispielen aus der Praxis. Wir beschreiben ihren Einsatz in den Entwicklungsabteilungen von 3M und den Serviceteams der Heidelberger Druckmaschinen AG, bei den Produktionsmitarbeitern von John Deere und den Beratern von McKinsey. Wir untersuchen, wie Intel und Burger King von den gleichen Wissensmanagement-Maßnahmen profitieren und destillieren Handlungsanweisungen, die sich für das Management aus den sechs charakteristischen Eigenschaften des Wissens ergeben: Wer sie beherzigt, wird sein Unternehmen voranbringen. Wie Erich Senn von der SIG Beverages, der seine Power-Point-Präsentationen immer mit dem Porträt der Leistungsträger seines Teams beginnt, wenn er deren Arbeit zitiert. Senn bringt auf den Punkt, was sich wie ein roter Faden durch unsere Beispiele zieht: „Wissen steckt in Menschen."

Anregende Lektüre wünschen Ihnen

Jürgen Kluge, Wolfram Stein,
Thomas Licht und Michael Kloss

München, im Oktober 2002

WARUM WISSEN ENTSCHEIDET

Vom Umgang mit dem vierten Produktionsfaktor

INTERVIEW

1. INTERVIEW

„Wissen ist heute die knappste Ressource"

Wissensmanagement war eine Lieblingsvokabel der neunziger Jahre, begeistert nahmen alle sie auf, doch jeder verstand etwas anderes darunter. Jetzt findet jedoch eine Diskussion über den Begriff unter veränderten Vorzeichen statt, denn was er bezeichnet, ist aktueller denn je: Intelligent eingesetztes Wissen differenziert Produkte und Dienstleistungen vom Wettbewerb, schafft die Basis für den Erfolg eines Unternehmens.

Aber welche Ansätze versprechen Erfolg? Welche Fehler führen zum Scheitern? Buchautor Jürgen Kluge, Chef der deutschen Büros von McKinsey & Company, diskutierte mit Jürgen Dormann, ehemals Vorstandsvorsitzender und jetziger Aufsichtsratsvorsitzender des deutsch-französischen Pharmakonzerns Aventis – kürzlich übernahm er überdies die Führung des Technologiekonzerns ABB – und Georg von Krogh, Leiter des Instituts für Betriebswirtschaft der Universität St. Gallen und europäischer Vordenker in Sachen Wissensmanagement.

Die drei Profis des Wissensmanagements nähern sich dem Thema von unterschiedlichen Seiten. Der Wissenschaftler von Krogh bringt die Theorie ein: Er stellt fest, dass Informationen heute keinen Wettbewerbsvorteil bringen. Erst wenn sie – personenbezogen – zu Wissen werden, entsteht das Potenzial zum erfolgreichen Handeln. Die Verknüpfung mit vorhandenen Erfahrungen bringt den Wettbewerbsvorteil und führt von Krogh zufolge über das Wissensmanagement hinaus zur Knowledge Creation.

Jürgen Dormann entwickelte nach der Fusion von Hoechst und Rhône-Poulenc den klassischen Chemiekonzern zum modernen Wissensunternehmen Aventis. Dieses investiert heute vor allem – in Form von Forschung und Entwicklung – in das Wissen seiner Mitarbeiter. Anlagen und Fabriken haben geringeren Stellenwert, Wissen und Innovationen treiben das Unternehmen.

Jürgen Kluge befindet sich als Leiter eines Unternehmens, dessen wichtigste Ressource das Wissen der Mitarbeiter ist und welches ständig mit Problemen des Wissensmanagements konfrontiert wird, oft genau an der Schnittstelle zwischen Theorie und Praxis.

Kluge: *Wissen gilt heute als vierter Produktionsfaktor neben Boden, Arbeit und Kapital. Professor von Krogh, können Sie uns den Begriff definieren?*

von Krogh: *Da herrscht bislang keine Einigkeit. In vielen Unternehmen gelten nur die eigenen Patente als Wissen, da gibt es eine Tradition in der volkswirtschaftlichen Betrachtung. Andere halten Information für Wissen bzw. unterscheiden nicht zwischen diesen beiden Begriffen. In der Managementlehre aber differenzieren wir zwischen explizitem, kodifizierbarem Wissen und implizitem, von Erfahrung und Kontext abhängigem Wissen. Wir sprechen auch über individuelles und kollektives Wissen und wer beides miteinander verknüpft, betreibt Wissensmanagement.*

Kluge: *Herr Dormann, was bedeutet Wissen in Ihrem Unternehmensalltag?*

Dormann: *Bei uns in der Pharmabranche hat Wissen in den vergangenen Jahren eine ganz neue Dimension gewonnen. In unserem Geschäft hat es sich zu einer eigenen Währung entwickelt: Wir setzen es als Tauschobjekt bei dem fortschreitenden Prozess der Öffnung ein. Früher haben Chemiekonzerne wie Hoechst und Rhône-Poulenc, aus denen Aventis hervorgegangen ist, allein auf die eigene Stärke gesetzt und eine hohe Mauer um ihr Wissen gezogen, aus Furcht vor Geheimnisverrat. Heute glauben wir an die Überlegenheit von Netzwerken und bieten unser Wissen, egal ob in Form von Patenten, Erfahrungen oder Forschungsergebnissen, gezielt an, um für unsere Wunschpartner interessant zu werden. Das können Universitäten, IT-Unternehmen oder auch kreative Start-ups aus der Biotech-Szene sein.*

Dazu mussten wir natürlich zunächst das Bewusstsein im Konzern ändern, was uns inzwischen gelungen ist. Es versteht sich von selbst, dass wir bei aller Offenheit und Lust am Austausch unsere Interessen scharf im Auge behalten.

von Krogh: *Neben dem direkten Tauschhandel beobachten wir immer, dass tatsächlich auch Geschenke gemacht werden. Gerade Großkonzerne, die mit kleinen Start-ups ins Geschäft gekommen sind, teilen schon einmal Wissen ohne direkte, sofortige Gegenleistung – natürlich nicht aus altruistischen Motiven, sondern um bei den Partnern Vertrauen aufzubauen.*

Kluge: *Dass auch das Verschenken von Wissen rational sein kann, hängt mit der einzigartigen Eigenschaft dieses Produktionsfaktors zusammen: Wenn man es teilt, wird es wertvoller. Das kann sogar für eigene Patente gelten. Das beste Beispiel liefert der Markt für Videorecorder. Sony hütete eifersüchtig sein Betamax-System und verschwand aus den Regalen. Matsushita lud alle Wettbewerber ein, sein VHS-System quasi umsonst zu nutzen und setzte so den Weltstandard. Wenn man etwas mit anderen Leuten teilt und es wird wertvoller, dann ist das schon eine Urerfahrung. Die Frage ist natürlich: Mit wem teilt man und wann?*

Dormann: *In jedem Fall teilen wir unser Wissen immer häufiger, denn mit Geld kann man interessantes fremdes Wissen oft nicht kaufen.*

von Krogh: *Das bedeutet doch, dass Wissen heute rarer ist als Geld.*

Kluge: *Ganz offensichtlich ist Wissen heute der knappste Produktionsfaktor. Ganz früher war Land – bebaubares Land – knapp. Landwirtschaft war die wichtigste Erwerbsquelle und Land kann man nicht vermehren. Mit der industriellen Revolution wurde*

dann der Faktor Arbeit knapp. Industriearbeiter mussten bis zu 16 Stunden am Tag schuften – das interpretiere ich so, dass Industriearbeiter knapp waren. Deshalb investierten die Kapitalgeber ihr Geld in Automatisierung. Der Faktor Arbeit war nicht länger knapp, im Gegenteil. Dafür mangelte es an Kapital, es war schwierig, für gute Ideen an Geld zu kommen.
Mittlerweile scheint es mir, dass Wissen die knappe Ressource ist und dass wir jetzt noch nicht genau wissen, wie wir damit umgehen sollen. Wir springen sozusagen an den Anfang der industriellen Revolution zurück und machen Tauschhandel. Genau wie früher in der Landwirtschaft: Ich habe Karotten, du hast Bohnen, lass uns einen Eintopf machen. Wissen entzieht sich noch der quantifizierbaren, monetären Bewertung.

Dormann: *Ich bin mit allem, was Sie gesagt haben, einverstanden, nur mit dem Bild vom Eintopf nicht. Bei uns geht es um immer weitere Differenzierung: Ganz neue Produkte, die wir lancieren können, wenn wir etwa die brillante Idee eines Biotech-Start-ups mit unserem Entwicklungs- und Marktwissen kombinieren. Als Akquisitionswährung können wir häufig Wissen einsetzen, das wir nicht selbst kommerziell umsetzen können. Früher haben wir solche Erkenntnisse eifersüchtig gehütet und nutzlos verkümmern lassen. Heute tauschen wir es ein bei Unternehmen, die damit etwas anfangen können.*

Kluge: *Hier unterscheiden sich eben die Landwirtschaft oder auch normale Industrieprodukte von wissensintensiven Produkten: Aus der Karotte können Sie nicht viel mehr machen. Wenn Sie aber in Ihre Wissensprodukte noch weiteres Wissen investieren, vervielfältigen diese ihren Wert und entwickeln sich weiter.*
Nur so können wir doch die gewaltigen Produktivitätssteigerungen realisieren, die wir brauchen, um einer alternden Gesellschaft mit immer höherem Rentneranteil den Wohlstand zu erhalten, den wir heute genießen.

Dormann: *Lassen Sie mich provokant antworten: Wissen nützt überhaupt nichts, es sei denn, man tut etwas damit. Und jetzt komme ich zu Ihrem Punkt, den Problemen der alternden Gesellschaft: Wissen, wie wir diese Probleme angehen können, ist genug vorhanden. Aber es geschieht nichts. Betrachten Sie die Gesundheitskosten, deren Entwicklung durch die Bevölkerungsalterung dramatisch verlaufen wird. In der Forschung und in den Unternehmen der Gesundheitsbranche sehen wir gewaltige Fortschritte im Wissen, aber die Gesellschaft versagt noch im Managen dieses Wissens: Jeder Verantwortliche weiß um die Fehlentwicklungen im Gesundheitssystem, von den Krankenhauskapazitäten bis zur Struktur des Versicherungssystems, doch der Horizont der Politiker reicht nur bis zur nächsten Wahl, die Probleme packt keiner an. Dabei ist das Wissen vorhanden – Wissensmanagement ist eben nicht nur Pflichtaufgabe im Unternehmen, sondern in der ganzen Gesellschaft.*

Kluge: *Es gab einen Ansatz, den wir alle kennen: Das „Man-to-the-Moon"-Projekt, das John F. Kennedy ausgerufen hat. Und es hat funktioniert – weniger als zehn Jahre später landete der erste Mensch auf dem Mond. Braucht erfolgreiches Wissensmanagement vielleicht ganz hoch gesteckte, plakative Ziele?*

Dormann: *Ich glaube, dass wir differenzieren müssen. Die Regeln der politischen Prozesse sind andere als die im Unternehmen. In der Politik ist die große Vision sicherlich hilfreich, im Unternehmen kann es sogar kontraproduktiv sein, wenn man sich für ein Projekt des Wissensmanagements zu viel vornimmt.*

von Krogh: *Generell glaube ich, dass die Politik mit dem Wissensschatz der Gesellschaft nicht immer pfleglich oder effizient umgeht. Im Umgang mit den Problemen offenbart sich oft mangelndes Wissen. Ich glaube eher, dass die Politik hier vielleicht von der Wirtschaft lernen kann.*

Kluge: *Herr von Krogh, wie definieren Sie den Begriff Wissensmanagement, den wir schon so munter diskutieren?*

von Krogh: *Da gibt es viele Definitionen. Für mich besteht Wissensmanagement aus drei Teilen: Capturing of Knowledge, also Erfassen von Wissen, Sharing of Knowledge, also Teilen von Wissen und Creating Knowledge, das Schaffen neuen Wissens aus der Kombination schon vorhandener Erkenntnisse. Das sind für mich die drei zentralen Prozesse, die zu managen sind. Dazu gehören in jedem Fall quantifizierbare Zielvorgaben: Effizienzziele, z.B. Kostensenkungen, Innovationsziele, etwa kürzere Entwicklungszeiten für neue Produkte und Risikovermeidungsziele, bei denen Wissen über Märkte, Technik oder Prozesse die Floprate senkt.*

Dormann: *Als Wissensmanager müssen wir uns natürlich um die Quellen des Wissens kümmern. Warum hat ein Unternehmen wie Aventis, das doch ganz fest in Frankreich und Deutschland verwurzelt war, heute einen dritten Forschungsschwerpunkt in den USA und noch weitere Subzentren rund um den Globus? Weil Wissen überall in der Welt entstehen kann.*
Wir müssen diese drei Forschungszentren öffnen und vernetzen. Hätten wir nur Zugang zu dem Wissen, das in Europa entsteht, wären wir international nicht wettbewerbsfähig. Der Grund für unser starkes Engagement in den USA liegt heute nicht mehr vor allem in der Größe des Marktes. Ebenso wichtig ist für Aventis der Zugang zum Wissenspotenzial, das wir mit der Präsenz vor Ort erschließen. Das zeigt, welche Bedeutung der Produktionsfaktor Wissen in unserem Konzern gewonnen hat.

Kluge: *Die Wahrscheinlichkeit, dass nützliches Wissen nicht im eigenen Unternehmen, sondern irgendwo anders entsteht, geht gegen unendlich – egal, wie viele Forscher und Entwickler Sie beschäftigen, da draußen tüfteln immer noch viel mehr an den gleichen Fragen. Also brauchen Sie Zugang zu diesem Wissen, das draußen entsteht. Dazu müssen Sie Ihr Unternehmen partnerschaftsfähig machen. Nach außen bedeutet das: Machen Sie klar, dass es sich lohnt, mit Ihnen zusammenzuarbeiten, dass Sie ein vertrauenswürdiger Partner sind. Nach innen heißt das: Sorgen Sie dafür, dass die Mitarbeiter offen für Austausch von Wissen sind – sei es mit Kollegen, sei es mit externen Partnern. Wie haben Sie, Herr Dormann, Ihre Mitarbeiter vom hergebrachten Wissen-ist-Macht-Denken abgebracht?*

Dormann: *Haben wir es geschafft? Ich würde sagen, wir sind auf dem Weg. Die junge Generation wächst in einem Umfeld auf, das von intensiver Kommunikation geprägt ist. Für sie ist es selbstverständlich, Wissen zu teilen, Wissen auszutauschen. Das geht ganz anders zu als in meiner Generation oder selbst in der Generation der 40- oder 50-Jährigen. Wir sind in einem ganz anderen Umfeld aufgewachsen. Traditionell war Pharmaforschung Chemieforschung, inzwischen hat die Biologie eine gleichberechtigte Rolle übernommen. Statt einer homogenen Gruppe von in Frankreich oder Deutschland ausgebildeten Chemikern forschen und entwickeln heute bei Aventis Chemiker, Biologen, IT-Spezialisten, Mediziner und Gentechnologen aus aller Herren Länder. Wenn man das richtige Wertesystem und die gemeinsame Ausrichtung gefunden hat, ist die Entwicklung zum offenen Miteinander unaufhaltsam.*

von Krogh: *Leider machen meine ehemaligen Studenten beim Start ins Berufsleben manchmal ganz andere Erfahrungen. Von der Universität her sind sie es gewohnt, offen zu sein und ihr Wissen bereitwillig zu teilen. Doch bei Antritt ihres ersten Jobs finden sich viele in einem anderen Wertesystem wieder. Genau wie früher kämpft da jeder für sich allein, hüten die Mitarbeiter bewusst oder unbewusst ihr Wissen. Das Management ermuntert sie zum Teil nicht, sich auszutauschen und Wissen zu teilen. Dieses Klima herrscht ab und zu selbst in Unternehmen, die schon Program-*

me zum Wissensmanagement durchgeführt haben. Es gibt viele erfolgreiche Firmen, die bereits seit zehn Jahren Wissensmanagement betreiben und die fortschrittlichsten IT-Systeme installiert haben, jedoch die soziale Komponente nicht genügend berücksichtigen. Fakt ist dann, dass die jungen Leute dort ihre mitgebrachte Offenheit in Sachen Wissensaustausch schnell vergessen – in diesen Systemen wird solches Verhalten nämlich nicht belohnt.

Dormann: *Sie haben Recht, Herr von Krogh, auch bei uns ist der Unternehmensalltag noch nicht in allen Abteilungen so, wie ich es eben geschildert habe. Mein Bericht bezog sich auf unsere Forscher und Entwickler im Geschäftsbereich Innovation & Approval. Dort kommen zwei Dinge zusammen, die in ihrer Kombination funktionierendes Wissensmanagement erlauben: der ausdrückliche Wille der Manager in der Chefetage und die Einstellung der jungen Naturwissenschaftler.*
Denn der einsame Forscher in seinem Labor macht heute keine Entdeckungen mehr, Pharmaforschung braucht Teamgeist. In diesem Bereich sind wir mit dem Wissensmanagement am weitesten vorangekommen. Ich gebe ohne weiteres zu, dass Jobeinsteiger in anderen Bereichen von Aventis noch nicht so gute Erfahrungen machen würden – aber wir arbeiten daran.

Kluge: *Unsere Jobeinsteiger – die meisten kommen direkt nach der Promotion zu uns, Durchschnittsalter 27 – bringen die gleiche Einstellung mit wie Ihre Forscher. Diese Generation formt die Welt so, wie sie sie haben möchte. Wenn man jung ist, surft man am vorderen Rand einer Entwicklung, die als Welle durch die Gesellschaft geht. Ich kann mir vorstellen, dass in 10 bis 20 Jahren die meisten Unternehmen noch viel professioneller mit dem Produktionsfaktor Wissen umgehen. Für das einzelne Unternehmen kommt es doch aber entscheidend darauf an, ob es zu den Vorreitern einer Entwicklung gehört oder zurückhängt. Nur die Schnel-*

len werden die attraktiven Renditen durch Innovationen in Produkt und Prozess kassieren. Was tun Sie, um vorne mit dabei zu sein, Herr Dormann?

Dormann: *In unserem Geschäft zählen zwei Faktoren: bahnbrechende Innovationen und die Kraft, diese schnell weltweit zu vermarkten. Daraus ergibt sich schon automatisch die Notwendigkeit, unsere Trendsetter von Innovation & Approval eng mit dem Marketing zu verzahnen – so werden die Marketingleute automatisch von unseren Entwicklern „infiziert“, was den Umgang mit der Ressource Wissen angeht. Durch die Interaktion mit weiteren Funktionen im Unternehmen fällt dann ein dritter, vierter, fünfter Dominostein.*

Kluge: *Einfache Schlussfolgerung aus dem, was Sie gesagt haben: Wer es ernst meint mit dem Wissensmanagement, setzt am Kern des Unternehmens, an der Stelle mit der größten Relevanz für das Geschäft an.*

Dormann: *Wo sonst liegt denn meine Aufgabe?*

Kluge: *Voilà. Eigentlich ganz einfach. Warum sind aber so viele Projekte zum Wissensmanagement gescheitert, Herr von Krogh?*

von Krogh: *Einen Punkt haben Sie gerade angesprochen: Statt sich auf den wichtigsten Prozess zu konzentrieren und dort mit dem Programm zu beginnen, fehlt vielen Initiativen die Fokussierung, sie setzen allzu breit an. Zweiter Grund: Oft sind die Ziele der Programme etwas vage formuliert und nicht an quantifizierbare Unternehmensziele gebunden. Und drittens setzen viele Unternehmen falsche Prioritäten beim Wissen, orientieren sich an irrelevanten Datensammlungen. Beispielsweise zählen sie die Zahl ihrer Patente oder die Häufigkeit, mit der die Aufsätze ihrer Forscher zitiert werden. Dabei gibt der Kapitalmarkt schon eine*

Richtung vor. Studien im strategischen Management zeigen, dass der Kapitalmarkt in den Kursen nicht die Zahl der gehaltenen Patente, sondern die Qualität der Forschung honoriert. Indirekt wird die Qualität der Forscher dadurch auch belohnt. Weiterhin zählt die Marktnähe der Forschungsergebnisse für die Bewertung eines Biotech-Unternehmens.

Kluge: *Das deckt sich mit unseren empirischen Erfahrungen. Einen Punkt will ich noch ergänzen: Oft scheitern Initiativen zum Wissensmanagement an dem naiven Glauben, ein IT-System könne alle Probleme lösen. Wenn das Wertesystem, die Anreize und die Kultur im Unternehmen stimmen, ist die EDV ein Verstärkungsfaktor. Alleine ist sie nur wie ein Schraubenschlüssel und wenn Sie nicht wissen, wie Sie mit ihm umgehen sollen, stiftet er eher Schaden, weil er nämlich Geld kostet.*
Aber wir haben selbst erlebt, wie leicht man beim Thema Wissensmanagement auf das falsche Gleis gerät. Als wir die Untersuchungen für dieses Buchprojekt begannen, hatte ich als begeisterter Karthesianer geglaubt, wir müssten einen Index für das Wissensmanagement entwickeln, seine Qualität messbar machen. Ich stellte mir einen Würfel vor: Eine Dimension bildet das komplette Wissen zu einem Thema ab, die zweite Dimension dessen örtliche Verfügbarkeit, die dritte die zeitliche Verfügbarkeit. Wir würden dann fröhlich messen: Unternehmen A hat 80 Prozent des verfügbaren Wissens, in 50 Prozent der Märkte, zu 80 Prozent der Zeit. Das wollten wir ausmultiplizieren und dachten: Je höher das Ergebnis, desto besser der Umgang mit der Ressource Wissen.
Heute wissen wir: Dieser Denkansatz war falsch. Es muss nicht jeder alles überall und jederzeit wissen. Dann geht er nämlich unter in einer Flut von Daten. Gutes Wissensmanagement filtert auch und sorgt dafür, dass relevantes Wissen ausgetauscht wird. „Focus is the name of the game", es muss um die Kernprozesse, die Kernprodukte im Unternehmen gehen.

Dormann: *Ich beobachte fasziniert, wie die Gründer von Biotech-Unternehmen in der ersten Phase scheinbar automatisch alles richtig machen in Sachen Wissensmanagement. Die kommen meist aus der Naturwissenschaft, der Fokus liegt automatisch auf der Entwicklung der Produktidee; Offenheit und Austauschbereitschaft bringen sie mit von der Uni. Gründer beschäftigen sich mit unserem Problem gar nicht, die haben andere Sorgen: dass sie vielleicht nicht schnell genug reich und berühmt werden.*
Dieses unbefangene Verhältnis zum Umgang mit Wissen verliert sich mit zunehmender Größe. Wir bei Aventis investieren pro Jahr 3 Milliarden Euro in die Wissensgenerierung bei Innovation & Approval. In Sachanlagen stecken wir nicht einmal mehr 1 Milliarde pro Jahr – dieses Verhältnis war vor wenigen Jahren noch genau umgekehrt. Wir fragen uns natürlich, warum effizientes Wissensmanagement in großen, traditionell gewachsenen, stark durchstrukturierten Konzernen so schwierig ist.

Kluge: *Die Antwort liegt genau in dieser Aussage: weil sie hierarchisch, weil sie durchorganisiert, weil sie strukturiert sind und weil sich das beißt mit den Charakteristika von Wissen, nämlich dass es manchmal spontan, zufällig, chaotisch, kreativ ist.*

von Krogh: *Ich glaube, Ihre Beobachtung der Start-ups ist zutreffend. Diese heranwachsenden Unternehmen repräsentieren interessante Ansätze, wie man einen effizienten Wissensaustausch fördern kann. Die Gründer machen es zunächst intuitiv richtig, werden aber mit neuen Herausforderungen konfrontiert, wenn sie wachsen. Häufig ist es schwierig, eine passende Organisationsstruktur zu finden. Einige Unternehmen sind auch herausgefordert von den exponentiell wachsenden Anforderungen an die Koordinations- und Integrationsfähigkeit des Unternehmens, wenn – wie so oft in dieser Phase – die Belegschaft rasant zunimmt.*

Dormann: *Auf der einen Seite haben wir also die durchstrukturierten Konzerne, in denen Kreativität und Wissensfluss stocken. Auf der anderen Seite haben wir die Start-ups, die in der ersten Phase alles richtig machen, dann aber große Probleme bekommen. Kann man sich da nicht gegenseitig helfen? Wenn ein paar von den hellen Köpfen aus dieser Gründerszene so einen Konzern wie unseren aufmischen würden, was käme dabei heraus? Umgekehrt haben wir natürlich Manager, die das Wachstumschaos bei einem Start-up bereinigen können.*

Kluge: *Das braucht schon Mut, denn wenn es schief zu gehen droht, gibt es natürlich Häme. DaimlerChrysler hat genau diesen Versuch mit dem smart gemacht. Die haben zunächst eine Start-up-Truppe auf das Projekt angesetzt, die alles völlig anders machen wollte. DaimlerChrysler hatte zu Recht die Hoffnung, dass dieser kleine Versuch dann den großen Konzern befruchtet.*
Die „jungen Wilden" verursachten prompt zunächst ein beachtliches Chaos. Es wurde besser, als die Daimler-Manager einige eigene Nachwuchsleute in das Team beorderten, die das System kannten, ohne schon von ihm vereinnahmt oder zu angepasst zu sein und nun ist das kleine Auto ein Erfolg. Ich halte die Idee für richtig und glaube, sie wird weiter Früchte tragen.
In der Abstraktion bedeutet das doch: Erfolge erzielen wir nur, wenn wir Grenzlinien verschieben – egal, ob zwischen Großkonzern und Start-up oder entlang der Wertschöpfungskette, etwa zwischen Entwicklung und Produktion. Es geht darum, Grenzlinien zu verschieben, weil Fortschritt immer nur am Rande des Möglichen erzielt wird, niemals in der Mitte.

von Krogh: *Unilever beeindruckt mich in dieser Hinsicht. Ein klassischer, traditionsreicher Markenartikelhersteller, der den Unternehmergeist seiner Manager fördert und Teams quasi ihre eigenen Start-ups im Konzern gründen lässt. Dazu gibt es bei Unilever eigene Programme. So starteten z.B. Manager der Firma ein Business mit abgepackten Sandwiches, wie klassische Jungunternehmer. Was macht das Beispiel Unilever so interessant? Zunächst fällt auf, dass der Konzern mit wenigen Hierarchiestufen auskommt. Und es gibt ein Anreizsystem, das neue Ideen hervorlockt – ausdrücklich nicht nur von Individuen, sondern vor allem von Teams. Die Unternehmenskultur fördert Schnelligkeit, Kostenbewusstsein und kollektives Handeln, die Organisation schafft die Voraussetzungen für den Tausch von Wissen.*

Kluge: *Wir sind da bei einem Punkt, dem wir in unserem Projekt beharrlich nachgespürt haben: Welche Form von Organisation fördert effektiven Wissenseinsatz? Reicht es schon, wenn es flache Hierarchien und genügend Freiräume gibt?*

Dormann: *Flachere Hierarchien allein bringen wenig. Wichtig ist doch, dass jede Gruppe im Management ihre Rolle erkennt und ausfüllt: Die ganz oben bringen – jedenfalls in der Pharmabranche – selten selbst die Innovation voran. Ihre Rolle ist es, das Mind-Set der Mitarbeiter im Sinne von Offenheit und Austausch zu prägen und Anreizsysteme für Wissensaustausch in Kraft zu setzen. Das Middle Management schafft vor allem organisatorische Grundlagen: Wie setzt man Teams zusammen, wie führt man sie, wie überwacht man die Ergebnisse? Die Innovationskraft liegt in unserer Industrie bei den 25- bis 35-Jährigen, die frisch von der Uni aus ganz unterschiedlichen Disziplinen kommen. Die müssen wir ermuntern, denen müssen wir Raum schaffen.*

von Krogh: *Eine interessante Herausforderung für die derzeitige Managergeneration im Zusammenhang mit den kreativen jungen Köpfen, die jetzt in die Unternehmen drängen, ist doch, sich daran zu gewöhnen loszulassen. Wer Freiräume schafft, hat weniger zu kontrollieren und zu dirigieren, muss aber mehr Vertrauensvorschuss geben.*

Dormann: *Das ist gewiss ein Schlüsselproblem.*

von Krogh: *Man muss auch Vertrauen über die Firmengrenzen hinaus ausbauen und entwickeln. Dann wird der Austausch mit Partnerfirmen, Kunden und Lieferanten einfacher.*

Dormann: *Noch vor zehn Jahren haben wir bei Hoechst und bei Rhône-Poulenc 95 Prozent unseres Researchbudgets im eigenen Unternehmen ausgegeben. Heute kooperieren wir mit 50 Fremdfirmen, geben rund 30 Prozent des Entwicklungsaufwands draußen aus. Und ich glaube, in fünf bis acht Jahren sind wir bei einer Quote von 50 Prozent. Wenn Sie diesen Prozess einmal begonnen haben, gewinnt er eine eigene Dynamik. Sie entwickeln immer mehr Glaubwürdigkeit für potenzielle Partner, bauen Netzwerke auf und entwickeln Routine im Austausch.*

von Krogh: *Auch IBM stellt ein gutes Beispiel für diesen Prozess der Öffnung dar. IBM fordert heute ihre Entwickler auf, etwas beizutragen für ein offen und frei zugängliches Gut, in diesem Fall das Linux-Betriebssystem. Zusammen mit vielen anderen Entwicklern auf der ganzen Welt nützen die IBM-Mitarbeiter das Internet, um diese Software zu gestalten. Als Ergebnis ist Linux ein sehr zuverlässiges und effizientes Betriebssystem geworden. In dieser sogenannten Open-Source-Software-Welt wird Vertrauen aufgebaut, indem man technische Kompetenzen demonstriert.*

Dormann: *Etwas Vergleichbares gibt es auch in unserer Branche: Zum Genom-Forschungsprojekt haben ebenfalls alle ohne Vergütung beigetragen.*

Kluge: *Eine klare Vorstellung von dem, was man mit der Welt teilen möchte, und was man lieber im Hause behält, gehört gewiss zu den Voraussetzungen für gutes Wissensmanagement. Welches sind die anderen bestimmenden Faktoren, Herr von Krogh?*

von Krogh: *Spontaneität, ein Klima, in dem ein Mitarbeiter gern dem anderen hilft, ein Management, das die Grenzlinien auslotet. Diese Vorgaben und Verhaltensweisen, die zum richtigen Umgang mit Wissen führen, müssen mit der Zeit gleichsam in die Gene der Firma übergehen – so wie die Start-ups oft in Sachen Wissensmanagement alles richtig machen, als sei es genetisch programmiert.*

Kluge: *Herr Dormann, Herr von Krogh, vielen Dank für das Gespräch.*

WISSENSMANAGEMEN

Vom Wissen zur Wirkung

Wer den Produktionsfaktor Wissen richtig managt, erreicht seine Unternehmensziele besser. Aber wie macht man es „richtig"? Dieses Buch formuliert Kernthesen zum Wissensmanagement und gibt konkrete Handlungsempfehlungen, belegt durch Beispiele aus der Praxis sowie eine weltweite Umfrage bei Spitzenunternehmen.

Gestandene Manager scheuen vor dem Begriff zurück: *Wissensmanagement* ist doch diese diffuse Lehre, nach der sich im Unternehmen alles zum Besten wendet, wenn man nur eine offene Unternehmenskultur etabliert und ein teures IT-System installiert.

Enttäuschte Hoffnungen und teure Investitionsruinen zeugen davon, dass die Sache so einfach nicht ist. Den effektiven Umgang mit der Ressource Wissen im Unternehmen können nicht externe Gurus und geschäftstüchtige Softwareverkäufer über-

Zusammenhang zwischen Wissensmanagement-Erfolg und Unternehmenswert

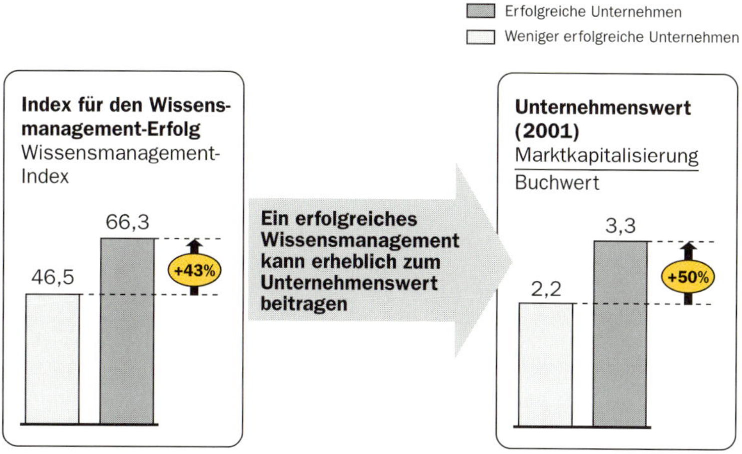

Quelle: Internationale Unternehmensbefragung von McKinsey

nehmen. Es handelt sich vielmehr um eine klassische Managementaufgabe. Dieses Buch beschreibt, wie Sie diese Aufgabe angehen können – und warum es sich lohnt. In einer globalen Unternehmensumfrage und -analyse hat McKinsey die Bestätigung gefunden, dass richtiges Wissensmanagement den Unternehmenserfolg nachhaltig steigert.

Und wir haben auch herausgefunden, was *gutes Wissensmanagement* ausmacht: der Einsatz klassischer Managementtechniken, die konsequent aus der Wissensperspektive weiterentwickelt werden. Denn Wissen – heute anerkannt als vierter Produktionsfaktor neben Boden, Arbeit und Kapital – hat einige charakteristische Eigenschaften, die es von den anderen Produktionsfaktoren absetzt. Diese führen dazu, dass Manager im Umgang mit der Ressource Wissen vor einigen speziellen Herausforderungen stehen. Wir haben sechs Charakteristika gefunden, aus denen sechs Schlussfolgerungen resultieren:

1. Wissen ist subjektiv – auf den Kontext kommt es an

Jeder hat es schon erlebt: Da haben beispielsweise Marketingleute und Produktionsmanager zwar die gleichen Fakten, reden aber trotzdem aneinander vorbei (klassischer Stoßseufzer: „Ingenieure und Kaufleute können nicht miteinander kommunizieren“). Ihnen fehlt der gemeinsame Kontext.

Der dänische Hörgerätehersteller Oticon, dessen Wissensmanagement wir in einem Fallbeispiel in diesem Buch vorstellen, löste dieses Problem, indem er konsequent die verschiedenen Disziplinen zusammenbrachte. Gemeinsame Arbeit schafft einen gemeinsamen Kontext, deshalb hat Oticon die Arbeit in seiner Zentrale vollständig in Projekten organisiert, die befristet von interdisziplinären Teams durchgeführt werden (siehe Seite 165 ff.). Bei SIG im Service ist man sich bewusst, wie wichtig das Wissen des Einzelnen für die gesamte Organisation ist und dass implizites Erfahrungswissen den Kollegen zugänglich gemacht werden muss. Die Kombination aus IT-Lösung, engerer Vernetzung von Vertrieb und Service und der Aufwertung der Servicefunktionen brachte den Turnaround (siehe Seite 121ff.).

Fazit:
Das Management muss für ein Grundverständnis der wesentlichen Themen sorgen. Außerdem sollte es gemischten Teams anspruchsvolle Aufgaben stellen, damit gemeinsame Erfahrungen ermöglichen und einen gleichen Kontext herstellen.

2. Wissen ist übertragbar – Erfolg lässt sich vervielfältigen

Wer hat das Snowboard erfunden? Ein Surfer, der sich im Winter gelangweilt hat. Für Unternehmen bedeutet das: Man muss die Welt nicht immer neu erfinden. Besser ist es, Erfolgsmuster in andere Bereiche hineinzukopieren.

Burger King vervielfältigt weltweit sein standardisiertes Produktionsverfahren und sorgt dafür, dass der Whopper in Köln genauso schmeckt wie in Seoul (siehe Seite 145 ff.); Bertelsmann managt das Kundenbindungsprogramm einer chinesischen Airline letztlich auch mit den Techniken und Erfahrungen aus dem deutschen Buchclub-Geschäft (siehe Seite 101 ff.).

Fazit:
Das Management muss die Weitergabe von Wissen organisieren. Es sollte Treffpunkte für Wissensträger einrichten, eine Infrastruktur zum Austausch schaffen und durch ehrgeizige Ziele die Motivation für den Transfer steigern.

3. Wissen ist selbstverstärkend – hier gilt: Eins durch zwei gleich drei

Wer Geld, Land oder Arbeit weitergibt, hat anschließend den Produktionsfaktor nicht mehr zur Verfügung. Wer aber Wissen weitergibt, hat es selbst immer noch. Das Unternehmen profitiert unmittelbar von der Wissensvermehrung. Der Einzelne wird aber sein Wissen nur teilen, wenn er selbst auch etwas davon hat. Das ist immer dann der Fall, wenn eine kritische Masse von Mitarbeitern beisammen ist, die Wissen austauschen. Dann profitiert jeder davon, Teil dieses Netzes zu sein, weil ihm ständig neues Wissen zufließt – er genießt den Netzwerkeffekt.

So spürt etwa EADS mit seinem Tender Transparency Tool Sparpotenziale im Einkauf auf (siehe Seite 61 ff.) und teilen die Produktionsmitarbeiter der Traktorenfabrik von John Deere ihr Wissen um die Montageprobleme einiger Modelle mit den Entwicklern, damit diese bei künftigen Konstruktionen solche eingebauten Fehler vermeiden (siehe Seite 79 ff.).

Fazit:
Das Management muss dafür sorgen, dass das Wissen ausreichend geteilt wird. Dazu sollte es Plattformen schaffen, die Bildung von Netzwerken unterstützen und Anreize geben, indem es klar entsprechende Ziele setzt.

4. Wissen ist gebunden – in Menschen, Strukturen und Prozessen

Alle Automanager hatten in den 90er Jahren über die schlanke Produktion bei Toyota gelesen – trotzdem gab es regelrechte Pilgerfahrten zu den Produktionsstätten von Toyota: Erleben ist mehr als Lesen, der Pilger wird zum Träger des bislang in den Toyota-Strukturen und -Prozessen gebundenen Wissens, überträgt es zuhause auf Kollegen und die firmeneigenen Prozesse.

Die Heidelberger Druckmaschinen AG holt vor der Auslieferung des ersten Exemplars einer neuen Maschinengeneration die zuständige Servicemannschaft in die Zentrale und lässt sie die Maschine komplett zerlegen – die Techniker erschließen sich auf diese Weise das in den Kollegen im Werk und in der Maschine gebundene Wissen (siehe Seite 121 ff.). Und McKinsey schickt seine Teams vor jeder Strategiestudie zu einem maßgeschneiderten internen Seminar, damit die Berater das neueste, bislang in Dokumentationen und in Kollegen gebundene Wissen mit zum Klienten nehmen (siehe Seite 183 ff.).

Fazit:
Das Management muss den Mix der Wissensträger optimieren und dafür sorgen, dass gebundenes Wissen – egal ob es in Menschen, Strukturen oder Prozessen steckt – weitergegeben und dort eingesetzt wird, wo es am meisten Nutzen stiftet.

5. Wissen ist vergänglich – es verliert permanent an Wert

Wissen veraltet. Wer nutzbares Wissen hat, muss es deshalb schnell einsetzen und intensiv weiterentwickeln.

Die Halbleiterindustrie beispielsweise hat Technologiezyklen von nur 15 Monaten. Wenn Intel die komplexe Fertigungstechnologie für eine neue Chip-Generation in seiner Pilotfabrik entwickelt, standardisieren die Ingenieure jeden Fertigungsschritt so weit, dass dann weltweit parallel in allen Werken die Fertigung schnell nach exakt dem gleichen Muster hochgefahren werden kann – das Programm heißt Copy EXACTLY! (siehe Seite 145 ff.).

Fazit:
Das Management muss für Tempo sorgen und dafür, dass sich keiner im Unternehmen auf seinem Wissen ausruht.

6. Wissen entsteht auch spontan – nicht alles ist planbar

James Watt kam die Idee zur Konstruktion der ersten Dampfmaschine am Kochherd, als er sah, wie der Wasserdampf einen Topfdeckel hob – so startete die Welt ins Zeitalter der Industrialisierung.

Und der Zufall – wenn man ihn nur zulässt – bringt auch heute noch Unternehmen voran. Beim Mischkonzern 3M etwa hatte sich eine Entwicklerin aus Versehen eine Fluorverbindung auf die neuen weißen Tennisschuhe gekippt, die sich mit keinem Putz- und Lösungsmittel entfernen ließ. Heute ist die Mischung die Basis für einen Stoff zum Imprägnieren von Jacken und Mänteln – und ein verlässlicher Umsatzbringer für 3M.

> Fazit:
> *Das Management muss Freiräume schaffen, denn der Prozess der individuellen Wissensentwicklung hat mit Kreativität zu tun, auch mit der Möglichkeit, einmal „herumspinnen" zu können.*

Alle sechs Schlussfolgerungen, die sich aus den Charakteristika des Produktionsfaktors Wissen für das Management ableiten, verbindet diese Fragestellung: Wie bringe ich die Mitarbeiter dazu, ein anspruchsvolles, quantifiziertes Ziel zu realisieren? Vier Hebel spielen dabei eine Rolle:

- Strukturen schaffen. Wissensaustausch ist am einfachsten in interdisziplinären Teams, die temporär gemeinsame Projekte bearbeiten.

- Prozesse optimieren. Das Management muss die Abläufe der Geschäftsprozesse so ändern, dass Schnittstellen für den Wissensaustausch definiert sind.

- Kultur verändern. Es muss sich lohnen, sein Wissen mit anderen zu teilen. Nicht notwendigerweise sofort finanziell, sondern vielmehr dadurch, dass man im Gegenzug Feedback und relevante Informationen erhält.

- Infrastruktur bereitstellen. Das Management muss einerseits über IT-Systeme die technischen Voraussetzungen für den Datenaustausch schaffen, andererseits auch die Plattformen für den persönlichen Austausch einrichten – von internen Kongressen bis zum Treffpunkt in der Kaffeeküche.

Alle vier Ansätze kommen Managern bekannt vor: Bewährte Methoden, die hier aus einer Wissensperspektive eingesetzt werden. Die Botschaft: Wissen muss wie jede andere Ressource gemanagt werden – es lohnt sich.

Mit diesem Grundverständnis von Wissensmanagement haben wir eine weltweite Unternehmensbefragung durchgeführt. Ziel der Untersuchung war es, die Erfolgsfaktoren dieses Managementansatzes zu konkretisieren und bis auf die Ebene spezifischer erfolgsrelevanter Maßnahmen zu operationalisieren. Hierfür untersuchten wir rund 40 Unternehmen aus der Investitionsgüter-, Automobil- und High-Tech-Branche – von Unternehmen wie Trumpf und Ingersoll über Renault und Toyota bis hin zu Intel, SAP und Microsoft. In diesen Firmen, die in Europa, Nordamerika und Japan beheimatet sind, führten wir Interviews mit Managern verschiedener Funktionsbereiche – von Entwicklung und Einkauf über Produktion bis hin zu Marketing und Vertrieb und Service. Wir suchten Gesprächspartner auf verschiedenen Ebenen – vom Projektingenieur bis zum Geschäftsführer. Im Mittelpunkt stand dabei immer der tatsächliche Einsatz von Wissensmanagement-Maßnahmen im Tagesgeschäft. Herausgekommen ist eine Datenbasis mit mehr als 50.000 Einträgen zu einem Set von 139 verschiedenen Wissensmanagement-Maßnahmen im Unternehmensalltag.

Getreu dem Motto „Von den Besten lernen“ analysierten wir den Einsatz von Wissensmanagement mittels Benchmarking (Details zur Methode im Anhang ab Seite 231 ff.). Unsere Beobachtungen:

- Keine der Wissensmanagement-Maßnahmen, die von den erfolgreichen Unternehmen eingesetzt werden, ist gänzlich neu oder gar revolutionär, sie erfordern meist nur eine andere Sichtweise auf die bekannten Dinge. Viele sprechen noch nicht einmal explizit von Wissensmanagement, obwohl sie die Techniken bereits einsetzen.

- Das vordringlichste Problem in den Unternehmen ist die Anwendung von Wissen. Oft vergeben Unternehmen wertvolle Chancen, weil sie das vorhandene Wissen nicht effektiv nutzen. Verteilung und Generierung können erst dann zu signifikantem Mehrwert führen, wenn die Wissensanwendung gesichert ist.

- Wissensmanagement scheitert häufig, weil die richtigen Rahmenbedingungen fehlen. Erfolg stellt sich nur ein, wenn die Unternehmenskultur auf Vertrauen und Offenheit aufbaut und es gelingt, bei den Mitarbeitern Nachfrage nach Wissen anzuregen.

- Die erfolgreichen Unternehmen erkennen den Faktor Mensch als zentralen Wissensträger und setzen ihn durch Wissensmanagement-Maßnahmen richtig „in Szene“. Die weniger erfolgreichen Unternehmen vertrauen dagegen oft zu einseitig auf den Aufbau einer IT-Infrastruktur.

- Bei der Untersuchung haben sich keine signifikanten Branchencluster herauskristallisiert. Wissen lässt sich von spezifischen Produkten und Prozessen abstrahieren. Die Erfolgsfaktoren für gutes Management von Wissen ähneln sich in den verschiedenen Branchen und Geschäftsfeldern.

Immerhin ergaben sich klare Erfolgsmuster bei den 40 untersuchten Unternehmen. Erfolgsentscheidend sind 68 spezifische Wissensmanagement-Maßnahmen, die wir in den folgenden Fallbeispielen vorstellen.

Auf den für alle gültigen Königsweg zum erfolgreichen Wissensmanagement sind wir bei unseren Recherchen nicht gestoßen. Ihn kann es auch nicht geben: So unterschiedlich wie die Probleme von Unternehmen ist auch die Zusammensetzung der Maßnahmenbündel in Sachen Wissensmanagement. Immerhin aber gibt es Standardsituationen und -probleme, die in allen Branchen und Unternehmensgrößen wieder auftreten. Dabei hat sich bestätigt, dass erfolgreiche Wissensmanagement-Maßnahmen unabhängig von Branche und Standort ähnliche Erfolgsmuster aufweisen; die Unterschiede liegen vor allem auf der Ebene der einzelnen Unternehmensfunktionen. Deshalb haben wir die folgenden Fallbeispiele zum Teil an übergreifenden Themen wie Veränderung der Unternehmenskultur und Standardisierung orientiert, in der Hauptsache aber entlang einer allgemeinen Wertschöpfungskette von der Produktentwicklung über den Einkauf, die Fertigung und den Vertrieb bis hin zum Service geordnet. Jedes Mal beschreiben wir in einem Beispiel, wie der erfolgreiche Umgang mit Wissen zur Lösung typischer Geschäftsprobleme des jeweiligen Bereichs führt. Meist steht ein Unternehmen im Vordergrund, ergänzt durch Exkursionen zu Beispielen aus anderen Branchen.

Entwicklung

Fast immer entwickeln Unternehmen neue Produkte im Wettlauf mit den Wettbewerbern. Gleichzeitig braucht Innovation Freiräume und kann nicht erzwungen werden. Wissensmanagement macht 3M zu einem der innovativsten Großunternehmen der Welt.

Einkauf

Traditionell unterschätzt, bringen auch die Einkäufer heute die EADS (European Aeronautic Defence and Space Company), Europas größten Luft- und Raumfahrtkonzern, auf Erfolgskurs. Die Basis dafür liefert die geschickte Nutzung längst vorhandenen Wissens im zusammenwachsenden Unternehmensverbund.

Produktion

Maximale Variantenvielfalt, kurze Lieferzeiten und trotzdem geringe Kapitalbindung in den Lagerbeständen: Diesen Dreiklang hat John Deere in der Focus Factory in Mannheim durch interdisziplinäre Modulteams, Jobrotation und ein neues Anreizsystem optimiert.

Marketing und Vertrieb

Mit dem Synergy Award hat der Gütersloher Medienriese Bertelsmann einen Wettbewerb gestartet, der die besten Ideen prämiert, die Synergien zwischen den weitgehend selbständig geführten Konzerngesellschaften realisieren. Dabei stehen umsatzsteigernde Projekte im Vordergrund.

Service

Service gilt als Wachstumsfeld für traditionelle Industrieunternehmen. Aber gerade hier sind die Anforderungen an den Umgang mit Wissen so vielfältig wie in kaum einem anderen Geschäft. Die SIG Beverages und die Heidelberger Druckmaschinen AG haben auf ganz unterschiedliche Weise dafür gesorgt, dass Erfahrungen und Wissen ihrer Servicetruppen schnell überall in der Organisation nutzbar werden.

Standardisierung

Flexibilität ist ein schönes Ziel, aber in bestimmten Situationen helfen vor allem feste Regeln und Standards, um schnell Fahrt aufzunehmen. Egal ob High Tech oder Quick-Service-Gastronomie: Die Unternehmen Intel und Burger King eint die Herausforderung, hohe Stückzahlen ihrer Produkte an weltweit verstreuten Produktionsstätten ohne qualitative Ausrutscher produzieren zu müssen. Dabei hilft ihnen die rigideste Form des Wissensmanagements. Sie formulieren jeweils ein System aus verbindlichen Standards, um die Erfolge effizienter Wissensanwendung schnell abschöpfen zu können.

Unternehmenskultur

Der dänische Hörgerätehersteller Oticon hat sich nach einem dramatischen Marktanteilsverlust wieder zurück an die Weltspitze gekämpft. Anders als gewohnt standen nicht Kostenkürzungen im Mittelpunkt der Sanierungsanstrengungen, sondern ein Programm zum Wissensmanagement, das an der Veränderung der Unternehmenskultur ansetzte.

Anreizsysteme

Ein Blick hinter die Kulissen des Beratungsunternehmens: Wie geht McKinsey mit seinem wertvollsten Asset, dem Wissen in den Köpfen seiner Mitarbeiter, um? Wie werden die Mitarbeiter motiviert, Wissen nicht als Basis für eigene Macht und Erfolg zu horten, sondern für den Erfolg der Firma mit allen Kollegen bereitwillig zu teilen?

Faktor Mensch

Wie man die Mitarbeiter zum offenen Austausch von Wissen motiviert, sagt der Arbeitspsychologe Lutz von Rosenstiel: Zusammenarbeit soll sich lohnen – und das muss nicht immer finanziell sein. In einem Interview berichtet er von erstaunlichen Praxisbeispielen.

Lutz von Rosenstiel trifft den Kern des Themas: Wissensmanagement bringt nur dann messbaren Erfolg für das Unternehmen, wenn es gelingt, die Mitarbeiter zum Mitmachen zu motivieren. Denn das wichtigste Wissen des Unternehmens steckt in ihren Köpfen.

So geht's

Ein Programm zum Wissensmanagement wird wie andere Verbesserungsprogramme in Unternehmen auf den Weg gebracht, ist aber zugeschnitten auf die spezifischen Eigenschaften von Wissen. Am anonymisierten Beispiel eines Maschinen- und Anlagenbaukonzerns stellen wir vor, wo McKinsey bei einem Wissensmanagement-Projekt ansetzt.

Und das Fazit nach all den Thesen, Fallbeispielen und Handlungsanleitungen?

Erstens: Ohne die Mitarbeiter geht es nicht.

Zweitens: Gute Manager haben viele Möglichkeiten, ihre Mitarbeiter zum Mitmachen zu bewegen.

Drittens: Lesen Sie selbst!

DIE FALLBEISPIELE

Best Practice: Fünf Unternehmensbeispiele entlang der Wertschöpfungskette und drei unternehmensweite Ansätze zum Wissensmanagement

ENTWICKLUNG

3. ENTWICKLUNG

Erfindergeist in Hochform

Der amerikanische Mischkonzern 3M glänzt immer wieder mit erfolgreichen Innovationen. Wissensmanagement legt die Grundlagen für den Erfolg in der Produktentwicklung: Ein ausgefeiltes System von Freiräumen für die Mitarbeiter, aber auch klar definierten Zielen und effizienter Kontrolle.

Die Erfindung schien völlig nutzlos. Nicht einmal der Entwickler Dr. Spencer Silver konnte sich eine sinnvolle Verwendung für den neuen Klebstoff vorstellen, dessen Mixtur er zufällig entdeckt hatte. Was sollte man schon mit einem Kleber mit so geringer Haftung anfangen? Dann aber sprach Silver ganz nebenbei über seine Zufallsentdeckung in einer der Freitags-Diskussionsrunden, bei denen sich die Forscher bei 3M regelmäßig zum Gedankenaustausch treffen – und weckte das Interesse seines Kollegen Art Fry aus einer anderen Business Division. Der konnte nämlich mit diesem Kleber endlich seine Idee der haftenden Merkzettel verwirklichen.

Von einem Markterfolg war er damit aber noch meilenweit entfernt. Die Vertriebsleute des Konzerns wollten von den selbstklebenden Notizzetteln nichts wissen. Weil diese teurer waren als herkömmliche Blocks, glaubten die Marktexperten nicht an einen Erfolg bei den Kunden. Also besann sich Fry unkonventionellerer Methoden und verteilte seine Post-it Notes kurzerhand in den Büros des eigenen Unternehmens, die Chefsekretariate nicht ausgenommen. Erst nachdem ständige Nachbestellungen den Erfolg in diesem hausinternen Feldtest dokumentiert hatten, ließen sich endlich auch die Kollegen aus der Division für Bürobedarf von der Marktfähigkeit des Produkts überzeugen.

Die Post-it Notes sind heute einer der fünf beliebtesten Büroartikel in den USA und weltweit ein Kassenschlager. Sie stehen aber nicht nur für den außerordentlichen wirtschaftlichen Erfolg von 3M, sondern sind auch ein eindrucksvolles Beispiel für die Innovationskraft des Unternehmens. Im Jahre 1998 beispielsweise wurden weltweit 611 Patente für 3M registriert, das gesamte

Angebot des Konzerns umfasst mehr als 50.000 Artikel, über 30 Prozent des Umsatzes von jährlich 16 Milliarden US-Dollar erzielt 3M mit Produkten, die jünger als vier Jahre sind.

Unternehmensprofil 3M

Steckbrief (2001)	
Umsatz:	18,0 Mrd. EUR
Mitarbeiter:	~ 72.000
Standorte:	Rund 60 Fertigungsstätten in den USA, etwa 90 weitere weltweit

Umsatzanteil nach Geschäftsbereichen (in Prozent)	
Transportation, Graphics & Safety (Karosserieschutz, optische Filme, Atemschutzgeräte)	22
Health Care (Medikamente, z.B. zur Infektionsvorbeugung, Dentalprodukte)	21
Industrial (Klebe- und Schleifmittel, Schutzfolien)	20
Consumer & Office (Post-it Notes, Schwämme, Scotch-Klebebänder)	17
Electro & Communications (Projektoren, Verbindungsleisten für Datennetze)	14
Specialty Material (chemische Zusätze, Zeit-/Temperaturindikatoren)	6

Quelle: 3M-Geschäftsbericht 2001, Hoovers

Kombination von Spitzenforschung und Produktdesign garantiert Erfolg

Zwar verbinden sich mit dem Firmennamen in erster Linie die Angebote der Bürobedarf-Division, ob Post-it Notes oder Scotch-Klebeband, aber der Innovationsführer aus den USA hat viel mehr zu bieten: von reflektierenden Folien über Partikelfilter für Dieselmotoren bis hin zu Mikrofaser-Wischtüchern reicht das Repertoire. 3M nimmt führende Positionen ein mit seinen Produkten für Gesundheit, Sicherheit, Elektronik, Telekommunikation, den Industriemarkt und Bürobedarf. Sogar ein Teil der Ausrüstung von Neil Armstrong, dem ersten Menschen auf dem Mond, bestand aus Produkten von 3M.

Ungewöhnlich erfolgreich schafft der US-Konzern immer wieder den Spagat zwischen Spitzenforschung und marktorientiertem Produktdesign. Dass Entwickler bei 3M sich mit dem Rüstzeug für weitere Weltraumspaziergänge ebenso beschäftigen wie mit dem Geräusch beim Öffnen eines Verschlusses von Babywindeln, hat Methode. Die Stärke des Unternehmens liegt in der Transformation von Ergebnissen der Grundlagenforschung in kunden- und marktorientierte Produkte. Erfindergeist und Unternehmertum bilden hierbei eine höchst effektive Allianz.

Wissensmanagement-Ziele in der Entwicklung von 3M

- Spitzenforschung in marktfähige Produkte umsetzen
- Permanent das Wissen umschlagen, um durch Rekombination und Weiterentwicklung von 34 Basistechnologien Innovationen zu generieren
- Innovationskultur und Unternehmertum erhalten, damit der Strom kreativer Ideen nicht abreißt

Quelle: McKinsey-Wissensmanagement-Team

Das Erfolgsrezept heißt: Eigeninitiative honorieren, Fehler tolerieren

In der Produktentwicklung nutzt der Konzern gezielt den Zufall als Bestandteil seines wohl durchdachten Wissensmanagements. In einem ausgefeilten System erhalten die Mitarbeiter einerseits große Freiheiten zur Entwicklung eigener Ideen und zum informellen Gedankenaustausch mit Kollegen überall im Unternehmen, etwa in den Freitags-Diskussionsrunden. Andererseits setzt die Unternehmensführung ehrgeizige Ziele und implementiert effektive Kontrollen, die eine produktive und kostengünstige Umsetzung der Ideen sicherstellen. Das Erfolgsrezept des multinationalen Technologiekonzerns, mit Standorten in über 60 und Kunden in mehr als 200 Ländern ein wirklicher Global Player, ist damit klar: Ein Umfeld, das Freiräume für eigene Ideen schafft und eine Führungskultur, die natürlich nicht nur kontrolliert, sondern Eigeninitiative honoriert, Fehler toleriert und sich um die Prämierung hervorragender Forschungsleistungen kümmert, spornt jeden Mitarbeiter zur Verwirklichung von Ideen und innovativen Lösungen an.

Die systematische, unvoreingenommene Nutzung des Knowhows im Konzern verstärkt noch die Innovationskraft. Der informelle Austausch über die Divisionen hinweg führt so immer wieder zu neuen Produktideen, sei es der Einsatz von Reflexionsfolien nicht nur auf Verkehrsschildern, sondern auch in der Gebäudetechnik oder die Verwendung von Klettverbindungen sowohl in der Automobilindustrie als auch in Haushalt und Freizeit. Weil solche Transfers nicht gezielt gesteuert werden können, fördert das Management die Bildung informeller Netzwerke. In selbst organisierten Technologieforen, auf internen Technologiemessen und durch Mitarbeiteraustausch zwischen den Forschungseinrichtungen entstehen persönliche Kontakte, über die Wissen transferiert und neue Anwendungen entwickelt werden.

Den Erfolg der Produktinnovationen verantworten dann die Divisionen mit ihren relativ autarken Ländereinheiten. Sie nutzen dabei ihren jeweiligen Heimatmarkt optimal. Zum einen verwenden die Divisionen hauptsächlich lokale Rohstoffe. So können die Labors mit unterschiedlichen Zusammensetzungen und Zutaten experimentieren, um bei einem Produkttransfer aus einem anderen Land die optimale Lösung für das Einsatzgebiet zu kreieren. Zum anderen ergeben sich aus den kulturellen Besonderheiten in den Zielländern häufig notwendige Produktmodifikationen.

Traditionen und Vorbilder prägen eine einzigartige Kultur der Innovation

Das Multitechnologie-Unternehmen 3M, das 1902 am Lake Superior als Minnesota Mining and Manufacturing Company gegründet wurde, blickt zurück auf eine lange Tradition bahnbrechender Innovationen. Ursprünglich beschäftigt mit dem Abbau von Mineralien zur Herstellung von Schleifscheiben, brachte die Erfindung des weltweit ersten wasserbeständigen Sandpapiers den Durchbruch. Es folgte die Entwicklung verschiedener Klebebänder, reflektierender Straßenmarkierung sowie die Herstellung von Offset-Druckplatten, Overheadprojektoren und weiterer Büroartikel. Heute pflegt der Konzern 34 so genannte Basistechnologien – beispielsweise Klebstoffe, Schleifmaterial, Vliesstoffe, Verbundwerkstoffe oder mechanische Verschlüsse –, für die eigene Technologiezentren eingerichtet wurden.

Die wohl einzigartige Kultur der Innovation prägte William L. McKnight, der 1907 als Hilfsbuchhalter in das Unternehmen eintrat und es von 1929 bis 1966 als Präsident führte. Er formulierte im Jahre 1948 eine Reihe von Managementgrundsätzen, die noch heute im Unternehmen gelten. Zu den wichtigsten Punkten zählen die Delegation von Verantwortung und die unbedingte Unterstützung von Eigeninitiative und Unternehmergeist der Mitarbeiter. Jeder im Unternehmen, so die Grundannahme, will seine Aufgabe so gut wie möglich erfüllen. Das Management ist besser beraten, Fehler und Irrwege zuzulassen, als den Rahmen so eng zu stecken, dass die Eigeninitiative im Keim erstickt wird. Peter Pape, Senior Technical Manager bei 3M in Deutschland, erläutert die Wirkung im Unternehmen: „Eigeninitiative steht bei uns im Vordergrund. Neue Mitarbeiter gucken sich das ziemlich schnell bei ihren Kollegen ab und werden von der Forschermentalität angesteckt."

Es ist schwer, sich dieser besonderen Atmosphäre bei 3M zu entziehen. Die Geschichten über Art Fry und Spencer Silver mit den Klebezetteln, über Dick Drew, den Erfinder des Scotch-Klebebandes, oder über Carl Miller, den Erfinder der Thermokopiermethode, geistern immer wieder durch die Entwicklungszentren von 3M. Das Engagement und der Enthusiasmus, mit dem diese Erfinder ihre Innovationen gegen alle Widerstände und Zweifel vorantrieben, haben Vorbildfunktion. Eine gute Idee zu haben oder eine Entdeckung zu machen und damit einen ganz neuen Markt oder ein neues Geschäftsfeld zu erschließen, ist für 3M-Mitarbeiter das anvisierte Ziel.

Hohe Ansprüche aktivieren die vielfältigen Wissenspotenziale

Doch solche Ergebnisse entstehen nicht nur wegen der berühmten Vorbilder. Natürlich gibt es bei 3M auch ganz klare Managementvorgaben. Messlatte für den Output der Entwickler ist der Anspruch, den Anteil des Umsatzes mit Produkten, die jünger als vier Jahre sind, über 30 Prozent zu halten. Um den Stellenwert der Innovation noch stärker zu betonen, definiert das Management seit neuestem eine weitere Leitlinie für den Erfolg: 10 Prozent der Erlöse sollen Produkte bringen, die maximal ein Jahr auf dem Markt sind.

Mit dem stärkeren Druck, der durch das Anspruchsniveau aufgebaut wird, erhöht sich auch die Bereitschaft der Mitarbeiter, sämtliche Möglichkeiten zu nutzen, um Innovationen voranzutreiben. Zwar ist klar, dass Kreativität nicht erzwungen werden kann, aber Not macht bekanntlich erfinderisch und viele gute Problemlösungen entstehen unter großem Erfolgs- oder Termindruck.

Da jeder weiß, dass er als Einzelkämpfer die hoch gesteckten Ziele nicht erreichen kann, wird Wissen bereitwillig geteilt. Die Devise „Wissen ist Macht“ verliert ihre Gültigkeit für das Individuum, denn das Erreichen des Ziels wäre gefährdet, wenn Wissensquellen durch Machtgeplänkel versiegen würden. So tauschen die Forscher ihre Ideen untereinander aus und nehmen fremdes Wissen aus anderen Bereichen und von verschiedenen Spezialisten gerne auf, um neue Denkanstöße zu erhalten. Manchmal gelingt es sogar, Kollegen zur Aufnahme und Weiterentwicklung der eigenen Ideen anzuspornen.

Um das hohe Anspruchsniveau erfüllen zu können, müssen die Mitarbeiter allerdings auch den Freiraum haben, neben dem Tagesgeschäft eigene Ideen zu entwickeln und weiterzuspinnen. Die Möglichkeit, über den Tellerrand zu schauen, Neues auszuprobieren und das Undenkbare zu denken, geht sonst verloren. In der Mühle des Tagesgeschäfts kommen vielleicht noch das eine oder andere Mal gute Ideen auf, doch sie versanden, weil einfach keine Zeit da ist, auch mal einer ausgefallen erscheinenden Idee nachzugehen. Gerade diese zunächst abwegigen Gedanken sind aber häufig Ausgangspunkt für erfolgreiche Innovationen.

Die 15-Prozent-Regel verschafft findigen Forschern Freiräume

Eine der wichtigsten Rahmenbedingungen für Kreativität und Innovation bei 3M ist die 15-Prozent-Regel. Danach kann jeder Mitarbeiter 15 Prozent seiner Arbeitszeit darauf verwenden, eigene Projekte oder Ideen zu verfolgen. Natürlich schaut niemand auf die Uhr und überprüft, dass bei einem Achtstundentag auch genau eine Stunde und zwölf Minuten dafür genutzt werden. Die Regel soll schließlich keine bürokratische Maschinerie zur Zeiterfassung in Gang setzen. Und „in der Praxis lässt der Druck des Tagesgeschäfts leider häufig nicht diesen Freiraum“, räumt Manager Pape ein.

Deshalb ist die Eigeninitiative des Erfinders in spe gefordert. Sein Chef wird ihm jedenfalls keine Steine in den Weg legen, ganz im Gegenteil. Häufig genug halten Vorgesetzte eine schützende Hand über ihre Forscher, verteidigen Budgets, überdecken verpasste Deadlines oder helfen sogar beim Umgehen offizieller

Genehmigungsverfahren im Unternehmen. So wird bei 3M quasi überall ein wenig im Untergrund geforscht.

Ein Beispiel dafür ist die Entwicklung einer neuen Schleifmitteltechnologie, dem 3M Trizact Abrasive Belt, die erst durch die Beharrlichkeit der Entwickler Mike Mucci und Jon Pieper aus der Abrasive Systems Division zu Stande kam. Sie hatten die Idee, statt der gängigen Schleifmittel aus harzimprägniertem Material auf Papier eine dreidimensionale Oberfläche aus mikroskopisch kleinen Pyramiden zu entwickeln, in die die Schleifpartikel eingebettet sind. Mit dieser speziellen Mikrooberfläche wollten sie die Lebensdauer und die Schleifleistung enorm steigern. Aber bis es so weit war, mussten Mucci und Pieper erst einmal im Rahmen der 15-Prozent-Regel loslegen.

Endlose Schleifversuche machten die Entwickler berühmt und berüchtigt

Um erste Proben herzustellen, holten sie sich über informelle Kanäle das notwendige Miniaturisierungs-Know-how aus dem 3M Process Technology Labor und liehen sich die Ausrüstung zusammen. Bald waren die beiden berühmt und berüchtigt für ihre endlosen Schleifversuche an Golfschlägereisen und Rohrleitungen. Schließlich überließen ihnen ihre Chefs eine ausgediente Fertigungslinie – einerseits, um sie mit ihren lautstarken und staubigen Schleifversuchen aus dem Versuchsbereich zu verbannen, in dem auch andere 3M-Mitarbeiter an Materialien für Präzisionsoptik arbeiteten. Andererseits wurde damit aber auch die Entwicklung des neuen Schleifmaterials beschleunigt. Eine überzeugende Präsentation im Microreplication Technology Center machte schließlich aus der Privataktion der beiden Erfinder ein offizielles Innovationsprojekt, das mit Personal und Ressourcen ausgestattet wurde.

Bei dieser Entwicklung zeigte sich noch ein weiterer Vorteil des erfolgreichen Wissensmanagements bei 3M. Für die Realisierung der Produktidee brachten neun Firmenlabors ihr Spezialwissen ein. Dieses Wissen floss über informelle Kanäle in das Projekt. So sprach das Team beispielsweise die Lichtspezialisten aus dem Electroluminescence Technology Center an, um ein Lichtaushärtungsverfahren anwenden zu können. Das brachte schließlich den Erfolg: Das neue Schleifmittel hat eine doppelt bis dreifach längere Lebensdauer, es kann eine höhere Schleifgeschwindigkeit realisieren und es entsteht eine ebenere Oberfläche als mit den herkömmlichen Schleifmitteln. Inzwischen wird die neue Technologie sogar für das Polieren von Halbleiterplättchen eingesetzt.

Ideenmarketing und Anerkennung fördern die Wissenszirkulation

Damit das in den verschiedenen Technologiezentren verteilte Wissen auch genutzt wird, bedarf es sowohl der Übersicht über die umherschwirrenden Ideen als auch der Motivation, zum Erfolg fremder Ideen beizutragen. Zusätzlich zu klaren Zielsetzungen und der Gewährung von Freiräumen entwickelte 3M weitere Maßnahmen, um diesen Prozess zu fördern. So übernehmen Führungskräfte häufig die Funktion von Informationsvermittlern. Ein Vorgesetzter kann Kontakte zu möglichen Ansprechpartnern in anderen Divisionen vermitteln. Gefördert wird der Wissensaustausch auch durch die Ernennung von Mitarbeitern, die Kontakte zu Kollegen herstellen und bei Bedarf zwischen Patentanwälten und Produktentwicklern vermitteln.

Viele gute Ansätze blieben früher auch deshalb lange im Verborgenen, weil der Forscher größeres Interesse an seiner Entwicklungstätigkeit als an der Vermarktung seiner Idee hatte. Um dieses Defizit zu beseitigen, wurden in vielen Divisionen Kommunikationsexperten eingestellt, die den Entwicklern bei der Präsentation und internen Vermarktung ihrer Ideen zur Seite stehen. Die Bereitschaft, über neue, ungeschützte Ideen zu sprechen, nahm dadurch deutlich zu. Eigene Überzeugungskraft und Begeisterung verdrängten so die Angst, sich lächerlich machen zu können.

„Da wollen und können wir uns auf jeden Fall noch verbessern", meint Pape. So soll demnächst eine Ideenecke im hochmodernen Forschungslabor in Neuss eingerichtet werden. In dieser zentralen Anlaufstelle können Entwickler dann ihre Ideen austauschen. Auch über die Einrichtung eines Ideen-Mittagstischs denkt das Management nach. Schließlich gilt die Erkenntnis, dass Ideen und Kreativität gerade in entspannter, informeller Atmosphäre entstehen. In dieser Phase halten sich die Chefs aus dem kreativen Prozess bewusst heraus.

Das scheint ein gutes Rezept zu sein. Im Rahmen unserer Unternehmensbefragung zeigt sich, dass gut die Hälfte der erfolgreichen Unternehmen ihre Mitarbeiter aktiv in die Entscheidung über Produktinnovationen einbezieht. Diese Vorgehensweise findet sich bei nur 20 Prozent der weniger erfolgreichen Unternehmen.

Schaffen Ideen den Durchbruch nicht, setzt der Chef klare Grenzen

Die Gefahr, absoluten Wildwuchs im Unternehmen zu haben, der irgendwann das Tagesgeschäft lähmt, fürchten die 3M-Manager trotz der vielen informellen Initiativen nicht. „Die Vorgesetzten haben einen guten Überblick über das, was läuft", erklärt Pape. Wenn ein Entwickler selbst nicht mehr erkennt, dass er sich mit einer Idee verrennen könnte, wird die geringe Erfolgswahrscheinlichkeit vom Vorgesetzten offen angesprochen. Und wenn eine Idee sehr lange nicht zu einem verwertbaren Ergebnis führt, setzt der Chef dem Forscher ein Datum, bis zu dem ein marktfähiges Produktkonzept vorliegen muss. So werden die Entwickler gezwungen, mit ihrer Produktidee aus dem Labor herauszukommen und sich dem rauen Wind des Marktes zu stellen. Das ist zwar unbequem, hat aber schon häufig einer Idee zum Durchbruch verholfen.

Dennoch muss sich das Management immer wieder auch den Vorwurf gefallen lassen, Ideen bereits zum Abschuss freigegeben zu haben, die inzwischen zu den Stars im 3M-Repertoire gehören. Ein Beispiel dafür ist der Windstopper-Vliesstoff, der mittlerweile in vielen Jacken, Handschuhen oder Schlafsäcken verwendet wird. Seine Entwicklung stand schon fünf Mal vor dem Aus, bevor das Produkt den ökonomischen Durchbruch schaffte.

Ein reguläres Budget gibt es für die individuellen Projekte der Erfinder nicht. Ganz anders sieht es aus, wenn 3M offizielle Projekte vorantreiben will. Diese wurden in den neunziger Jahren beispielsweise über das Sonderprogramm Pacing Plus finanziert. Über Pacing Plus bekam unter anderem die Entwicklung des FCKW-Substituts HFE (Hydrofluoroether) zusätzliche Ressourcen in der heißen Phase der Vermarktung und Anwendung. Als Anfang der neunziger Jahre die US-Regierung per Gesetz die Verwendung von FCKW ab 1996 verbot, setzte 3M seinen Innovationsmotor ganz gezielt zur Entwicklung eines Substituts in Gang. Das Unternehmen hatte jahrelang erfolgreich PFCs (Perfluorinated Chemical Products) für spezielle Elektronikanwendungen, Kühlmittel und andere Produktionsprozesse verkauft. Auch wenn die PFCs bereits als FCKW-Substitute galten, so erfüllten sie jedoch noch nicht die neuen, schärferen umweltrechtlichen Auflagen.

Mit geballter Kraft der Konkurrenz im Markt enteilen

So bildete 3M Ende 1993 ein interdisziplinäres Team aus Chemikern, Ingenieuren und Betriebswirten, das ein leistungs- und genehmigungsfähiges Substitut entwickeln sollte. Das Team stand unter enormem Druck, da natürlich auch die Konkurrenz die Forschung auf Hochtouren vorantrieb. In der ersten Projektphase arbeitete das Team fieberhaft an der Modellierung eines neuen Moleküls, wofür es hunderte von Verbindungen synthetisierte. Bereits im Sommer 1994 stieß es auf ein Molekül, das mit geringer

Toxizität, kurzer atmosphärischer Lebensdauer und geringer Schädigung der Ozonschicht den hohen gesetzlichen Anforderungen standhielt und dabei gleichzeitig besonders gute Anwendungseigenschaften aufwies. Damit stieg das Team in die zweite Phase des Projekts ein. Jetzt wurden Prozessentwickler, Synthetikspezialisten, Patentexperten und Vertreter der Bereiche Marketing und Vertrieb, Produktion, Regulierung, technischer Service und Gefahrstoffe hinzugezogen. Simultaneous Engineering war Trumpf.

Während für das gesetzliche Genehmigungsverfahren eine Reihe weiterer Tests durchgeführt wurde, arbeiteten die Spezialisten bereits an patentierbaren Anwendungen. Die Verfahrenstechniker kümmerten sich parallel um den Produktionsprozess. Einen weiteren Schwerpunkt legten die Entwickler auf die sorgfältige Untersuchung des gesamten Produktlebenszyklus des Moleküls. Dabei baute 3M einen engen Kontakt zur amerikanischen Umweltbehörde auf, um im ständigen Dialog ökonomische und ökologische Zielsetzungen und Potenziale zu klären und nicht mit Überraschungen von Seiten der Behörde rechnen zu müssen.

In dieser nun beginnenden dritten Projektphase wurde das Projekt mit Mitteln des Pacing-Plus-Programms ausgestattet. Pacing Plus wurde ins Leben gerufen, um die Umsetzung kommerziell besonders viel versprechender Projekte durch Bereitstellung von finanziellen Ressourcen und Personal sowie den schnellen Durchgriff auf alle Bereiche zu beschleunigen. Der Aufwand sollte sich lohnen. Durch den beschleunigten Prozess konnte die Konkurrenz aus dem Feld geschlagen werden – wenn auch nur knapp. 3M konnte damit sogar den Heroes of Chemistry Award der amerikanischen Chemieindustrie einheimsen. Das einzige Problem bisher ist, dass die Nachfrage die Produktionskapazitäten übersteigt.

Dieses Beispiel zeigt, dass die Innovationsmaschine 3M auch in der Lage ist, ihre Ideen ganz gezielt durch die Bündelung und konsequente Zusammenstellung von Innovationsteams in marktfähige Produkte umzusetzen. Dass bei solchen Aufgaben interdisziplinäre Teams, Kolokation der Beteiligten und spontanes, unbürokratisches Problemlösen im Entwicklungsprozess zu den Erfolgsfaktoren zählen, unterstreichen auch die Ergebnisse unserer weltweiten Unternehmensbefragung. Interdisziplinäre Zusammenarbeit von Produktentwicklern und Testteams gibt es in allen erfolgreichen Unternehmen, wohingegen nur 60 Prozent der weniger erfolgreichen Unternehmen solche funktionsübergreifenden Teams einsetzen. Kolokation der Teammitglieder setzen mehr als die Hälfte der erfolgreichen und nur knapp ein Drittel der weniger erfolgreichen Unternehmen ein.

Strukturierte Prozesse und ein straffes Projektmanagement gehören also ebenso zum innovationsfördernden Wissensmanagement bei 3M wie der Freiraum für Experimente. Die interessantesten Geschichten sind aber natürlich immer die, bei denen Entwickler eher zufällig über Innovationen zu stolpern scheinen. Besonders kurios war etwa die Entdeckung der Vliesfaser-Stoffe – auch, wenn dies schon Ende der dreißiger Jahre passierte. Der experimentierfreudige Entwickler Al Boese fuhr spätabends auf einer Anlage, die eigentlich für die Produktion von Klebemitteln verwendet wird, einen Versuch mit einem Klumpen Zelluloseacetat-Fasern anstatt mit dem üblichen Gummimaterial. Dabei stellte sich heraus, dass die Anlage die Fasern so plätten und miteinander verbinden konnte, dass ein neues Vliesmaterial entstand. Weil das nur die halbe Miete war, suchten Boese und seine Kollegen nach einer marktfähigen Anwendung für das neue Material. Letztlich stellte das Management dem Team ein Ultimatum. Innerhalb der folgenden drei Monate sollte eine vermarktungsfähige Anwendung gefunden werden. Schon fast aus Verzweiflung kreierte Boese schließlich ein ausgefallenes Geschenkband, indem er glänzende Fäden in das Vliesmaterial einwob.

Mit einem beachtlichen Verkaufserfolg im ersten Jahr konnte so die Vliesfaser-Technologie gerettet werden und trat dann in den fünfziger Jahren ihren eigentlichen Siegeszug an. Neben den Geschenkbändern wurden mit dem Vliesstoff nun auch Isolierbänder hergestellt. Für die Scotch-Brite-Haushaltsprodukte (z.B. Putz- und Scheuerlappen) – Stars des 3M-Produktportfolios – bilden die „Boese-Zufallsfasern“ die Ausgangsbasis. In dem inzwischen gegründeten Technologiezentrum für die Vliesfaser-Technologie gingen den Forschern die Ideen für weitere Anwendungen nicht aus. Zunächst wollten sie mittels einer neuen Verarbeitungsart BH-Körbchen herstellen, doch die Idee floppte. Durch eine weitere Prozessinnovation konnten in die Vliesfaser Partikel eingebracht werden, die Schadstoffe aus der Luft filterten und so entstand eine Atemschutzmaske, die sechs Mal besser als herkömmliche Masken arbeitete und viel komfortabler zu tragen war.

Sanktionierung von Misserfolgen dämpft die Eigeninitiative

Das Beispiel zeigt, dass häufig Fehlschläge vorkommen, die zu einer Innovationskultur dazugehören. Einer der Erfolgsfaktoren bei 3M ist die hohe Fehlertoleranz. Mit einer Sanktionierung von Misserfolgen würde die Bereitschaft zur Eigeninitiative empfindlich gedämpft. Selbst wenn bei Tests auf den Versuchsanlagen unvorhersehbare Schäden entstehen, ist das kein Thema für die Vorgesetzten. „Ich kann mich auch gar nicht erinnern, dass so etwas mal vorgekommen ist. Unsere Leute verstehen ihren Job und handeln nicht unüberlegt. Aber selbst wenn mal ein größerer Schaden entstünde, würden negative Konsequenzen für den Mitarbeiter ein völlig falsches Signal setzen“, sagt Pape.

Signale setzt 3M vielmehr in der entgegengesetzten Richtung. Auf Anregung der US-Zentrale werden jährlich Awards verliehen. Im Rahmen des Circle of Technical Excellence und anderer Awards honoriert 3M sowohl Produkt- als auch Prozessinnovationen. Dabei werden nicht nur Entwickler ausgezeichnet, sondern auch die anderen beteiligten Mitarbeiter. Inzwischen haben sich auch immer mehr Team-Awards durchgesetzt, die dem gesamten Entwicklungsteam verliehen werden. Denn bahnbrechende Ideen und Erfindungen entstehen immer seltener im stillen Kämmerlein eines einsam brütenden Forschers, sondern gerade durch den intensiven Austausch mit anderen. Die Team-Awards sollen die Kooperation noch stärker fördern und ins Bewusstsein aller rücken. Denn auch eine lebendige Innovationskultur darf nicht vernachlässigt und als selbstverständlich vorausgesetzt werden. Sie muss sorgfältig gepflegt werden.

Ständiger Kontakt der Entwickler hält das Wissen in Bewegung

Die Stärke von 3M zeigt sich in den 34 Basistechnologien, die für die verschiedensten Anwendungen herangezogen werden können. Diese werden in den Technologiezentren kontinuierlich weiterentwickelt. Der Innovationswille der Entwickler wird gestützt und gefördert durch die Möglichkeit des Rückgriffs auf die immense Wissensbasis des gesamten Unternehmens. Über alle Aktivitäten und Projekte werden jährlich Berichte in die Zentrale nach St. Paul geschickt, wo sie in verschiedenen Wissensdatenbanken aufbereitet werden, die jeder Entwickler weltweit nutzen kann.

Aber das Technologie-Know-how wird auch über andere Wege transferiert, etwa auf regelmäßigen Treffen der Leiter der Entwicklungseinheiten. So lernen sich die verschiedenen Experten und Ansprechpartner persönlich kennen und können sich künftig bei kniffligen Fragen und Problemen unbürokratisch direkt ansprechen.

Damit der Wissenstransfer möglichst schnell und zielführend ablaufen kann, hat 3M die bereits erwähnten Technologieforen ins Leben gerufen, die als informelle Einheiten neben der eigentlichen Unternehmensorganisation stehen. Im Wissensmanagement-Jargon könnte man sie auch als „Communities of Practice“ bezeichnen. Sie sind Plattformen des Austauschs für Entwickler. Die Teilnahme ist freiwillig. Die Foren organisieren Treffen, auf denen beispielsweise Redner von Universitäten oder anderen For-

Best-Practice-Wissensmanagement-Maßnahmen in der Produktentwicklung

in Prozent der befragten Unternehmen

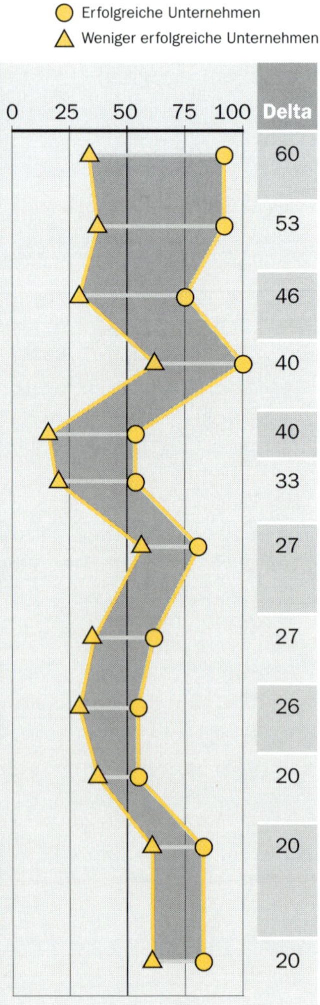

Ausprägung der differenzierenden Wissensmanagement-Maßnahmen	Delta
Das Anspruchsniveau für Entwicklungseffizienz ist Weltklasseniveau	60
Das Anspruchsniveau für Innovation ist Weltklasseniveau	53
Finanzielle Anreize für Wissensentwicklung im Produktentwicklungsprozess	46
Interdisziplinäre Zusammenarbeit zwischen Produktentwicklern und Testteams	40
Jobrotation im Produktentwicklungsprozess	40
Aktive Einbeziehung der Mitarbeiter bei Entscheidungen über Produktinnovationen	33
Systematischer Einsatz von Kreativitätstechniken zum Entwickeln von Produktinnovationen	27
Strategische Allianzen mit externen Entwicklungspartnern in der Produktentwicklung	27
Kolokation der Teammitglieder im Produktentwicklungsprozess	26
Freiräume und Ideenwettbewerbe zum Ausarbeiten von Produktideen	20
Intensive Zusammenarbeit in Projektteams mit den Spezialisten für Produktions- und Verfahrenstechnik während der Produktentwicklung	20
Regelmäßige Schulungen für die Produktentwicklung mit internen und externen Experten	20

Lesebeispiel: 93% der befragten erfolgreichen Unternehmen wenden diese Maßnahme an: Das Anspruchsniveau für Entwicklungseffizienz ist Weltklasseniveau

Quelle: Internationale Unternehmensbefragung von McKinsey

schungseinrichtungen, aber auch Kunden und Lieferanten Vorträge halten.

Mit einer ähnlichen Zielsetzung findet auch jährlich eine hausinterne Technologiemesse statt. Dort werden die neuesten Innovationen vorgestellt, es soll dadurch eine Ideenbörse entstehen.

Europäische Entwickler streben häufig Jobrotation an, um die US-Standorte kennen zu lernen. Das ist kein fester Bestandteil eines institutionalisierten Modells, sondern wird individuell mit den Mitarbeitern diskutiert. Häufig ergibt sich bereits aus den Arbeitsschwerpunkten, dass ein Transfer für die Dauer eines Projekts sinnvoll ist. Durch die persönliche Zusammenarbeit mit den US-Kollegen entstehen wieder Verbindungen für das informelle Netzwerk. Zudem spielt dabei natürlich auch die direkte Wissensaufnahme und -entwicklung eine große Rolle. Durch das Zusammentreffen von unterschiedlichen Denkweisen und kulturell geprägten Verhaltensweisen entsteht eine ganz eigene kreative Spannung.

Diese Kreativität, kombiniert mit zielorientiertem Unternehmertum, führte selbst bei einem Missgeschick, bei dem sich eine Entwicklerin eine Fluorverbindung über ihre schönen weißen Tennisschuhe kippte, zu einer Produktinnovation. Schließlich ist es doch nahe liegend, dass die chemische Verbindung, die weder mit Wasser und Seife noch mit anderen Reinigungsmitteln vom Schuh entfernt werden konnte, auch für eine Wasser abweisende Behandlung von Stoffen gut sein muss!

EINKAUF

Der Einkauf als strategischer Vorreiter in neue Märkte? Bei Europas größtem Luft- und Raumfahrtkonzern EADS brilliert der traditionell unterschätzte Bereich in einer völlig neuen Rolle – dank geschickter Nutzung des vorhandenen Wissens.

In Luftfahrtunternehmen sind die großen Auftritte traditionell für die Techniker reserviert. Gerade auf Messen beherrschen sie das Terrain. Dort haben die Ingenieure von Europas größtem Luft- und Raumfahrtkonzern EADS ihren glanzvollen Auftritt, zeigen die neuesten Varianten ihres Prestigeflugzeugs Airbus, Hubschrauber oder andere High-Tech-Produkte des Unternehmens.

Doch Technikern und Verkäufern gehört das Feld nicht mehr allein. EADS-Einkaufschef Hans Mundt und seine Mitarbeiter präsentieren auf den großen Luftfahrtschauen neben den technischen Glanzleistungen der Kollegen ihre Vision eines integrierten

Unternehmensprofil EADS

Steckbrief (2001)	
Umsatz:	30,8 Mrd. EUR
Mitarbeiter:	~ 100.000
Standorte:	Mehr als 70, zzgl. etwa 35 Außenbüros

Umsatzanteil nach Geschäftsbereichen (in Prozent)	
Airbus (Airbus-Flugzeugfamilie)	64
Aeronautik (Militärflugzeuge)	16
Verteidigung/Zivile Systeme (Lenkflugkörper, Verteidigungselektronik)	10
Raumfahrt (Satelliten, Trägersysteme)	8
Militärtransporter (Transportflugzeuge)	2

Quelle: EADS-Geschäftsbericht 2001, EADS-Website

Einkaufs im weltweit zweitgrößten Luft- und Raumfahrtkonzern. Und was sie zu bieten haben, beeindruckt auch die von Superlativen verwöhnten Besucher: Die Einkäufer wollen nicht nur die erheblichen Synergiepotenziale in dem europäischen Unternehmen nutzbar machen, sondern sie haben den außergewöhnlichen Anspruch, Vorreiter bei der Erschließung neuer Märkte für EADS zu sein.

Die Europäer können ihrem schärfsten Konkurrenten, der amerikanischen Boeing Corporation, nur dann Paroli bieten, wenn sie wichtige Unternehmenseinheiten nach der transnationalen Fusion der deutschen DaimlerChrysler Aerospace, der französischen Aerospatiale Matra und der spanischen Construcciones Aeronauticas SA zur EADS erfolgreich integrieren. Nach der Fusion nutzte Mundt die Gunst der Stunde, um die Rolle und die Stellung des Einkaufs im Konzern völlig neu zu definieren. Schnell hatte er auch erkannt, dass die konsequente Nutzung des gesamten Wissens im Unternehmen eine wesentliche Voraussetzung für den Erfolg seines Konzepts ist. Die Einkaufsstrategen beachteten deshalb bei der Neuausrichtung ihres Geschäftsbereichs eine Vielzahl von Aspekten des Wissensmanagements:

- Sie formulierten eine klare Vision des strategischen Einkaufs und sorgen damit für einen gemeinsamen Kontext der ehemals unabhängigen Einkaufseinheiten. Eindeutige und anspruchsvolle Ziele fördern die Kooperationsbereitschaft der Mitarbeiter, sodass bislang dezentral verteiltes Wissen nun allen zugänglich ist.

- Um die gebündelte Einkaufskraft der EADS erfolgreich zu nutzen, wurden in der Zentrale die besten Vorgehensweisen der dezentralen Einkäufer erfasst und für den unternehmensweiten Einsatz aufbereitet. Die Erkenntnisse aus diesem Best-Practice Assessment ermöglichen die Standardisierung und Weiterentwicklung auf hohem Niveau.

- Es werden bewusst vielfältige Möglichkeiten zum persönlichen Austausch zwischen den Mitarbeitern geschaffen, um den direkten Kontakt als Basis für den Wissenstransfer zu pflegen. Ein Procurement Directors Board, das den Einkauf zentral steuert, und die so genannten Lead Buyer als Spezialisten für bestimmte Materialgruppen fördern zudem die Bildung von Netzwerken, in denen Vertrauen aufgebaut und implizites Wissen weitergegeben wird.

- Eine durchgängige IT-Infrastruktur sorgt für Transparenz und reibungslosen Wissensaustausch im Konzern.

- Im Rahmen einer systematischen Bewertung der Lieferanten entsteht außerdem eine Wissensbasis über die Zulieferer, auf der langfristige Lieferbeziehungen aufgebaut und entwickelt werden können.

Wissensmanagement-Ziele im Einkauf von EADS

- Einkaufssynergien im integrierten Konzern nutzen
- Best Practice in dezentralen Einkaufseinheiten ermitteln und in allen Divisionen anwenden
- Integrationsziele trotz sehr unterschiedlicher Mentalitäten erreichen

Quelle: McKinsey-Wissensmanagement-Team

Das Zusammenspiel dieser strategischen Maßnahmen des EADS-Einkaufs trägt bereits Früchte. Schon im ersten Jahr realisierte der Einkauf drei Viertel des definierten Einsparpotenzials. Eines der Ziele bei der Gründung der EADS im Juli 2000, mit der die Jahrzehnte währende Zusammenarbeit der Gründungsunternehmen auf eine neue Basis gestellt wurde, scheint damit schnell erreicht zu werden. So entstand eine schlagkräftige Europa AG mit einem

Umsatz von 30,8 Milliarden Euro im Jahr 2001, die der Konkurrenz im Ausland gewachsen ist. Ein beeindruckender Beweis für die Integrationsleistung, die das Unternehmen mit mehr als 70 Produktionsstandorten und über 100.000 Beschäftigten in Deutschland, Frankreich, Großbritannien und Spanien in den Sparten Airbus, Militärtransporter, Aeronautik, Raumfahrt und Verteidigung/Zivile Systeme vollbringt.

Der Einkauf entpuppt sich dabei immer mehr als Garant für das erfolgreiche Ausschöpfen der Synergiepotenziale. Bei Zulieferungen im Wert von mehr als 20 Milliarden Euro im Jahr 2001 – mehr als 65 Prozent des Umsatzes – haben die Einkäufer erhebliches Gewicht. Um erfolgreich zu sein, müssen sie alle Einkaufsorganisationen der fünf Unternehmensbereiche auf die gemeinsamen Ziele ausrichten. Verantwortlich dafür ist der Funktionsbereich Corporate Sourcing in der Zentrale in München. Er koordiniert die Einkaufsstrategien der Divisionen und definiert übergreifende Regeln für die Geschäftsbeziehungen mit den Lieferanten.

Um dieser Rolle gerecht werden zu können, haben die Einkaufsmanager eine klare Vision formuliert, gewissermaßen ein Strategiehaus konstruiert. Der Anspruch, die weltweit besten Lieferanten zu gewinnen und langfristig zu binden, um einen entscheidenden Wettbewerbsvorteil zu erzielen, bildet sozusagen das alles überspannende Dach des Gebäudes. Stützpfeiler dieser Vision sind die Einkaufs-Practices. Als Fundament des Hauses ist die Pflege der Lieferantenbeziehungen und die Festlegung einheitlicher Verfahrensweisen anzusehen.

Eine einfache und klare Vision eint die verteilten Kräfte

Die klare Vorgabe für alle Einkäufer, mit der Auswahl der Zulieferer einen entscheidenden Wettbewerbsvorteil zu erzielen, schafft die Voraussetzung dafür, dass Wissenstransparenz, -transfer und -nutzung überhaupt stattfinden können. Den bisher eigenständigen dezentralen Einheiten wird dadurch bewusst, dass alle an einem Strang ziehen müssen. Um die weltweit besten Lieferanten aufspüren zu können, muss nicht nur jeder sein Wissen einbringen, sondern auch bereitwillig das Wissen anderer Einheiten aufnehmen. Nur durch Kooperation und vertrauensvolle Zusammenarbeit ist das gemeinsame Ziel zu erreichen. Die dezentralen Einkaufseinheiten sind nicht mehr nur noch ihrer jeweiligen Division verpflichtet, sie müssen sich mit vereinten Kräften der Herausforderung des integrierten Einkaufs in Europas größtem Luft- und Raumfahrtkonzern stellen.

Ein gemeinsames Verständnis und aufeinander abgestimmte Ziele sind die Grundlage dafür, dass Wissensmanagement überhaupt auf fruchtbaren Boden fallen kann. Ein weiterer wichtiger Erfolgsfaktor des Corporate Sourcing bei EADS ist deshalb die konkrete Formulierung und konsequente Überprüfung von Zielen für *alle* Teilbereiche. Hierbei handelt es sich um klar quantifizierte Zielgrößen für die verschiedenen Einkaufseinheiten und Projekte, die einen messbaren Beitrag zur Erreichung der Einsparungsziele leisten. Jedes Projekt muss sich letztlich daran messen lassen, welchen Beitrag es zur Zielerreichung leistet. Auch hierbei wird deutlich, dass Wissensmanagement nicht als Selbstzweck verstanden werden darf, sondern dort ins Spiel kommt, wo es zu konkreten Lösungen von Geschäftsproblemen und damit zur Erreichung der ökonomischen Ziele des Unternehmens beiträgt. „Durch die klaren Zielvorgaben, die konsequent in allen Einheiten nachgehalten werden, kann keine Initiative überleben, die nicht das Ergebnis verbessert", betont Einkaufschef Mundt. „Unser Wissensmanagement funktioniert, weil es ganz konkret die operativen Ergebnisse verbessern hilft."

Dabei liegt Mundt ein Aspekt des neu formierten strategischen Einkaufs besonders am Herzen. Damit der Einkauf entscheidende Wettbewerbsvorteile für EADS beisteuern kann, steht auch die Erschließung und Entwicklung neuer Märkte ganz oben auf der Agenda. Das ist zwar in der Regel ein Thema für den Vertrieb, aber „als strategischer Einkauf wollen wir auch ganz neue Herausforderungen angehen“, sagt der Manager. „Wenn wir in den Zielmärkten der EADS Zulieferressourcen erschließen und damit bedeutende Einkaufsumsätze erreichen, können wir die Vorreiter für unsere Vertriebsaktivitäten sein.“ Als strategische Märkte hat die EADS Russland, China, Indien und Japan anvisiert. Bei einem Anteil von 15 Prozent des Umsatzes in den asiatischen Ländern bezog der Einkauf bislang gerade einmal 1,5 Prozent seines Beschaffungsvolumens von dort.

Seit Japan aber zum strategischen Markt aufgewertet wurde, vergab der Einkauf nicht nur Aufträge im Wert von 850 Millionen Euro in dem Land, sondern sammelte mit der besseren Marktpräsenz auch zusätzliches Wissen über die Konkurrenz, die möglichen Kunden und die landesspezifischen Gepflogenheiten. Der Einkauf knüpft Kontakte und sondiert die Märkte, das Wissen wird dann in gemeinsamen Workshops mit den Einkäufern in den Vertrieb transferiert. Je nach Relevanz des speziellen Wissens nimmt sich auch die Corporate Business Academy von EADS eines Themas an und sorgt für dessen systematische Vermittlung.

Auf der Basis des verstärkten Asienengagements der Einkäufer will Airbus nun das Geschäft in Japan ankurbeln und dort den bisher von Konkurrenten dominierten Markt erobern. Ähnliches gilt für das zum strategischen Markt erklärte Russland. Hier florierte bislang nur das Geschäft mit gebrauchten Maschinen. Doch jetzt gingen auch hier die strategischen Einkäufer in die Offensive. Sie vereinbarten umfassende Kooperationsverträge mit russischen Zulieferern. So wird z.B. inzwischen etwa die Hälfte des Titanbedarfs in Russland beschafft, und Airbus eröffnet ein neues Entwicklungsbüro in Moskau, um von dieser Plattform aus die vom Einkauf geknüpften Kontakte noch weiter auszubauen.

Die neue Vision und Strategie haben also das Aufgabenspektrum des Einkaufs erweitert. Dass sich dabei auch das Fähigkeitenprofil des klassischen Einkäufers wandelt, ist nicht überraschend. Deshalb darf die Qualifizierung der Mitarbeiter nicht vernachlässigt werden. Hier sieht Mundt noch einigen Nachholbedarf. „Qualifizierungsinitiativen für unsere Lead Buyer und für High Potentials haben wir schon auf den Weg gebracht", erläutert er. „Sonst stehen wir aber mit unseren Qualifizierungsmaßnahmen noch am Anfang." Als besonders wichtig sieht er dabei drei Elemente an: Erstens die Ermittlung des vorhandenen Wissens und dessen Weitergabe an die Einkäufer. Zweitens die Identifikation strategischer Wissensbereiche. Und drittens die kontinuierliche Weiterentwicklung des Konzepts des strategischen Einkaufs, verbunden mit der Frage nach zukünftigen Perspektiven und Herausforderungen für die Einkäufer. Dass deren Qualifikation auch mit einer kontinuierlichen Rotation zwischen Corporate Sourcing und den operativen Einkaufs-Units einhergeht, ist selbstverständlich. In den Zentralbereich Corporate Sourcing kommen Einkäufer und auch Mitarbeiter anderer Funktionsbereiche für drei bis vier Jahre, um dann Vision, Strategien und Erfahrungen in die Unternehmensbereiche hineinzutragen. Auch so werden der einkaufsinterne Aufbau von Wissen, dessen Verteilung und Anwendung konsequent unterstützt.

Nur die erfolgreichste Lösung wird zum gemeinsamen Standard

Nach der Fusion bestand die erste Herausforderung darin, das dezentral vorhandene Wissen zu orten und die bestehenden Strategien, Prozesse und Methoden im Einkauf zu erheben, zu bewerten und auszuwählen. Einkaufschef Mundt und seine Mannschaft recherchierten, welche Komponenten in den operativen Einkaufsbereichen überhaupt von welchen Zulieferern zu welchen Konditionen bezogen wurden. Welche Bewertungskriterien wurden für die Auswahl des Lieferanten ins Feld geführt und wie sahen schließlich die Verträge aus? Welche Reporting-Zahlen wurden wo zusammengetragen und wie wurde der Einkauf bisher gesteuert? Solche Fragen mussten sich die Mitarbeiter von Corporate Sourcing zunächst beantworten lassen, um sich einen Überblick über die Einkaufspraxis in den vormals selbständigen Unternehmenseinheiten – sei es in Frankreich, Deutschland, Spanien oder England – zu verschaffen. In persönlichen Interviews wollten sie aber noch mehr erreichen. Auch neue Ideen und Anregungen waren willkommen und wurden bei der anschließenden Auswertung berücksichtigt. Dieses Assessment hatte den Nebeneffekt, dass jede Business Unit die eigenen Vorstellungen einbringen konnte. So schuf Corporate Sourcing auch Akzeptanz für das übergreifende Konzept.

Der Einkauf in der Konzernzentrale macht erfolgreiche Verfahrensweisen transparent und stellt sie den dezentralen Einheiten zur Verfügung. Damit bildet er gleichzeitig eine Plattform für den gegenseitigen Erfahrungs- und Wissensaustausch.

Um die gebündelte Einkaufskraft der EADS erfolgreich nutzen zu können, setzen die Verantwortlichen auf Best-Practice-Erfahrungen und Standardisierung als Schlüssel zur Steigerung von Effizienz und Transparenz. Dabei wurden außerdem sowohl Vertragsgrundsätze definiert als auch unternehmensweit einheitliche Methoden zur Bewertung von Zulieferern eingeführt. Die Ergebnisse des Assessment wurden mit den Einkaufsleitern der Bereiche diskutiert und so nicht nur ein Best-Practice-Transfer geleistet, sondern gleichzeitig ein Netzwerk zwischen den ehemals unabhängigen Einkaufseinheiten geknüpft. Die so entstandenen persönlichen Kontakte bilden den Grundstein für einen informellen Austausch.

Die Urheber der jeweiligen Best-Practice-Lösung werden namentlich bekannt gegeben, denn die Mitarbeiter sollen sich bei Fragen und Problemen direkt an die entsprechenden Profis wenden. Die Auskunftsbereitschaft der Best-Practice-Paten ist hoch, da sicher jeder stolz ist, wenn er die beispielgebende Lösung für ein Problem des Konzerns zur Verfügung stellen kann. Eine erste Bilanz zeigt, dass die Umsetzung im Einkaufsnetzwerk noch sehr uneinheitlich ist. Jedoch haben sich alle Einheiten dazu verpflichtet, bis 2004 das Einkaufskonzept mit den standardisierten Best-Practice-Maßnahmen umzusetzen.

Ohne persönlichen Austausch liegen viele Potenziale im Unternehmen brach

Im Procurement Directors Board sind die Einkaufsleiter aller Geschäftsbereiche vertreten; es ist für die operative Umsetzung der Konzepte verantwortlich und entscheidet, z.B. im Zuge einer Lieferantenbewertung über die erforderlichen Qualifizierungsmaßnahmen oder über die umfassende Einführung von E-Procurement. Hans-Erich Mundt ist als Leiter des Bereichs Corporate Sourcing auch der Vorsitzende des Procurement Directors Board. Mit dem Gremium ist aber nicht nur der direkte Durchgriff in die Units gesichert, seine Zusammensetzung hat noch einen weiteren positiven Effekt: Im Board lernen sich die Einkaufsmanager persönlich kennen. Die Treffen, zum Teil mehrtägige Workshops, finden immer wieder an einem anderen EADS-Standort statt, sodass die Kollegen einen Eindruck vom Umfeld des jeweiligen Gastgebers gewinnen.

Die persönlichen Kontakte führen dazu, dass EADS als Unternehmen wirklich zusammenwächst, weil jede Einheit nun mit dem Gesicht einer Person verknüpft wird. Die Zusammenarbeit schafft Vertrauen und Verständnis für die Probleme, Entscheidungen und Prioritäten des anderen. Gerade vor dem Hintergrund der verschiedenen europäischen Mentalitäten ist die Kenntnis der unterschiedlichen Denk- und Arbeitsweisen von besonders großer Bedeutung. Für den Deutschen Mundt war es beispielsweise wichtig zu erfahren, dass die französischen Kollegen noch mehr Wert auf den persönlichen Austausch legen als die Deutschen.

Auch das Lead-Buyer-Konzept trägt dazu bei, dass im Konzern systematisch Netzwerke geschaffen werden. Als Lead Buyer werden Einkäufer vom Procurement Directors Board festgelegt. Sie sind für den Einkauf einer bestimmten Produktgruppe oder

Dienstleistungen verantwortlich und sollen die bestmöglichen Einkaufsbedingungen für den gesamten Konzern durch den Abschluss eines EADS-weiten Rahmenvertrags erzielen. In Teamsitzungen entscheiden sie gemeinsam mit allen relevanten Einkaufsmanagern bei einem bestimmten Produkt dann beispielsweise über Losgrößen, Abrufhäufigkeit und Vertragsgestaltung. Auch hier schafft der persönliche Kontakt eine Vertrauensbasis, auf der bereitwillig Wissen ausgetauscht wird.

Wie erfolgreich das System läuft, zeigen die Ergebnisse der inzwischen 30 Lead Buyer. Bei ihrem Einkaufsvolumen von 4 Milliarden Euro wurden bereichsübergreifend im Jahr 2001 Produkte und Dienstleistungen für 2,8 Milliarden Euro gemeinsam beschafft. Die Hälfte der Übererfüllung der Einsparungsziele im Einkauf konnte durch gemeinschaftlichen Einkauf realisiert werden. Inzwischen sind etwa 200 Mitarbeiter in die jeweiligen Netzwerke eingebunden.

Um das Wissen der Einkäufer auch in die anderen Unternehmensbereiche zu transferieren, wurden cross-funktionale Teams gebildet. So ist der Einkauf mit einer Stimme in alle Entwicklungsprojekte integriert. Bei den komplexen Produkten der Luft- und Raumfahrtindustrie reicht zudem häufig das interne Wissen bei weitem nicht aus. Deshalb werden die Lieferanten selbst in die Produktentwicklung bei EADS einbezogen. Je komplexer und forschungsintensiver die Themen sind, desto intensiver ist die Zusammenarbeit.

Manchen Partnern werden sogar Arbeitsräume im Unternehmen angeboten, um die Wege kurz zu halten und den informellen Fluss von Wissen zu sichern. „Persönlicher Wissensaustausch und der Aufbau von Netzwerken dürfen auf keinen Fall vernachlässigt werden", betont Einkaufschef Mundt. „Ohne diese persönliche Ebene ist die effiziente Nutzung der gemeinsamen Wissensbasis mit den Zulieferern nicht machbar."

Umfassende IT-Unterstützung sorgt für Transparenz und Effizienz

Unerlässlich ist für Mundt aber auch eine leistungsfähige IT-Infrastruktur, die Transparenz und die effiziente Nutzung des konzernweiten Wissens ermöglicht. Bei EADS wurde dafür das Einkaufsinformationssystem *Source IT* aufgebaut. Darin finden die Einkäufer alles, was für ihren Job relevant ist, sind aber auch verpflichtet, ihre geschäftlichen Informationen in das System einzustellen, sodass leicht nachzuvollziehen ist, wer was wo von wem beschafft. Eine wichtige Informationsquelle für Lead Buyer, wenn sie ein Projektteam für gemeinsame Beschaffung zusammenstellen wollen. Außerdem werden auch der jeweilige Projektstatus und die Projektdokumentation der Lead Buyer im Netz hinterlegt.

Eine spezielle Anwendung innerhalb des Einkaufsinformationssystems ist das Tender Transparency Tool (TTT). Hier finden die Einkäufer schnell wichtige Informationen über aktuelle Ausschreibungen und Angebote. Jede Anfrage wird mit ihren Spezifikationen und den entsprechenden Angeboten der Zulieferer ins Netz gestellt. Da jeder Vertrag in der Datenbank auch auf den jeweiligen Ansprechpartner im eigenen Haus verweist, können sich die Einkäufer abstimmen und in neue Verhandlungen mit dem Zulieferer einsteigen. Mit dem Einkaufsinformationssystem wird die Wissensbasis des Unternehmens aber nicht nur für den Einkauf transparent und effizient nutzbar, sondern auch für andere Unternehmensbereiche.

Einfacher Zugriff auf Einkaufsdaten ist auch für knapp 90 Prozent der erfolgreichen Unternehmen aus unserer Unternehmensbefragung ein absoluter Erfolgsfaktor, während, und das ist frappierend, nur 7 Prozent der weniger erfolgreichen Unternehmen diesen Punkt für relevant halten. Die erfolgreichen Unternehmen der Befragung gehen noch weiter: 80 Prozent halten die Kompatibilität der IT-Plattformen der Zulieferer mit den eigenen für notwendig. Fast drei Viertel sehen einheitliche CAD-Systeme als wichtigen Erfolgsfaktor an. Harmonisierte IT-Plattformen sind dagegen nur für 27 Prozent der weniger erfolgreichen Unternehmen wichtig, einheitliche CAD-Systeme nur für 33 Prozent.

Eine effiziente und einheitliche IT-Infrastruktur ist somit sicherlich ein wertvolles Instrument für erfolgreiches Wissensmanagement im Einkauf. Es darf jedoch niemals losgelöst von den persönlichen Komponenten des Wissensaustausches gesehen werden. Kooperationsbereitschaft und Vertrauen sind die Voraussetzungen, um ein Informationssystem wirklich erfolgreich einsetzen zu können. Die Motivation und die persönlichen Kontakte der Beteiligten spielen eine große Rolle. Was bei EADS klappte, erwies sich bei einem Baukonzern als Flop – weil die Mitarbeiter nicht mitzogen.

Wie in der Baubranche üblich, arbeitete dieser Konzern mit zahlreichen Subunternehmen zusammen, die einen Großteil der direkten Bauleistung (Dächer, Fenster, Installationen etc.) ausführten, und konzentrierte sich selbst auf seine Kernkompetenzen wie Konstruktion, Projekt- und Vertragsmanagement. Subunternehmen produzieren 70 bis 80 Prozent der Wertschöpfung eines Projekts, es gibt eine Vielzahl kleiner Anbieter mit großen Unterschieden bei Verfügbarkeit, Qualität und Preis. Daher war es für die Profitabilität des Baukonzerns sehr wichtig, verlässliche und zeitnahe Informationen zu haben, um die Arbeiten an die richtigen Partner zum richtigen Preis zu vergeben.

Angesichts der großen Zahl gleichzeitig laufender Projekte mit jeweils vielen Unterverträgen hatte der Baukonzern umfangreiches Wissen über Qualität, Preis und Verfügbarkeit der Akteure erworben. Er hätte folglich klare Vorteile gegenüber kleineren und mittleren Konkurrenten haben müssen. Doch leider lag das Wissen bei den Projektmanagern in den lokalen Geschäftseinheiten; es stand dem gesamten Unternehmen nicht ohne weiteres zur Verfügung.

Die Geschäftsführung sah in einem IT-System die Lösung des

Problems. Sie ließ eine Datenbank über die Subunternehmer anlegen; jeder Projektmanager sollte künftig bei der Ermittlung und Bewertung dieser Subunternehmer direkt auf relevante Informationen zugreifen und ohne großen Aufwand die besten Kandidaten auswählen können – das jedenfalls war der Plan. Hochrangige Führungskräfte der Zentrale leiteten das Projekt. Nur sie, so glaubten sie, könnten potenzielle Synergien zwischen verschiedenen Projekten aufspüren. Die IT-Abteilung sollte nur den Server einrichten.

In der Anwendung scheiterte das Projekt. Zwar gelang es, einige organisatorische Barrieren wie fehlende abteilungsübergreifende Zugriffsrechte, eingeschränkte Autorisierung und eine uneinheitliche Datenverbreitung zu überwinden, nicht aber die subtilen persönlichen Hindernisse. Die Projektmanager waren nicht bereit, ihre besten Subunternehmer hervorzuheben. Sie fürchteten, diese bewährten Partner an Kollegen im eigenen Unternehmen zu verlieren oder nur noch zu höheren Preisen – auf Grund stärkerer Nachfrage – einsetzen zu können. So enthielt die Datenbank schon nach kurzer Zeit nur noch unvollständige, veraltete Einträge, die von den Projektmanagern selten angeklickt wurden.

Ein weiterer Misserfolgsfaktor war, dass die Projektmanager nach wie vor überzeugt waren, im persönlichen Gespräch mit Kollegen nach Dienstschluss verlässlichere Informationen zu erhalten als aus einer anonym wirkenden Datenbank. Sie misstrauten den Informationen anderer regionaler Büros. Die Wissensmanagement-Initiative, verpackt in eine unternehmensweite Zulieferdatenbank, war bei diesem Unternehmen zum Scheitern verurteilt. Der Grund: Das Management hatte nicht für die richtigen Rahmenbedingungen und den gemeinsamen Kontext gesorgt.

Langfristige Lieferantenbeziehungen ermöglichen gemeinsamen Wissensaufbau

Beim Luft- und Raumfahrtkonzern EADS konnten solche Probleme wegen der stark ausgeprägten persönlichen Netzwerke vermieden werden. Er geht inzwischen sogar einen Schritt weiter und erschließt eine neue Quelle für Wissensaufbau und Nutzung von Synergien außerhalb des Unternehmens: EADS implementiert ein umfassendes Konzept zur Lieferantenbewertung und -entwicklung. Mittelfristig soll die Zahl der Zulieferer reduziert, dafür aber die Qualität der Zusammenarbeit mit strategischen Partnern verbessert werden. Die Auswahl erfolgt einerseits anhand der Performance der Partner, andererseits mit Blick auf das Potenzial einer Kooperation. Um diese Bewertung vornehmen zu können, sammelt der Einkauf gezielt wichtiges Wissen über die derzeitigen und potenziellen Zulieferer.

Die Leistungsfähigkeit eines Zulieferers wird anhand der Kriterien Technologie, Preisentwicklung, Kundenservice, Logistik und Qualität gemessen. In der Kategorie Technologie wird auch beurteilt, ob der Zulieferer strategisch relevantes Wissen einbringt. Das Maß an gegenseitigem Vertrauen und die Kooperationsbereitschaft werden mit Hilfe von Kriterien wie „Akzeptanz der EADS-Unternehmensziele“, „langfristige Anpassung an Kundenwünsche“ oder „Wille zur Integration“ beurteilt. Sicherheit in diesen Bereichen ist für den offenen Wissensaustausch und die gemeinsame Wissensentwicklung relevant. Bei mangelnder Vertrauensbasis und ungewissem Commitment des Zulieferers würde EADS Gefahr laufen, dass mehr strategisch relevantes Wissen der EADS abfließt, als der Zulieferer einbringt. Sortiert werden die Lieferanten nach den Kategorien A bis D, wobei A exzellent bedeutet, während D-Lieferanten nicht akzeptabel sind. Lieferanten, die eine schlechte Performance aufweisen und kaum Potenzial für eine strategische Partnerschaft besitzen, stehen auf der so genannten Red List und sollten mittelfristig keine Aufträge mehr erhalten. Mit der Gruppe der strategisch relevanten Firmen möchte EADS eine *Competitive Partnership* eingehen, langfristige Beziehungen pflegen und gemeinsam strategisch relevantes Wissen aufbauen. Mit besonderen Entwicklungsprogrammen fördert EADS Zulieferer, die zwar viel versprechend sind, deren Leistungsfähigkeit aber verbessert werden kann.

Sämtliche Daten dieser Lieferantenbewertung und -entwicklung sind wiederum im Einkaufsinformationssystem *Source IT* hinterlegt. Auch hier hat die Transparenz durch das System bereits zu aussichtsreichen Verbesserungen geführt. Beispielsweise erhielt ein Zulieferer von einem Geschäftsbereich die absolut besten Performance-Beurteilungen, während er von einer anderen Unit als Entwicklungsfall angesehen wurde. Durch die schnelle und unbürokratische persönliche Abstimmung der Einkäufer ließ sich der Fall aufklären. Der Zulieferer konnte nachweisen, dass die guten Performance-Werte berechtigt waren.

Die Wichtigkeit des Aufbaus von Netzwerken mit ausgewählten Zulieferern unterstreichen auch die Ergebnisse unserer Unternehmensbefragung. Fast alle erfolgreichen Unternehmen glauben, Netzwerke mit ausgewählten Zulieferern seien ein Erfolgsfaktor. Für 80 Prozent sind auch Netzwerke mit ausgewählten Experten für Produktions- und Verfahrenstechnik relevant. Nur 20 Prozent der weniger erfolgreichen Unternehmen erkennen die Bedeutung von Netzwerken. Strategische Allianzen mit externen Entwicklungspartnern in der Produktentwicklung halten 60 Prozent der erfolgreichen und ein Drittel der weniger erfolgreichen Unternehmen für erfolgskritisch.

Mit der systematischen Bewertung und Entwicklung ihrer Zulieferer verschafft sich EADS nicht nur eine stärkere Position, sondern setzt auch auf vertrauensvolle Zusammenarbeit. Gemeinsam mit den Lieferanten kann der Luft- und Raumfahrtkonzern nach Möglichkeiten der Verbesserung von Produktqualität und -design suchen. Getreu dem alten Motto „Gemeinsam sind wir stärker" wird eine echte Win-Win-Situation geschaffen.

Best-Practice-Wissensmanagement-Maßnahmen im Einkauf

in Prozent der befragten Unternehmen

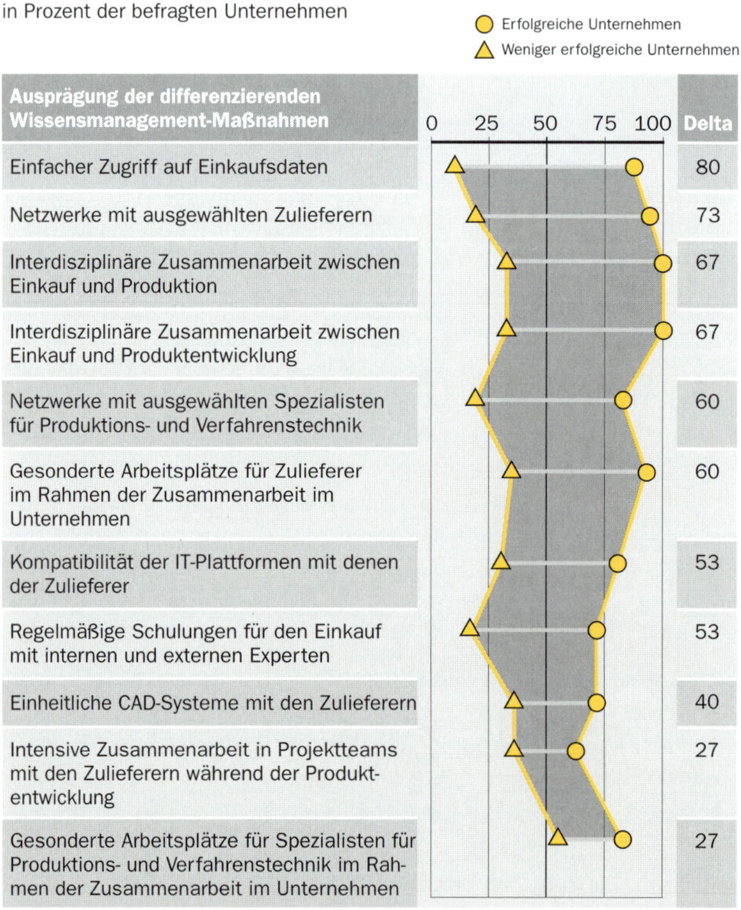

Lesebeispiel: 87% der befragten erfolgreichen Unternehmen wenden diese Maßnahme an: Einfacher Zugriff auf Einkaufsdaten

Quelle: Internationale Unternehmensbefragung von McKinsey

Und die entwickelt natürlich auch eine besondere Anziehungskraft. Als Hans-Erich Mundt und seine Mannschaft die Ergebnisse ihrer Arbeit mit der Überzeugungskraft der Erfolgreichen auf der Internationalen Luft- und Raumfahrtausstellung in Berlin präsentierten, da zeigten die Besucher – zum größten Teil Kunden und Lieferanten – jedenfalls mindestens so viel Interesse wie beim Betrachten der neuesten High-Tech-Produkte der Ingenieure und Techniker.

PRODUKTION

Gruppenarbeit machen viele. Aber kombiniert mit konsequentem Wissensmanagement gelang den Monteuren in der Fertigung von John Deere der große Sprung in der Produktivität.

Morgens um sieben wird die Welt in Ordnung gebracht. Zu dieser unchristlichen Zeit treffen sich an jedem Werktag die Sprecher der Fertigungsgruppen im Mannheimer Werk des Traktorenbauers John Deere zur Qualitätssitzung. Jeder hält einen Becher Kaffee und einen Computerausdruck in Händen – den Fehlerbericht mit allen Produktionsstörungen des Vortags. Die Fertigungsmitarbeiter diskutieren die Störungen mit Fachleuten aus Entwicklung, Engineering und gegebenenfalls auch Einkauf, suchen Lösungen, ernennen Verantwortliche für die Umsetzung. Dann kann die Schicht beginnen. Und es wird ein guter Tag, auch wenn neue Pannen passieren – die alten Fehler werden sich nicht wiederholen.

Unternehmensprofil John Deere

Steckbrief (2001)	
Umsatz:	12,4 Mrd. EUR
Mitarbeiter:	~ 45.000
Standorte:	In mehr als 150 Ländern

Umsatzanteil nach Geschäftsbereichen (in Prozent)	
Landmaschinen (Traktoren, Mähdrescher, Feldhäcksler)	47
Maschinen für Rasen- und Grundstückspflege (handgeführte Rasenmäher, Rasentraktoren)	20
Bau- und Forstmaschinen (Bagger, Raupen, Fäll- und Zusammenrückmaschinen)	16
Finanzierungsgeschäft (Kredite, Leasingverträge)	11
Sonstiges	6

Quelle: John-Deere-Geschäftsbericht 2001, John-Deere-Website

Tatsächlich machen die Bandarbeiter von John Deere deutlich weniger falsch als die meisten Kollegen in anderen Werken – dank eines konsequenten Wissensmanagements im Bereich Produktion. Heute ist die Arbeit in der Traktorenfabrik so organisiert, dass Erfahrungen einer Fertigungsgruppe nicht nur in angrenzenden Bereichen sofort nutzbar werden, sondern auch ganz selbstverständlich in die Entwicklung eingehen. Gruppen von Arbeitern mit hoher Eigenverantwortung bauen komplette Module, jeder Einzelne ist für mehrere Jobs ausgebildet.

Die Mannheimer Werksleitung optimierte die ganze Organisation unter dem Aspekt des Wissensmanagements. Die Eckpunkte:

- Qualitäts-Monitoring. Eine spezielle Anwendung dokumentiert alle Probleme in der Fertigung, die in täglichen Sitzungen analysiert und gelöst werden.

- Standortübergreifendes Benchmarking. Eigens eingerichtete Transferteams sorgen dafür, dass erprobtes Wissen zügig in anderen Werken implementiert wird.

- Qualifizierung. Mit Lerninseln und gruppeninterner Rotation stärkt John Deere das Wissen seiner Fertigungsmitarbeiter, ein wichtiger Hebel für Motivation und Flexibilität.

- Jobrotation. Regelmäßig werden Konstrukteure als Modulleiter für ein Jahr in die Produktion versetzt und kämpfen dort mit den Tücken ihres eigenen Designs. Das sorgt für problemorientierten Wissenstransfer vom Band direkt in die nächste Produktgeneration. Auch ihre Beschaffungsteams platzierte die Werksleitung in den Fabrikhallen. Sie erhalten jetzt direktes Feedback zu ihren Gesamtkostenanalysen. Der Einkauf verantwortet immerhin den größten Kostenblock: Material macht 60 Prozent der Fertigungskosten aus.

Die neue Organisation nutzt effizient das Wissenskapital des Unternehmens und verhalf John Deere zu deutlich höherer Produktivität: Seit Beginn des Fitnessprogramms Anfang der neunziger Jahre erzielten die Mannheimer Einsparungen im Einkauf, reduzierten die Durchlaufzeiten von 56 auf 10 Tage und senkten die Herstellungskosten um 15 Prozent. Die gut 2.750 Mitarbeiter produzieren rund 36.000 Traktoren im Jahr, das ist mehr als die Hälfte der deutschen Gesamtproduktion.

Wissensmanagement-Ziele in der Produktion von John Deere

- Hohe Produktkomplexität bei großer Fertigungstiefe beherrschen
- Gezielt Schulungen aller Arbeitskräfte durchführen
- Erreichen der Produktivitätsziele unter hohem Zeitdruck sicherstellen

Quelle: McKinsey-Wissensmanagement-Team

Eine flexible Fertigung funktioniert nur, wenn der Wissensfluss optimal organisiert ist

Dabei begann die Erfolgsstory von John Deere mit einer existenzbedrohenden Krise. 1993 wollten die Manager der US-Zentrale die John-Deere-Fabrik in Mannheim schließen: Die Badener produzierten zu teuer. Doch die deutsche Werksleitung gab nicht einfach auf. Sie verordnete sich eine Radikalkur. Für eine nachhaltige Produktivitätssteigerung fand das örtliche Management zwei Ansatzpunkte: Anpassung der Fertigungstiefe und Intensivierung der Mitarbeitereinbindung.

Kurzfristig half eine drastische Reduktion der Fertigungstiefe. Blechteilefertigung und Gießereien wurden zurückgefahren bzw. aufgegeben. Doch wichtiger war die langfristige Umorientierung des Werkes: Aus dem hierarchischen, stark arbeitsteiligen Produktionsbetrieb, in dem Mitarbeiter eng zugewiesene Aufgaben hatten, sollte eine flexible Fertigung mit hochmotivierten, vielfach einsetzbaren und weitgehend eigenverantwortlich arbeitenden Monteuren entstehen.

Solch eine Organisationsmodell kann aber nur dann effizient arbeiten, wenn alles im Unternehmen vorhandene Erfahrungswissen verlässlich überall dort zur Verfügung gestellt wird, wo es in der Produktion gebraucht wird, und wenn fremdes Wissen offen angenommen wird. Der Schlüssel für die Zukunft des Mannheimer Werkes lag in einem nachhaltigen Wissensmanagement.

Damit schlug die Stunde des Richard Ruf. Der Montagemanager im Mannheimer Deere-Werk erhielt die Aufgabe, die Voraussetzungen dafür zu schaffen, das immense Wissen des weltweiten Deere-Netzwerkes in Baden konsequent zu nutzen. Er sollte die hausinternen Kommunikationskanäle ziehen, über die das Know-how vom General Manager bis zum Bandarbeiter und zurück gelangen kann. Dazu mussten die Badener zunächst die Fertigung neu organisieren. Wichtigster Schritt: Statt wie bisher im Akkord am Band hoch spezialisierte Handgriffe zu verrichten, mussten die Mitarbeiter lernen, in der Gruppe Verantwortung für einen kompletten Fertigungsschritt zu übernehmen.

Meister und mittleres Management übernahmen neue Rollen als Coaches und Teamführer. Vier der bisher acht Hierarchiestufen im Werk entfielen. Die verbliebenen Manager organisierten mit Richard Ruf die Wissensvermittlung. In Trainingseinheiten und Seminaren machten sie die ehemaligen Bandarbeiter fit, vier bis fünf verschiedene Arbeitsschritte bewältigen zu können.

Voraussetzung für den Erfolg der Gruppenarbeit ist konsequentes Wissensmanagement. Die Erfahrungen aus den ersten Pilotgruppen in der Traktoren- und Getriebemontage arbeitete das Management kontinuierlich in die Schulungskonzepte der nächsten Gruppen ein, übertrug die Lehren aus dem Tagesgeschäft und initialisierte den Wissensaustausch zwischen den Gruppen.

Zum Treibsatz für die Produktivität entwickelte sich das neue Entlohnungssystem. Zunächst definierten Ruf und seine Helfer die

Grundeffektivität jeder Gruppe, einen durchschnittlichen Ausstoß pro Zeiteinheit. Quartalsweise wird jetzt die Effektivität überprüft. Liegt die Produktivität der Gruppe zwischen 100 und 106 Prozent vom definierten Output, wird der Erfolg der Produktivitätssteigerung zwischen dem Unternehmen und der Gruppe aufgeteilt und den Gruppenmitgliedern anteilig als Prämie ausbezahlt. Liegt der Output über 106 Prozent, „kauft" John Deere den tüchtigen Mitarbeitern die ganze Steigerung ab und schüttet die gesamte Einsparung als Prämie aus. Dann wird allerdings künftig die Grundeffektivität um 3 Prozent höher bewertet. Seit 1993 steigt so die Produktivität zügig, ein Ende ist nicht in Sicht.

In acht Jahren schüttete das Mannheimer Unternehmen rund 15 Millionen Euro Prämien an 1.330 Mitarbeiter aus.

Auch bei der Entlohnung der Angestellten zählt bei John Deere heute ein Aspekt des Wissensmanagements. Um den Widerstand gegenüber fremdem Wissen – das berühmte *Not-invented-here*-Syndrom – zu überwinden, integrierte John Deere den Punkt Kommunikation in die Leistungsbeurteilung. „Unter Kooperation/Offenheit beurteilen wir, wie bereitwillig der Mitarbeiter neues Wissen von außen in seine Arbeit integriert", erklärt Personalleiter Schmiemann, „und die Leistungsbeurteilung entscheidet immerhin über Beförderungschancen und Gehaltserhöhungen." Alle Manager trainierten ausdrücklich, wie fremdes Wissen erfolgreich integriert wird – schließlich sollen sie intern als Vorbilder wirken. Ihre Botschaft an die Mitarbeiter: Wenn die Gruppen offen neues Wissen annehmen, können sie ihre Produktionskosten senken und sich so höhere Prämien verdienen.

Monetäre Anreize, die Kooperation und Informationsweitergabe in der Produktion verbessern, setzen auch 60 Prozent der erfolgreichen Unternehmen in der weltweiten Unternehmensbefragung ein. Nur 40 Prozent der weniger erfolgreichen Unternehmen bauen auf solche Anreizsysteme.

In Lerninseln trainieren die Beschäftigten Gruppenarbeit und Wissensmanagement

Bei John Deere wirkt der Anreiz. Im eigenen Interesse suchen die Mitarbeiter aktiv nach Best-Practice-Beispielen und erschließen fremdes Wissen. Kommunikation wird groß geschrieben. Neben der täglichen Qualitätssitzung stehen noch andere regelmäßige Treffen auf der Agenda der Fertigungsmitarbeiter. Wöchentlich gibt es Abstimmungstreffen mit den Abteilungsleitern der Arbeitsvorbereitung, des Einkaufs und der Qualitätssicherung. Regelmäßig tagen Steuerkreise mit der Konstruktion.

Das persönliche Gespräch sei allemal hilfreicher als der Rückgriff auf die Aufzeichnungen der Qualitätsdatenbanken, meint Montageleiter Ruf. „Alle vierzehn Tage laden die Gruppensprecher wichtige Mitarbeiter aus der Konstruktion und der Entwicklung ein, um mit ihnen Erfahrungen aus dem Produktionsalltag zu diskutieren und Chancen zur Effizienzsteigerung aufzuspüren“, sagt er. „Dabei gibt es viele Anstöße für ein fertigungsgerechtes Produktdesign.“ Ohne feste Regeln und vorbereitendes Training geht es dabei nicht. „Wenn die Mitarbeiter nicht entsprechend ausgebildet sind, bleiben unsere vielen Meetings ineffizient, gerade wenn wir funktionsübergreifend diskutieren“, weiß Ruf. Deshalb ist beispielsweise Moderationstraining ein fester Bestandteil im Weiterbildungsprogramm von John Deere.

Der Schwerpunkt der Wissensvermittlung bei John Deere liegt aber auf den drei Lerninseln. Hier trainieren die Fertigungsmitarbeiter nicht nur die konkreten Arbeitsschritte für ihre Aufgaben. Hier lernen sie auch alles über die Gruppenarbeit à la John Deere.

Die Lerninsel *Traktor* dient auch als Lehrwerkstatt. Hier montieren die Auszubildenden in sechs Wochen einen Traktor nach Kundenauftrag und liefern diesen persönlich aus, wenn er in einem zweitägigen Audit null Fehler aufweist. Dabei übergeben sie zur Beruhigung und als Garantie dem meist skeptischen Kunden eine Liste mit ihren persönlichen Telefonnummern. In den Lerninseln *Getriebe und Fertigungstechnik* lernen die Mitarbeiter zum einen Stücklisten, Teilebeschaffung, Werkzeuge, Arbeitsreihenfolgen und Dokumentation der Produktion oder Montage kennen, zum anderen werden sie auf die Gruppenarbeit vorbereitet.

Zur Gruppenarbeit gehört bei John Deere, dass sich die Teams weitgehend selbst organisieren. Ein Gruppensprecher wird von der Gruppe gewählt. Die Gruppe plant ihre Aufgabenteilung selbständig. Die Aufträge des nächsten Tages sind jeder Gruppe schon am Vortag bekannt, sodass sie sich schon für den folgenden Tag abstimmen kann. Damit obliegt ihr auch die Einsatz- und Urlaubsplanung. Grundsätzlich sollen alle gewerblichen Mitarbeiter für vier bis fünf unterschiedliche Aufgabengebiete qualifiziert sein. Damit dieses Ziel erreicht wird, teilen die Gruppen auch die Schulungen in den Lerninseln eigenverantwortlich ein. Für jeden Mitarbeiter sind von Anfang an 2 Prozent seiner Arbeitszeit für Fortbildung reserviert. Jeder Arbeiter verbringt rund 40 Stunden pro Jahr in Qualifizierungsmaßnahmen.

Inzwischen haben sich die Lerninseln so bewährt, dass auch alle Mitarbeiter von Konstruktion, Beschaffung und Marketing das vierwöchige Lerninselprogramm absolvieren sollen. So schafft John Deere ein gemeinsames Verständnis und eine größere Identifikation mit dem Produkt.

In den Lerninseln trainieren die Mitarbeiter, was die Werksleitung als strategischen Erfolgsfaktor für eine Produktionsstätte ansieht – nämlich ihr implizites Wissen und ihre Fähigkeiten. „Praktische Erfahrungen sind unersetzlich für unsere Fertigung. Schriftliche Dokumentationen und Handlungsanweisungen vertiefen lediglich das Erlernte", sagt Richard Ruf. Deshalb werden bei John Deere Montagevorgänge nur grob beschrieben. Neue Werker beobachten zunächst einen halben Tag lang die Arbeit der Kollegen, um danach einfache Prozesse selbst durchzuführen und direkt on the Job von den anderen Gruppenmitgliedern zu lernen.

Durch die Konzentration auf die Vermittlung des für die Fertigung besonders relevanten impliziten Wissens steigert John

Deere die Effizienz seiner Produktionsabläufe. In anderen Branchen zählt aber oftmals vor allem das explizite Wissen bei der Optimierung der Fertigung. Das gilt beispielsweise für die etwas anders geartete Produktion von Software bei SAP.

Als drittgrößter Softwarelieferant der Welt beschäftigt SAP knapp 28.000 Mitarbeiter in über 120 Ländern. Auf Grund der weltumspannenden Organisation, der kurzen Produktzyklen und der ganz anderen Mitarbeiterstruktur als bei John Deere setzt SAP andere Schwerpunkte bei der Mitarbeiterentwicklung. Ziel ist die Beschleunigung des Wissenstransfers. Im Rahmen seines Wissensmanagement-Ansatzes gründete das Unternehmen 1999 die SAP University. Sie bietet Online-Live-Seminare an, aufgezeichnete Schulungen, die in Englisch oder Deutsch aus der E-Learning Library von SAP heruntergeladen werden können, aber auch traditionelle Präsenzlehrveranstaltungen und -trainings. So vermittelt das System implizites Wissen durch persönliche Trainings und verteilt auch effizient explizites Wissen, das für die Aufgaben der Softwareentwicklung benötigt wird.

Alle Mitarbeiter sind gleichzeitig Schüler und Lehrer der Firmenuniversität

Der Erfolg dieses Programms zeigt sich unter anderem darin, dass sich Mitarbeiter regelmäßig mit Vorschlägen für Kursthemen an die SAP University wenden. Uni-Mitarbeiter verpflichten die Experten und liefern ihnen Methodik sowie Didaktik. Die Kurse sind gut besucht. Andreas Lotz, Abteilungsleiter E-Learning an der SAP University: „Wenn ein Wissensbedarf besteht, kontaktieren wir die Experten in unserem Hause, organisieren die Schulungen, kümmern uns um die Logistik und machen das Angebot bekannt. Wir sorgen auch dafür, dass die Informationen katalogisiert und über die E-Learning Library zugänglich gemacht werden. Es kommt häufig vor, dass ein Schulungsteilnehmer angeregt wird, selbst eine Schulung anzubieten. Deshalb sagen wir, dass alle Mitarbeiter zugleich Schüler und Lehrer sind.“ Mehr als 1.200 Lehrdokumente hält die E-Learning Library bereit, rund 700 hat die SAP University allein im Jahr 2001 produziert.

SAP setzt beim E-Learning auf mehrere Formate: In Net Shows, in der Regel sind das aufgezeichnete Vorträge von Veranstaltungen, präsentieren Vorstandsmitglieder und andere Topmanager strategische Pläne des Konzerns. Im Virtual Classroom vermitteln interne und externe Spezialisten den SAP-Mitarbeitern live oder per Aufzeichnung konzeptionelles und anwendungsorientiertes Wissen. Das Schulungsangebot ist auf einer Intranetseite aufgelistet, die jeder Mitarbeiter aufrufen kann. Wer an einem der Kurse interessiert ist, muss sich rechtzeitig anmelden, um sich einen Platz zu sichern. Das virtuelle Klassenzimmer können Mitarbeiter an allen Standorten von SAP direkt von ihrem Arbeitsplatz aus besuchen. Sie verfolgen den Vortrag in Walldorf, Palo Alto oder einer anderen SAP-Niederlassung per Videoübertragung. Anschließend können sie im Rahmen einer Onlinediskussion Fragen stellen und Kommentare abgeben.

Wer an der Liveveranstaltung wegen eines zu großen Zeitunterschieds oder anderer logistischer Probleme nicht teilnehmen kann, muss dennoch nicht auf die Informationen verzichten. Aufzeichnungen sorgen dafür, dass das Wissen auch zu einem späteren Zeitpunkt noch verfügbar ist. Darüber hinaus bietet E-Learning seine „iTutors“ an, Lerneinheiten mit interaktiven Systemsimulationen. Die Mitarbeiter können die Kurse zu jeder Zeit und an jedem Standort herunterladen. Diese Methode sichert den flexiblen Zugriff auf das Wissen. Überdies muss das Schulungspersonal nicht mehr Kurse an Standorten in aller Welt wiederholen. Onlinementoren, regionale Helpdesks, Nutzerbefragungen und regelmäßige Bedarfsanalysen runden das Onlineangebot ab. Gut 11.000 interne Nutzer besuchen jeden Monat das Intranetportal der SAP University, die Seite rangiert unter den Top Ten bei SAP.

SAP-Mitarbeiter haben bis heute mehr als 110.000 E-Learning-Einheiten aus dem Intranet heruntergeladen. Regelmäßig wird die Kundenzufriedenheit abgefragt: Der Durchschnittswert beträgt 6,1 auf einer Skala von 1 bis 7.

Die effiziente Wissensverteilung via IT-Infrastruktur hat sich bei SAP bewährt. Das Programm beschleunigt nach Ansicht des E-Learning-Leiters Lotz die Einführung neuer Produkte, es ermöglicht einen breiten Zugriff auf Expertenwissen und liefert einen aktuellen Datenbestand für den internen Lehrstoff. E-Learning bringt SAP einen schnelleren Wissenstransfer, höhere Qualität der Ausbildung und spart im Schnitt einen Ausbildungstag pro Beschäftigten und Jahr. Überdies entstehen geringere Reisekosten und eine höhere Produktivität, weil viele Geschäftsreisen entfallen.

Ideen der Mitarbeiter werden systematisch gefördert und prämiert

Gut ausgebildete Mitarbeiter erledigen nicht nur die Tagesarbeit besser und effizienter. Ihr Wissen liefert auch die Basis für Verbesserungsideen. Bei John Deere in Mannheim stimuliert und kanalisiert das Management erfolgreich die Vorschläge der Mitarbeiter. Hierfür gibt es ein quasi traditionelles System der kontinuierlichen Verbesserung.

Anders als im klassischen Vorschlagswesen werden die Ideen jedoch nicht individuell honoriert. Die meisten Vorschläge entstehen nämlich aus der Gruppenarbeit heraus. Vorschläge, die zu einer höheren Produktivität der Gruppe führen, werden im Rahmen des Prämiensystems für die Gruppe vergütet. Zumeist führen diese Ideen zu einer Steigerung der Grundeffektivität über die magische Marke von 106 Prozent hinaus. Dann wird die Kostenersparnis allen Gruppenmitgliedern am Monatsende in bar ausgeschüttet.

Wie sehr die Deere-Mitarbeiter dieses Prinzip akzeptieren, zeigt das Beispiel eines Arbeiters, der einen Vorschlag eingereicht hatte. Auf Grund eines Missverständnisses wurde ihm zunächst eine individuelle Prämie von 4.000 Euro zugesagt, die dann jedoch in eine Gruppenprämie von 1.500 Euro umgeändert werden musste. So blieb von dem ursprünglich hohen Betrag letztlich nur noch relativ wenig für ihn persönlich übrig. Die erwartete Enttäuschung des Mitarbeiters über diese entgangene individuelle Honorierung seiner Verbesserungsidee blieb jedoch aus. Schon im darauf folgenden Monat reichte er einen neuen Vorschlag ein, mit dem die Montagezeit einer Komponente von 30 auf 10 Minuten reduziert werden konnte. Eine so große Akzeptanz der Gruppenvergütung und eine so starke Identifikation mit der Gruppenleistung hatte selbst das Management nicht erwartet.

Immerhin kommen die findigen Fertigungsmitarbeiter von Deere allein im Jahr 2000 auf eine durchschnittliche Prämienhöhe von 500 Euro pro Kopf. Die Spitze lag sogar bei 50.000 Euro. Die verantwortlichen Mitarbeiter sind im ersten Jahr zu 30 Prozent an der Einsparung beteiligt. Aber selbst wenn ein Vorschlag nicht erfolgreich ist, honoriert die Firma ihn mit einer kleinen Anerkennungsprämie.

Doch Deere fördert Ideen noch mit einem zweiten Programm – intern PFLUG genannt. PFLUG steht für **P**robleme **F**inden, **L**ösen **U**nd **G**ewinnen. PFLUG-Teams werden problembezogen zusammengestellt. Die Hälfte der sechs bis acht Teammitglieder stammt aus dem Bereich, in dem das zu lösende Problem auftritt, die anderen sind fachfremd. Nach fünf Tagen präsentiert das Team erste Lösungsansätze. Maximal dauert ein PFLUG-Projekt 30 Tage. Dabei werden die Mitarbeiter fünf Tage aus dem Tagesgeschäft herausgelöst und arbeiten mit Unterstützung eines John-Deere-internen Moderators daran, Ideen zu entwickeln und Lösungsansätze zu finden.

So sollte z.B. ein Team die umlaufenden Transportbehälter – Lagerbehälter, spezielles Stapelmaterial und besonders angefertigte Kunststoffteile für den Komponententransport – reduzieren. Vorwiegend für den Ersatz von Umlaufmaterial wandte das Unternehmen zu diesem Zeitpunkt 80.000 Euro pro Jahr auf. Niemand wusste, warum solche Mengen dieser doch eigentlich wiederverwendbaren Materialien verbraucht wurden. Das PFLUG-Team sollte einen Weg finden, 50 Prozent der Kosten zu sparen. Die Mitarbeiter stellten schnell die Ursachen für die Materialverschwendung fest. So fehlt in den Produktionsbereichen häufig das Bewusstsein dafür, dass dieses Umlaufmaterial speziell angefertigt wird und auch sehr teuer ist. Deshalb nutzen die Arbeiter die speziellen Kunststoffplatten gelegentlich als Fensterverkleidung gegen intensive Sonneneinstrahlung. Schließlich ist ja das Umlaufmaterial immer zur Hand. Griffbereit ist es zumeist, weil der Rücklauf dieser Transportmaterialien zum Lager keine besondere Aufmerksamkeit genießt. Vorrang hat stets die Produktivität der Gruppe. Also interessiert zunächst nur die Anlieferung der richtigen – und auf Grund des Sondertransportmaterials unbeschädigten – Komponente. Der Rücktransport des Trägermaterials zum Lager war nicht einmal offiziell geregelt und schien nebensächlich. Damit sich dies änderte, entwickelte das PFLUG-Team einen konzeptionellen Kreislauf für die Umlaufmaterialien. So wurde die Problematik zunächst transparent und verständlich. Es definierte eine Kennung für die Materialien und entwickelte ein System zum Auffinden und Rückverfolgen. Die Vorschläge des PFLUG-Teams werden nun umgesetzt. In diesem Jahr soll das Sparziel von 40.000 Euro für das Umlaufmaterial erreicht werden.

Die PFLUG-Teams sollen nicht nur Geld einsparen, sie wirken auch auf die Motivation. Durch die intensive Gruppenarbeit über fünf Tage wachsen die Teams persönlich zusammen, die Mitarbeiter erleben Gruppeneffekte und die Befriedigung, gemeinsam Lösungen zu finden. Die Teilnahme in einem PFLUG-Team bringt hohe und für jeden wahrnehmbare Anerkennung. Die Teammitglieder tragen bedruckte Sweatshirts und T-Shirts, die allen zeigen, dass sie für ein Sonderprojekt ausgewählt wurden. Der gute Ruf der PFLUG-Projekte motiviert und verpflichtet zugleich. Die meisten Mitarbeiter wünschen sich auch einmal PFLUG-Team-Mitglied zu sein, um dann mindestens ebenso erfolgreich wie die Vorgängerprojektgruppen zu arbeiten.

Deere setzt dabei sein Anspruchsniveau für Verbesserungen in der Produktion bewusst hoch – genau wie fast alle erfolgreichen Unternehmen in der globalen Unternehmensbefragung von McKinsey: Fast 90 Prozent orientieren sich bei ihren Anstrengungen am Niveau der Weltspitze in ihrer Branche. Nur gut ein Viertel der weniger erfolgreichen Unternehmen zeigt sich so ambitioniert. Wie Deere beziehen die meisten Erfolgreichen ihre Mitarbeiter bei Entscheidungen über Prozessverbesserungen mit ein. Dies ist gängige Praxis bei 60 Prozent der erfolgreichen Unternehmen. Nur bei einem Fünftel der weniger erfolgreichen Unternehmen spielen die Mitarbeiter eine aktive Rolle bei Entscheidungen über Verbesserungsideen.

Verbesserungsideen der Mitarbeiter zählen besonders in einem Bereich, wo es auf das implizite Wissen der Leute am Band ankommt. Die Effizienzsprünge, die Deere in der Montage erreichte, hätte die Werksleitung allein nicht erarbeiten können. Sie beruhen auf dem Erfahrungswissen der Mitarbeiter, die täglich Komponenten fertigen und Module montieren. Der Erfolg des Vorschlagswesens hängt dabei davon ab, dass das Management eine Kultur schafft, in der sich die Mitarbeiter mit ihrem Produkt und ihren Tätigkeiten identifizieren und in der sie fachlich so gefördert werden, dass sie sich mit ihren Abläufen kritisch auseinander setzen und Verbesserungspotenziale erkennen und formulieren können.

Internes Benchmarking im Produktionsverbund schafft erhebliche Wettbewerbsvorteile

Neben diesen hausinternen Wissensquellen erschließen die Mannheimer zusätzlich Verbesserungspotenziale aus dem weltweiten Unternehmensverbund. Auch hierbei geht John Deere eigene, erfolgreiche Wege. Das Unternehmen entwickelte ein internes Benchmarkingsystem. Die Basisüberlegung: Erst wenn Fertigungsplaner und -lenker sich über die eigenen Grenzen und Routinen hinaus orientieren, erkennen sie mögliche Optimierungspotenziale. In der Praxis scheitern solche Ansätze allerdings häufig an Vorbehalten: Mitarbeiter wenden ein, dass Prozesse nicht vergleichbar seien. Oder sie mauern, weil sie befürchten, in einer Gegenüberstellung schlecht abzuschneiden und mit negativen Konsequenzen rechnen zu müssen. Der tiefere Grund liegt häufig verwurzelt im Misstrauen gegenüber fremdem Wissen. Gegen diese Haltung ging Richard Ruf bei John Deere aktiv an, mit Erfolg. Heute nutzen die Traktorbauer die Chance, auch durch einfaches Zuschauen besser zu werden. Positiver Nebeneffekt: Die weltweiten Deere-Werke rücken im Unternehmensverbund näher zusammen. Werkspezifische Egoismen stehen zurück, Optimierungen im weltweiten Netz haben Vorrang. Die Konzernleitung schürt deshalb nicht die Konkurrenz zwischen den Werken untereinander, sondern honoriert und fördert Austausch und Nutzung von Synergien.

Bereitschaft und Offenheit für den Wissenstransfer sind notwendige, aber nicht hinreichende Bedingungen für erfolgreiches Benchmarking. Genauso wichtig ist die richtige Organisation. Alle Daten und Erkenntnisse aus dem unternehmensweiten Benchmarking werden in einer Datenbank dokumentiert. Auf diese Weise ist explizites Wissen jederzeit zur Hand. Aber wichtiger als der Zugriff auf die expliziten Daten ist der Transfer des impliziten Wissens. Auch dabei setzt John Deere auf Learning by doing. So stellt Deere Transferteams aus Produktions- und Entwicklungsexperten zusammen und schickt sie zu Standorten mit überlegener Fertigungsmethodik. Die Teams bleiben bis zu einem Monat vor Ort, um zu lernen, wie die Methode funktioniert. Die Mitglieder der Transferteams geben die Erfahrungen nach der Rückkehr in ihr Stammwerk als Coaches in der eigenen Fertigung weiter. In speziellen Seminaren trainieren potenzielle Mitglieder von Transferteams zuvor ihre Lernfähigkeit und ihre Schulungskompetenz.

Der Aufwand lohnt sich. Die Benchmarkinginitiativen der vergangenen Jahre sind ein wichtiger Bestandteil des Fitnessprogramms zur Effizienzsteigerung bei John Deere.

Mutige Benchmarkinginitiativen zapfen sogar externe Quellen zur Prozessverbesserung und Effizienzsteigerung an. Manche blicken dabei nicht nur über den Tellerrand des eigenen Unternehmens, sondern über den der gesamten Branche. So suchte beispielsweise eine amerikanische Fluggesellschaft nach Wegen, bei Zwischenlandungen mit weniger Zeit auszukommen und damit die Effizienz zu erhöhen. Die Airline wollte sich nicht nur an der Konkurrenz messen, sondern vom Rest der Branche absetzen. Also suchte sie nach einem Benchmarkingpartner außerhalb ihrer Branche – und landete bei einem Autorennstall. Die Logistikingenieure der Fluggesellschaft beobachteten bei den Indy-Car-Autorennen genau, wie die Teams ihre Boxenstopps organisierten. Sie sahen ein virtuoses Zusammenspiel der Mechaniker, auf beengtem Raum, mit beachtlicher Geschwindigkeit und Präzision. Die Fluggesellschaft übertrug dieses sehr spezielle Wissen rund um den Boxenstopp auf das Rollfeld und inszenierte das Be- und Entladen ihrer Maschinen auf ähnliche Weise. So konnte sie ihre Standzeiten erheblich reduzieren und außerdem die Qualität und die Kundenzufriedenheit deutlich erhöhen.

Dass Benchmarking ein Erfolgsfaktor ist, zeigen auch die Ergebnisse der Unternehmensbefragung – die im Übrigen auch eine Benchmarkingstudie ist. Im Produktionsbereich wenden 60 Prozent der erfolgreichen Unternehmen internes und auch externes Benchmarking an. Dagegen nutzen nur 20 Prozent der weniger erfolgreichen Unternehmen diese Quelle für Verbesserungen. Um generell Produkt- und Prozessverbesserungen aufzuspüren, wird Benchmarking von der Hälfte der erfolgreichen und wiederum nur von 20 Prozent der weniger erfolgreichen Unternehmen eingesetzt – flächendeckend durchgesetzt hat sich die Methode noch nicht. Vielleicht scheuen viele Unternehmer sich noch, die anspruchsvollen Grundlagen zu legen: Zunächst müssen sie eine Kultur der Offenheit und Akzeptanz für fremdes Wissen schaffen. Erst dann können sie den strukturierten Prozess zur Identifikation, Analyse und zum Transfer der Benchmarks anstoßen.

Enge Verzahnung von Produktion und Entwicklung optimiert die Wissensnutzung

Anstöße für eine effizientere Produktion können auch aus internen Quellen, etwa aus aneinander grenzenden Bereichen im Unternehmen, kommen. So hat John Deere beispielsweise seine Produktion und die Entwicklung eng verzahnt – und so einen Sprung nach vorn getan.

Die Produktentwicklung berücksichtigt heute bereits frühzeitig die Erkenntnisse aus der Produktion. Zum Produktentwicklungsteam gehören neben strategischem Einkauf, Service und Marketing auch die Produktion und das Cost Department der Fabrik. Früher standen diese funktionalen Einheiten fast berührungslos nebeneinander. Teil des standardisierten Produktentwicklungsprozesses ist die Factory Build Coordination. Diese gewährleistet die Produktion der Prototypen auf den bestehenden Produktionslinien. Die Prototypen werden frühzeitig neben der eigentlichen Produktion auf den Linien gebaut und anschließend Haltbarkeits- und Zuverlässigkeitstests unterzogen. Anderthalb Jahre vor dem eigentlichen Produktionsbeginn montieren so Bandarbeiter in einer Art Experimentiershop das neue Produkt. Die Erfahrungen aus diesem Praxistest fließen dann in das Produktdesign ein.

1999 produzierten die Mannheimer auf diese Weise 106 Prototypen und Nullserientraktoren – das entspricht der Stückzahl einer kompletten Tagesproduktion. Damit hatten die Produktdesigner die Chance, die impliziten Erfahrungen der Monteure in die Entwicklung mit aufzunehmen.

Um die Erfahrungen aus der Fertigung auch in die nächste Traktorengeneration einfließen zu lassen, wechselt mit jedem neuen Produkt ein Funktionsgruppenleiter aus der Entwicklung mit in die Produktion. Für ein Jahr ist dieser für drei Montagegruppen seiner Funktionsgruppe am Band zuständig – also für 50 bis 100 Mitarbeiter. Hautnah erlebt er die Fertigungs- und Montageprobleme. Dann geht er mit den dabei gesammelten Erfahrungen zurück in die Entwicklung. Zum einen entsteht so ein besseres Verständnis für fertigungs- und montagegerechte Konstruktion. Zum anderen verbessert sich die Kommunikation zwischen Entwicklung und Produktion, da auch über die Zeit der Jobrotation hinaus der direkte Draht zwischen Entwickler und Produktionsmitarbeitern erhalten bleibt.

Jobrotation verhilft nicht nur zum besseren Verständnis von Produktionsproblemen. Auch in anderen Unternehmensbereichen ist es wertvoll, nicht nur Wissen aus Dokumenten und Gesprächen aufzunehmen, sondern eigene Erfahrungen zu sammeln. Aber auch zum besseren Wissenstransfer im weltweiten Unternehmensverbund ist Jobrotation ein adäquates Mittel.

Ein japanischer Elektronikkonzern lässt seine Entwickler planmäßig durch die weltweit verteilten Standorte rotieren. Konfrontiert mit den Methoden der japanischen, US-amerikanischen und europäischen Standorte wählt jeder seine individuellen Benchmarks, lernt lokale Methoden kennen und befruchtet gleichzeitig die Arbeit der Gastgeber mit seinem fremden Ansatz. Vor allem stehen die Kundenbedürfnisse und deren konsequenter Transfer in die Produktinnovationen im Mittelpunkt. Auch hier setzt der Elektronikkonzern auf die persönlichen Erfahrungen und Lerneffekte der Entwickler. Mindestens einmal jährlich werden die Entwickler an die „Kundenfront“ geschickt. Im Getümmel der Elektronikabteilungen von Kaufhäusern oder Fachgeschäften suchen die Entwicklungsingenieure das direkte Gespräch mit den Käufern. Anders als bei der Marktforschung sollen sie nicht die Wünsche und Anforderungen systematisch erheben, sondern ein Gefühl dafür entwickeln, wie Kundenentscheidungen direkt am Point of Sale zu Stande kommen.

Die Einkäufer verantworten den reibungslosen Ablauf der Just-in-time-Produktion

Auch der Einkauf leistet bei John Deere seinen Beitrag zur effizienteren Produktion. Die Beschaffung ist der Entwicklung unterstellt, inzwischen ist sie jedoch direkt in der Produktion angesiedelt und ebenfalls in Teams organisiert. Die Beschaffungsgruppen sind nach den verschiedenen Focus Factories zusammengestellt. Ein Einkaufsteam besteht aus einem Einkäufer, einem Mitglied der Qualitätssicherung und einem Disponenten. Jeder Gruppe werden spezifische Cost Reduction Targets vorgegeben. Das Team ist jeweils nicht nur für die Gesamtkosten der Beschaffung inklusive Qualitätskosten verantwortlich, sondern auch für Lieferverzögerungen und strategische Planung. 75 Prozent der Einkäufer sind Ingenieure und kommen teilweise direkt aus der Entwicklung. Sie bringen besonders viel Wissen über die Lieferanten mit, da sich die Entwicklung in Zusammenarbeit mit dem strategischen Einkauf mit der Bewertung, Auswahl und langfristigen Einbindung von Zulieferern beschäftigt.

Erfolgskritisch ist die enge Zusammenarbeit mit der Produktion. Dabei hilft die Ansiedlung der Beschaffungsteams in der Fertigungshalle. Gerade bei der zeitoptimierten Fertigungssteuerung sind Abstimmungen einfacher, wenn die Beteiligten in einem Raum sitzen, als wenn der Disponent versuchen muss, den zuständigen Einkäufer im Nachbartrakt ans Telefon zu bekommen. Just-in-time-Produktion hat bei John Deere inzwischen ebenso Einzug gehalten wie in der Automobilindustrie. Die Anforderungen an die Fertigungsplanung und -steuerung sind entsprechend hoch. Parallelisierung der Komponentenfertigung ist selbstverständlich. Für die Motoren wird mit zwei Tagen Vorlauf geplant. Kommt es hier zu Verzögerungen, stehen die Montagebänder still. Ähnliches gilt für die Kabinenfertigung in Bruchsal. Hier gibt es 24 Stunden Vorlauf.

Hinzu kommen die hohen Anforderungen an die auftragsgenaue

Best-Practice-Wissensmanagement-Maßnahmen in der Produktion

in Prozent der befragten Unternehmen

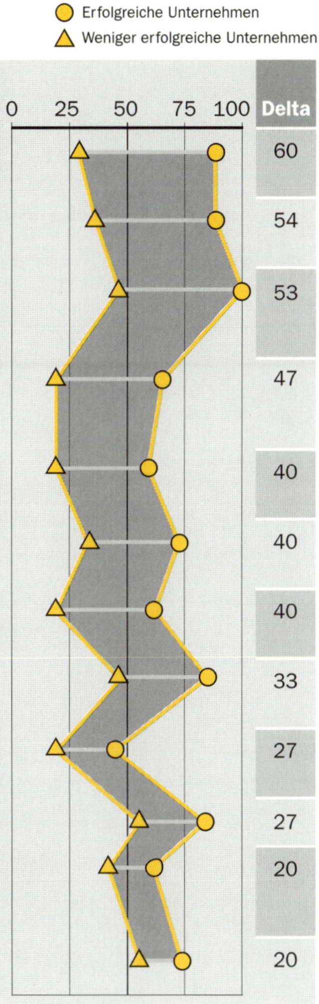

Ausprägung der differenzierenden Wissensmanagement-Maßnahmen	Delta
Das Anspruchsniveau für Prozesseffizienz ist Weltklasseniveau	60
Das Anspruchsniveau für Produktqualität ist Weltklasseniveau	54
Systematischer Einsatz von Kreativitätstechniken zum Entwickeln von Prozessverbesserungen	53
Freiräume und Ideenwettbewerbe zum Ausarbeiten von Verbesserungsideen für die Produktion	47
Regelmäßiges internes und externes Benchmarking in der Produktion	40
Regelmäßige Schulungen für die Produktion mit internen und externen Experten	40
Aktive Einbeziehung der Mitarbeiter bei Entscheidungen über Prozessverbesserungen	40
Interdisziplinäre Zusammenarbeit zwischen Produktion und Produktentwicklung	33
Regelmäßiges internes und externes Benchmarking zur Prozessverbesserung	27
Einfacher Zugriff auf Auftragsabwicklungsdaten	27
Monetäre Anreize zur Verbesserung der Kooperation und des Informationsflusses in der Produktion	20
Alle beteiligten Funktionen können Beiträge in die Produktionsdatenbank einstellen	20

Lesebeispiel: 87% der befragten erfolgreichen Unternehmen wenden diese Maßnahme an: Das Anspruchsniveau für Prozesseffizienz ist Weltklasseniveau

Quelle: Internationale Unternehmensbefragung von McKinsey

Fertigung. Die Traktoren aus dem Werk Mannheim gehen an Kunden in aller Welt. Daraus ergeben sich viele landesspezifische Produktanforderungen, von der Farbe des Scheinwerferlichts über unterschiedliche Typenbezeichnungen und Beschriftungen bis hin zu besonderen Warnzeichen, die angebracht werden müssen. Hinzu kommen die auftragsspezifischen Varianten, die der Kunde individuell zusammenstellt. Über Motor- und Getriebevarianten sowie Hubwerk, Zapfwelle, Federungskonzept und Kabinendesign ergeben sich für jeden Kunden Spezialanfertigungen, die auf Baukarten für die Fertigungsmitarbeiter spezifiziert sind.

Bei der engen Verzahnung von Einkauf und Produktion befindet sich John Deere in guter Gesellschaft. Für alle erfolgreichen Unternehmen in der Unternehmensbefragung ist die interdisziplinäre Zusammenarbeit von Produktion und Einkauf unabdingbar. Nur ein Drittel der weniger erfolgreichen Unternehmen legt hierauf besonderen Wert. Der einfache Zugriff auf Auftragsabwicklungsdaten gilt für 80 Prozent der erfolgreichen, aber nur für rund die Hälfte der weniger erfolgreichen Unternehmen als wichtig. Die Möglichkeit aller beteiligten Funktionsträger, Beiträge in die Produktionsdatenbank einzustellen, ist bei knapp drei Viertel der erfolgreichen und wiederum nur bei etwa der Hälfte der weniger erfolgreichen Unternehmen gegeben.

Die Landwirte vertrauen auf die Kompetenz der Auftragsabwicklung bei John Deere. Mit Begeisterung stellen sie sich – genau wie beim Bestellen ihres Privatwagens – aus langen Ausstattungslisten ihre persönliche Zugmaschine zusammen: Zum Premium-Traktor der Serie 6020 mit 150 PS gibt es z.B. so feine Sachen wie ein CAN-BUS-System zur Überwachung aller Bauteile, ein Auto-Power-Getriebe, das vorgewählte Vorwärts- und Rückwärtsgeschwindigkeiten stufenlos regelt, oder die rückenschonende Komfort-HCS-Kabinenfederung. „Unsere Trecker sind die Ferraris unter den Landmaschinen", meint Richard Ruf, der Initiator des Wandels. Qualität in der Fertigung zahlt sich eben aus – und konsequentes Wissensmanagement legt die Grundlagen dafür. Wissensmanager Ruf ist stolz: „Wir haben das beste Traktorenwerk der Welt."

MARKETING
UND VERTRIEB

Auf dem roten Teppich zum Vertriebserfolg

Mediengigant Bertelsmann hat einen Weg gefunden, das Wissen der Mitarbeiter in chancenreichen Projekten zu bündeln. Cross-Selling und Cross-Promotion stärken Synergien im Vertrieb und erschließen neue Umsatzquellen.

Licht aus, Spot an: Der Saal ist bis auf den letzten Platz gefüllt, wie beim Oscar-Zeremoniell stellen kurze Filmtrailer die Kandidaten vor – Bertelsmann, Deutschlands größter Medienkonzern, kürt die Gewinner seiner Synergy Awards.

Szenen aus Deutschland, China, Spanien und anderen Ländern flimmern über die Leinwand. Dann heißt es: „And the winner is..." Vor den 100 höchsten Führungskräften des Weltunternehmens werden zwei Teams für gelungene firmenübergreifende Kooperationsprojekte prämiert. So kooperierten beim Relaunch des RTL Club der Kölner Fernsehsender und Der Club Bertelsmann, beim Projekt *Mujer* (dt.: Frau) erarbeitete die gesamte spanische Bertelsmann-Familie gemeinsam ein umfassendes Vermarktungskonzept für eine Benefiz-CD zugunsten der spanischen Brustkrebshilfe. Diese Projekte zeichnen sich durch Innovationskraft, Imagewirkung und eine Vorbildfunktion für andere Firmen des Konzerns aus. Im Kern lösten beide Teams ein Problem des Wissensmanagements. Know-how zu Kunden, Märkten und Verfahren, das in einem Bereich des weitläufigen Unternehmens vorhanden ist, soll nutzbringend in andere Firmenteile transferiert werden.

Bei Bertelsmann sind nach Jahren stürmischen Wachstums nun Talente und Know-how aus allen Bereichen des Mediengeschäfts und allen Regionen der Welt versammelt. Unter dem Konzerndach gedeihen Firmen wie Gruner + Jahr, eine Top-Adresse im europäischen und amerikanischen Zeitschriftengeschäft, Random House, die weltweit größte Buchverlagsgruppe, die RTL Group, der europäische Radio- und TV-Marktführer, sowie die DirectGroup Bertelsmann mit Buch- und Musikclubs, die weltweit 80 Millionen Mitglieder haben. Rund 80.000 Mitarbeiter in 56 Ländern erwirtschafteten im Geschäftsjahr 2000/2001 einen Umsatz von rund 20 Milliarden Euro.

Unternehmensprofil Bertelsmann

Steckbrief (2001)	
Umsatz:	20,4 Mrd. EUR
Mitarbeiter:	~ 80.000
Standorte:	In 51 Ländern

Umsatzanteil nach Geschäftsbereichen (in Prozent)	
RTL Group (Fernseh- und Radiosender)	20
DirectGroup (Buch- und Musikclubs)	18
Bertelsmann Music Group (Musiklabels)	18
Gruner + Jahr (Zeitschriften und Zeitungen)	15
Arvato (Druckereien und Services)	15
Random House (Verlage, z.B. Goldmann, Doubleday, Transworld)	10
BertelsmannSpringer	4

Quelle: Bertelsmann-Geschäftsbericht 2001, Bertelsmann-Website

Doch Größe allein ist noch lange nicht gleich Stärke. Um das Synergiepotenzial im eigenen Haus zu nutzen, kreierte der Vorstand den Synergy Award. Das Ziel lautete: Wissen zusammenführen, um neue Marktchancen zu erschließen. Dabei war Fingerspitzengefühl gefragt, da die Konzernphilosophie traditionell auf weitgehend autonom geführte Geschäfte und umfangreiche unternehmerische Freiheiten für die Manager setzt.

„Es geht um die Zusammenarbeit der Bertelsmann-Unternehmen, um ungenutzte Chancen und um Synergiepotenziale, die wir gemeinsam realisieren müssen“, schrieb der damalige Konzernchef Thomas Middelhoff in einem Initiierungsbrief an alle Mitarbeiter weltweit. Unter den 19 Nominierungen für den Synergy Award befanden sich auch viele Marketing- und Vertriebsthemen, wie z.B. die Siegerprojekte Relaunch RTL Club und *Mujer*. Kundenbindung durch Cross-Promotion und Umsatzsteigerung durch Cross-Selling sind hier die Basisideen des Erfolgs.

Wissensmanagement-Ziele in Marketing und Vertrieb von Bertelsmann

- Synergiepotenziale im weit verzweigten Medienkonzern realisieren
- Wissensnachfrage in dezentralen Strukturen initiieren
- Kunden mit der gesamten Produktvielfalt erreichen

Quelle: McKinsey-Wissensmanagement-Team

Ein anderes Projektteam verpasste einen Platz auf dem Siegerpodest nur knapp, ebenfalls mit einem Vertriebsthema: Im Joint Venture Bertelsmann Shanghai Commercial Services baut die Service-Gruppe Arvato, die aus den Druckereibetrieben des Konzerns hervorgegangen ist, zusammen mit dem Bertelsmann Club ein Direktmarketinggeschäft im boomenden chinesischen Markt auf. Der in China bereits erfolgreiche Buchclub bringt Kenntnisse über Markt, Kultur und Sprache ein, sowie landestypische Erfahrungen in Distribution und Logistik, Arvato steuert dagegen international erprobtes Dienstleistungs-Know-how bei. So gewann der Bertelsmann-Ableger aus Shanghai bereits den ersten Großkunden, die Air China.

Organisiert wurde der Synergy Award vom Bertelsmann Corporate Network (BCN), einem Unternehmensbereich, der für Synergien zuständig ist und von Rolf Schmidt-Holtz und Edgar Berger geleitet wird. Rolf Schmidt-Holtz ist gleichzeitig Chef der Bertelsmann Music Group.

BCN initiiert und koordiniert Kooperationen zwischen den Unternehmensbereichen von Bertelsmann und hilft den einzelnen

Bereichen, gemeinsam innovative Geschäfte mit Synergiepotenzial zu entwickeln und umzusetzen. In Zusammenarbeit mit den Unternehmensbereichen steuert BCN so den cross-medialen Aufbau und die optimale Promotion von internationalen Top-Inhalten und -Marken.

Der Synergy Award ist hierfür ein wichtiges Instrument, weil er den Synergiegedanken quer durch alle Hierarchien verankert. Persönliche Anschreiben des Vorstandsvorsitzenden an alle Mitarbeiter der Bertelsmann-Gruppe sowohl zum Start der Award-Ausschreibung als auch zur Bekanntgabe der Gewinner vermitteln den hohen Stellenwert, den die Führung dem Synergiethema beimisst. Im Vorfeld der Preisverleihung wurden alle Kandidaten und die beteiligten Partnerfirmen im BeNet, dem Bertelsmann-Intranet, vorgestellt. Diese Wertschätzung des Engagements wurde noch durch das Nominierungsprozedere, bei dem mindestens ein Bertelsmann-Vorstand das Projekt zum Award vorschlägt, unterstrichen. Auch bei den Preisen ließ sich das Management etwas einfallen: Den Gewinnern wurde die Teilnahme an exklusiven und außergewöhnlichen Medienevents ermöglicht. Diese Preise wurden bis zuletzt geheim gehalten, um die Spannung und das Interesse noch weiter zu steigern. Die Sieger konnten schließlich zwischen einer Reise zu den Grammy-Verleihungen in Los Angeles und einem Formel-Eins-Rennwochenende in Monaco auswählen – Preise, die für weiteren Gesprächsstoff im Unternehmen sorgten und einen Anreiz für die nächste Synergy-Award-Verleihung schaffen.

Applaus und Aufmerksamkeit scheinen oft erstrebenswerter als Geld zu sein: 80 Prozent der erfolgreichen Unternehmen in der internationalen Befragung setzen auf die öffentliche Anerkennung von kreativen Ideen. Dagegen legt nur ein Drittel der weniger erfolgreichen Unternehmen Wert auf dieses Prinzip.

Bei Bertelsmann präsentierten alle 19 für den Synergy Award nominierten Teams gewinnträchtige Ideen. So verknüpften beispielsweise die BMG UK und die Produktionsfirma FremantleMedia in der Fernsehtalentshow *Pop Idol* ihr Branchen- und Produktions-Know-how. Andere Projekte setzten auf Co-Branding, etwa das *Jahrbuch Geldanlage 2002*, das sowohl der Wirtschaftsinformationsdienst *Fuchsbriefe* als auch die Zeitung *Financial Times Deutschland* ihren Lesern anbieten. Die Verlagsgruppe Random House gründete gemeinsam mit BMG Entertainment einen Hörbuch-Verlag und nutzt die Audiorechte von Random-House-Bestsellern. Die Hörbücher werden über die Vertriebskanäle beider Unternehmen verkauft. Die gemeinsame Nutzung von Wissen über Kunden, Märkte und Absatzkanäle bietet das größte Synergiepotenzial. Bestes Beispiel hierfür sind die beiden Siegerprojekte. Und dass sich auf diese Weise auch ganz neue Geschäftsfelder erschließen lassen, zeigt das Projekt Shanghai Commercial Services.

Der neue RTL Club nutzt Potenziale aus Cross-Selling und Cross-Promotion

Die Idee, das Know-how der Buchclubs einzusetzen, um die Kundenbindung bei RTL zu erhöhen, ist nicht neu im Bertelsmann-Konzern. Schon Ende der siebziger Jahre – also noch vor der Gründung des deutschen Privatsenders RTL Television – wurde der Club *hallo RTL* von RTL Radio und dem Bertelsmann Club gegründet. Der Club *hallo RTL* versorgte Radiohörer mit Fanartikeln und band sie so enger an den Sender. RTL Radio warb Mitglieder und lieferte Inhalte für das Club-Magazin, während sich der Bertelsmann Club um die Abwicklung der Bestellungen von Fanartikeln und die Mitgliederbetreuung kümmerte. Seit 1984 hat RTL Television den Radiosender als Inhaltelieferant abgelöst. Doch im Laufe der Jahre wurde der RTL Club mehrfach Strategieänderungen unterworfen; Mitgliederzahlen und Umsätze sanken kontinuierlich. „Wir standen vor der Aufgabe, den Club, der ja die ganze Zeit über eigentlich gutes Geld verdient hatte, auf eine neue wirtschaftliche Basis zu stellen und ihn auch weiterhin als Marketinginstrument für RTL Television zu nutzen“, sagt Holger Strecker, Geschäftsführer des RTL Club.

Seit Anfang 2000 ist die RTL Enterprises als selbständige Unternehmenseinheit für die Nebenrechteauswertung der RTL-Marken und -Lizenzen verantwortlich. Die Geschäftsführer erkannten schnell, dass der RTL Club einer inhaltlichen Erneuerung bedurfte. In einem Kickoff-Meeting mit den Geschäftsführern von RTL Enterprises und Bertelsmann Club sowie einem Vertreter der Konzerngeschäftsleitung wurden zunächst Ideen für die Neugestaltung und Umsetzung des RTL Club gesammelt. Als Organisationsform wurde ein Joint Venture zwischen RTL Enterprises mit 50,2 Prozent und dem Bertelsmann Club mit 49,8 Prozent gewählt.

Mit exklusiven Hintergrundberichten und Gewinnspielen, bei denen Karten für RTL-Top-Events oder Fanshopartikel verlost werden, wollten die Geschäftsführer eine größere Bindung der Zielgruppe der 14- bis 49-Jährigen an den Sender schaffen. Sie setzten den Club mit seinem Mitgliedermagazin als Marketinginstrument für die RTL-Fanartikel ein und verkaufen so z.B. nun CDs der RTL-II-Produktion *Popstars* oder Romane und Videos zu RTL-Serien.

Der Bertelsmann Club ist für die gesamte Verwaltung der RTL-Club-Mitglieder zuständig. Dazu zählen das Datenbankmanagement und der gesamte Orderprozess, von der Entgegennahme der Bestellung über den Versand bis hin zu Rücknahmen und Abrechnungsprozessen. Darüber hinaus verantwortet der Bertelsmann Club auch die Sortimentspolitik. Im Club-Magazin und auf den Internetseiten wird ein speziell auf die Mitglieder des RTL Club abgestimmtes Produktspektrum angeboten. Beim Club des Entertainment-Senders RTL stehen natürlich CDs, DVDs und Videos im Vordergrund. Bei der Auswahl der Titel hilft die Expertise der Buchclub-Manager. Diese bringen ihre Erfahrungen aus dem Kaufverhalten ihrer Club-Mitglieder ein, beispielsweise analysiert nach unterschiedlichen Altersklassen. Dabei kommt es zuweilen zu heißen Diskussionen zwischen den RTL-Inhaltelieferanten und den Sortimentsgestaltern. Beispielsweise gab es in den älteren

Ausgaben des Club-Magazins eine Boutiqueseite, auf der Geschenkartikel von der Blumenvase bis zum Haushaltsbedarf angeboten wurden. Für die RTL-Vermarkter war dies jedoch nicht vereinbar mit dem Entertainment-Image des Senders, das der Club den Mitgliedern vermitteln soll. Die Seite entfiel deshalb in der neuen Fassung des Magazins.

Das Magazin und auch die Website wurden komplett neu gestaltet – vom Cover bis zur speziellen Kinderseite, deren Inhalte von den Machern von SuperRTL geliefert werden. „Die Inhalte des Magazins und die angebotene Produktpalette sind ganz auf die Entertainment-Welt von RTL zugeschnitten", beschreibt Club-Geschäftsführer Strecker den neuen Auftritt des Clubs. Besonderen Wert legt er auf exklusive Berichte und Hintergrundgeschichten zu den Sendungen der RTL-Familie, seien es die Top-Sportevents wie Formel Eins oder Neustarts von RTL-Serien. Hinzu kommen Gewinnspiele, die nur den Club-Mitgliedern vorbehalten sind. Als Preise bietet Strecker Backstage-Karten für die RTL-Shows, VIP-Karten für Formel-Eins-Rennen und auch Treffen mit Stars wie beispielsweise Carlos Santana oder Peter Maffay auf ihren Deutschland-Tourneen. „Unseren Mitgliedern können wir Zugang zu Events verschaffen, an die man sonst nicht herankommt – das ist wirklich Fernsehen zum Anfassen", sagt Strecker. Dafür genügt in der Regel ein Anruf. Strecker kennt die Verantwortlichen bei den RTL-Sendern. Für den RTL Club lässt sich dann auch die Nachrichtenmoderatorin Katja Burkhard für eine Homestory ganz privat ablichten oder gibt Sportmoderator Kai Ebel ein Interview zu seinen Erfahrungen in der Boxengasse der Formel Eins.

Kurze Kommunikationswege erschließen ein großes Potenzial werbewirksamer Aktivitäten

Aber nicht nur für die Inhalte nutzt das RTL-Enterprises-Team sein Netzwerk in der Sendergruppe. Es sorgt auch für die Werbepräsenz des Clubs in den TV-Kanälen. So lässt sich beispielsweise arrangieren, dass *RTL Exklusiv* über das Treffen der Gewinner der Club-Verlosung mit dem Popstar Sarah Connor bei der Echo-Verleihung berichtet.

Wenn in der Warm-up-Sendung zum Formel-Eins-Rennen die Gewinner der VIP-Karten interviewt werden, rückt der RTL Club ins Blickfeld mehrerer Millionen Zuschauer. Zudem sendet RTL regelmäßig Direct-Response-TV-Spots, die den Zuschauer für eine Mitgliedschaft gewinnen sollen. So bleibt der RTL Club im Bewusstsein der Zuschauer präsent. Strecker will noch weiter gehen und beispielsweise in Quiz-Shows Club-Mitglieder gegeneinander antreten lassen. Durch die kurzen Kommunikationswege in der RTL-Familie lässt sich ein großes Potenzial für werbewirksame Aktivitäten erschließen.

Eines der wichtigsten Standbeine des Clubs sind die exklusiven Merchandisingartikel, wie beispielsweise das Computerspiel „Wer wird Millionär?" oder die CDs und Fanartikel der RTL-II-*Popstars*-Bands Bro'Sis oder No Angels. Hier kann RTL Enterprises als Merchandisingvermarkter der RTL-Sender teilweise zu günstigen Konditionen einkaufen und damit auch exklusiv Preisnachlässe für Club-Mitglieder anbieten. „In Zukunft möchten wir solche Produkte sogar eine Zeit lang exklusiv im Club verkaufen, bevor sie auf den regulären Markt kommen", erläutert Geschäftsführer Strecker. Den größten Umsatz macht der Club allerdings mit der „CD des Monats", die den Club-Mitgliedern, die im Übrigen keinerlei Aufnahme- oder Mitgliedergebühren zahlen und jederzeit kündigen können, monatlich zugesandt wird. Nach dem Prinzip des so genannten *Negative-Option*-Modells kann der Erhalt der CD per E-Mail, Fax, Telefon oder Post abgelehnt werden. Dieses Modell hat sich bereits im Bertelsmann Buchclub bewährt.

Um sich nicht allein auf die Umsatzzahlen verlassen zu müssen, werden die Mitglieder zweimal jährlich zu ihren individuellen Wünschen befragt. Dabei erfahren die Club-Manager etwa, dass ihr Magazin neben der regulären Fernsehzeitung auf dem Wohnzimmertisch liegt und sowohl vom sportbegeisterten Vater als auch von den Kindern gelesen wird. Dass nur 5 Prozent der Befragten bekunden, an Austritt zu denken, belegt den Erfolg des neuen Konzepts. Früher lag die Fluktuationsrate deutlich höher. Seit dem Relaunch Mitte 2001 haben sich 80.000 neue Mitglieder registrieren lassen. Von früher 180.000 wollen die Verantwortlichen bis 2004 auf durchschnittlich 300.000 Mitglieder aufstocken.

Dabei baut der Club auf Wissen und Kontakte der RTL-Familie. So informierte z.B. der Teleshopping-Sender RTL Shop im Rahmen einer Testaktion seine Kunden bei jeder telefonischen Bestellung über das Angebot des RTL Club und konnte dadurch neue Mitglieder für den Club gewinnen. Geplant ist überdies eine 30-minütige Werbesendung für spezielle Fanartikel des Clubs auf dem Shopping-Kanal. Ähnlich eng kooperiert der RTL Club mit RTL NEWMEDIA. Der von NEWMEDIA gestaltete RTL-Internetauftritt enthält einen direkten Link zur Seite des RTL Club. Auch an einer E-Mail-Aktion der NEWMEDIA, bei der etwa 100.000 Internetnutzer angeschrieben wurden, beteiligte sich der RTL Club.

Mitarbeiter werden aktiv in Entscheidungen über das Produktportfolio eingebunden

Wenn dezentral organisierte Unternehmensteile Wissen, Kontakte und Daten zur Verfügung stellen sollen, müssen sie überzeugt werden, dass sie auch selbst davon profitieren. Der RTL Club muss diese Überzeugungsarbeit bei allen Beteiligten leisten und sie am wirtschaftlichen Erfolg teilhaben lassen. Budgetverantwortung ist bei Bertelsmann eine wichtige Triebfeder. Im Joint Venture RTL Club GmbH wird genauestens abgerechnet. Weder die Inhaltelieferanten noch die Mitgliederbetreuer können sich der Verantwortung entziehen. Jede genutzte Wissensquelle und Kooperationsmöglichkeit schlägt zu Buche. So werden die Synergiepotenziale optimal genutzt – und das wurde mit dem Synergy Award honoriert.

Beim Relaunch ihres RTL Club setzten die Bertelsmann-Manager auf breit anerkannte Methoden, um das in der Organisation verstreute Wissen zu bündeln. Wie 60 Prozent der erfolgreichen Unternehmen in der Unternehmensbefragung angaben, so beziehen auch die Bertelsmann-Manager die Mitarbeiter bei Produktportfolio-Entscheidungen mit ein. Das praktiziert nur gut ein Viertel der weniger erfolgreichen Firmen. Diese regeln auch meist den Zugriff auf Kundendatenbanken und Daten für Marketing und Vertrieb restriktiv. Während bei 60 Prozent der erfolgreichen Unternehmen ein einfacher Zugriff auf Daten aus Marketing und Vertrieb vorgesehen ist und bei fast drei Viertel der erfolgreichen alle Marketing- und Vertriebsmitarbeiter auf die Kundendatenbanken zugreifen und Informationen einstellen können, ist dieses nur bei 40 Prozent der weniger erfolgreichen Unternehmen möglich. Auch eine umfassende und intensive Marktbeobachtung durch beauftragte Mitarbeiter aller Einheiten und Abteilungen spielt nur bei der Hälfte der weniger erfolgreichen, aber bei knapp 90 Prozent der erfolgreichen Unternehmen eine Rolle.

Mujer bündelt die Kompetenzen der spanischen Bertelsmann-Familie

Führte der Relaunch des RTL Club das Wissen aus zwei Bertelsmann-Konzernteilen zusammen, so bündelt das zweite preisgekrönte Projekt gleich die Kompetenzen der ganzen Gruppe: Hinter dem Namen *Mujer* verbirgt sich ein Kooperationsprojekt der gesamten spanischen Bertelsmann-Familie. *Mujer* ist der Titel einer Benefiz-CD zu Gunsten der spanischen Brustkrebs-Hilfe. Durch das Zusammenspiel der spanischen Bertelsmann-Tochtergesellschaften avancierte sie zum Nummer-Eins-Hit der spanischen Album-Charts.

Die BMG nutzte ihre Kontakte zu bekannten spanischen Künstlerinnen und nahm die Titel für die CD auf. Sonopress als produzierender Dienstleister stellte die CD her. Die Vermarktung übernahmen dann die anderen spanischen Bertelsmann-Unternehmen. In den Zeitschriften und Magazinen von Gruner + Jahr erschienen Anzeigen. Darüber hinaus griffen die Redakteure das Thema in Reportagen und Hintergrundberichten auf. *Cosmopolitan*, *Marie Claire*, *Mia* und *Ser Padres* sicherten die Aufmerksamkeit einer breiten Leserschaft. Antena 3, der spanische Sender der RTL Group, berichtete in verschiedenen Formaten über das Projekt *Mujer*, die Ziele, die Künstlerinnen und die Brustkrebs-Hilfe. Der spanische Buchclub Circulo de Lectores stellte die CD *Mujer* und das Begleitbuch im Club-Katalog vor und verschenkte beides zu Promotionzwecken auch an Club-Mitglieder.

Für die Internetpräsenz des Projekts sorgte der strategische Bertelsmann-Partner Terra, der dem Projekt eine eigene Website widmete. „Jedes einzelne Unternehmen profitiert wirtschaftlich von diesem Projekt", betont Carlos López, Geschäftsführer der BMG Spain. „Aber wichtiger ist noch, dass jede Firma für sich und Bertelsmann als Ganzes ein besseres und klareres Image in der spanischen Gesellschaft bekommt." Erwünschter Nebeneffekt: Erst durch das Gemeinschaftsprojekt wurde vielen spanischen Bertelsmann-Mitarbeitern klar, welche umfassenden Ressourcen und welches Wissen in der Organisation stecken – ein Aha-Erlebnis ganz im Sinne des alten Wissensmanagement-Spruchs: „Wenn die Firma nur wüsste, was sie alles weiß."

Das Projekt *Mujer* bündelte Know-how, Erfahrungen, Produkte, Geschäfte und Vertriebskanäle. Es öffnete interne Kommunikationskanäle und schaffte Vertrauen. Der Erfolg der Benefiz-CD als Nummer-Eins-Album brachte der spanischen Brustkrebshilfe beträchtliche finanzielle Mittel ein. Dies und der Gewinn des Synergy Award beflügelten alle beteiligten Mitarbeiter. „Im kommenden Jahr werden wir eine ähnliche CD zu Gunsten missbrauchter Kinder mit der Kraft der gesamten Bertelsmann-Familie in Spanien auflegen", plant Carlos López.

Aber nicht nur in etablierten Märkten kann Bertelsmann mit gebündeltem Wissen Vertriebspotenziale erschließen. Ein anderes

Projekt, das für den Synergy Award nominiert war, demonstriert, wie sich auf diese Weise sogar neue Märkte und Kunden auftun.

Shanghai Commercial Services erschließt einen vollkommen neuen Markt

Die Bertelsmann Shanghai Commercial Services sind ein Joint Venture zwischen dem Club China, einer Tochter der DirectGroup, die die Buchclubs managt, und der Bertelsmann Services Group Arvato. Die Idee für dieses Kooperationsprojekt stammt aus dem Buchclub, der schon seit einigen Jahren erfolgreich im chinesischen Markt agiert. Beim Aufbau des chinesischen Buchclubs hatte sich das Team um Ekkehard Rathgeber, Geschäftsführer des Club China, durch das Dickicht des staatlich kontrollierten chinesischen Marktes gekämpft. Die Bertelsmann-Pioniere bauten dabei viele lokale Kompetenzen auf. Dazu gehören das Führen einer Ladenkette und das Einrichten von Callcenters ebenso wie effizientes Database-Marketing und der Aufbau einer effizienten Logistik für die Auslieferung. Dieses vielschichtige Wissen um die Besonderheiten des chinesischen Marktes bietet viele Ansatzpunkte für Engagements in anderen Geschäftsfeldern.

Der Club China zählt inzwischen 1,5 Millionen leselustige Chinesen zu seinen Mitgliedern. Nach diesem Erfolg wollte das Management sein lokales Marktwissen auch in anderen Geschäftsbereichen einsetzen. Mit offenen Augen, nicht nur für den Club-Markt, sondern auch für die Entwicklungen in der Geschäftswelt des neuesten WTO-Mitglieds China, identifizierte der agile Club-Chef Rathgeber schon bald einen viel versprechenden Kunden: die Fluglinie Air China. Um vom Kooperationspartner zum vollwertigen Mitglied der Star Alliance aufsteigen zu können, wollte Air China ein umfassendes Kundenbindungsprogramm à la Miles & More von Lufthansa etablieren. Rathgeber als Kenner chinesischer Geschäftsbeziehungen, als Profi im Customer Relationship Management und erfahren im Database-Marketing sah hier eine Chance für ein weiteres Geschäftsfeld im chinesischen Markt.

Einen Spezialisten für das komplexe Kundenmanagement einer Fluggesellschaft fand Rathgeber in der Bertelsmann-Familie – nämlich die Dienstleister von Arvato. Diese hatten bereits in Deutschland das Miles-&-More-Programm der Lufthansa entwickelt und betreiben es seither auch. Rathgeber identifizierte schnell die richtigen Ansprechpartner. Über informelle Netzwerke, deren Bildung die Bertelsmann-Führung durch Junioren- und Managementkreise sowie durch Programme an der Bertelsmann University fördert, besitzt Rathgeber vielfältige persönliche Kontakte zu anderen Geschäftsbereichen und kannte die für seine Projektidee wichtigen Wissensträger bei Arvato bereits persönlich.

Rainer Gerdes und Andreas Krohn als Verantwortliche für das Airline-Service-Geschäft bei Arvato waren sofort von dem Projekt begeistert. „Auf eigene Faust in einen staatlich reglementierten Markt zu gehen, ist schwierig und langwierig“, weiß Andreas Krohn, der bei Arvato das Asiengeschäft verantwortet, „allein um die entsprechenden Lizenzen zu erwerben, müssen Unternehmen ein Jahr Vorlaufzeit einrechnen.“ Aber genau für diese Lizenzen, nämlich die staatliche Erlaubnis, überhaupt ein Gewerbe betreiben zu dürfen, hatte der Club China gesorgt und schon eigene Unternehmen gegründet. So konnte Arvato in die Shanghai Commercial Services einsteigen und den langwierigen Antragsprozess umgehen.

Wie das Wissen zusammenwächst

Um ein *Proposal* für Air China zu verfassen, bildeten die Partner ein Projektteam aus sechs Mitgliedern. Darin brachten drei Arvato-Mitarbeiter ihr Expertenwissen über Kundenbindungsprogramme bei Airlines ein. Drei chinesische Kollegen mit ihrem Wissen über die lokalen Kunden und die Geschäftsgebräuche sowie über gesetzliche Rahmenbedingungen komplettierten das Team.

Gerade der Aufbau von Geschäftsbeziehungen zu einem chinesischen Staatsunternehmen ist ein sehr sensibles Unterfangen. Es müssen die richtigen Ansprechpartner im Unternehmen identifiziert und auf adäquate Art und Weise angesprochen werden. Dabei sind manche Gegensätze zu überbrücken: Bereits die Missachtung von Begrüßungsritualen kann zu Missverständnissen führen und die Geschäftsbeziehung im Keim ersticken – von den großen Mentalitätsunterschieden bei der Verhandlungsführung und Rechtsauslegung ganz zu schweigen. Das Überbrücken der kulturellen Barrieren ist dabei umso bedeutender, als es für Chinesen wichtig ist, die Ansprechpartner kennen zu lernen und sich mit ihnen persönlich auszutauschen. Darin mag auch begründet liegen, dass E-Mail und Fax in diesem Fall nicht die effektivsten Kommunikationsmittel sind.

Wie wichtig interkulturelles Wissen sein kann, verdeutlicht ein Beispiel aus Toronto. Eine kanadische Textilfirma bestellte bei ihrem chinesischen Partner 96.000 Hemden und bat um das Einnähen von Etiketten in englischer und französischer Sprache. Der Manager aus China lächelte freundlich und antwortete moderat: „Es wird sehr schwer. Wir tun aber alles, was wir können." Die Schilder kamen tatsächlich zweisprachig – allerdings auf Englisch und Chinesisch. Der Hintergrund: Chinesen sind zu höflich, um direkt zu verneinen. Selbst wenn sie eine Forderung nicht erfüllen können, setzen sie auf vordergründige Harmonie.

Die Überbrückung interkultureller Unterschiede führt zum Erfolg

Beim Bertelsmann-Angebot ging es jedoch um ein noch viel sensibleres Thema: Outsourcing – eigentlich ein Tabu in einem chinesischen Staatsbetrieb. Ohne die Erfahrungen und das Verhandlungsgeschick der chinesischen Teamkollegen wäre das Projekt an diesem Punkt gescheitert. Darüber hinaus steuerten die chinesischen Kollegen das Wissen über die vorhandene Infrastruktur, die rechtlichen Grundlagen und das chinesische Kundenverhalten bei. Arvato brachte das Know-how zur Strukturierung der Prozesse eines Prämienmeilenprogramms ein. Mit den Kenntnissen aus vorangegangenen Projekten konnte der Dienstleister Prozessbeschreibungen liefern, notwendige technische Voraussetzungen definieren und Servicepakete schnüren. Auch dabei ergänzten sich die Teammitglieder immer wieder gegenseitig. In die detaillierte Kostenaufstellung der deutschen Callcenterprofis fügten die chinesischen Kollegen realistische Zahlen für die Kosten der einheimischen Arbeitskräfte ein. Die verschiedenen Talente und Temperamente im Team bescherten allerdings auch Probleme. Immer wieder musste das Management Mentalitätsunterschiede ausgleichen. Die Deutschen, nicht gerade als sensibel und kommunikationsstark bekannt, kamen nur schwer mit der zögerlichen, häufig vagen und schwer fassbaren Art der chinesischen Kollegen zurecht. Deshalb kam es wiederholt zu internen Abstimmungsproblemen. Eine vorschnelle Zusage aus Deutschland direkt an den Kunden führte zu Unverständnis und Verärgerung bei den chinesischen Teamkollegen. Ein anderes Mal wurde die Aussage, dass ein Schnittstellenproblem zu bestehenden Datenbanksystemen komplex, aber lösbar sei, nach deutschem Verständnis als „im Angebotspaket inbegriffen" interpretiert. Nach chinesischem Empfinden drückt diese Formulierung jedoch ein sehr schwerwiegendes Problem aus, das nur mit immensem Mehraufwand lösbar ist und als eigenes Arbeitspaket (und natürlich als eigener Berechnungsposten) im Angebot festgelegt werden muss. Hier zeigt sich ein wichtiger Aspekt der Weitergabe und gemeinsamen Nutzung von Wissen – die Tatsache, dass Wissen immer subjektiv ist. Es hängt ab vom Kontext, in dem es verwendet wird, vom persönlichen Hintergrund der Beteiligten, von kulturellen Prägungen und verschiedensten Erfahrungen. So mussten sich auch die Teammitglieder ihren gemeinsamen Kontext und das gegenseitige Verständnis erst erarbeiten.

Die Anlaufprobleme bekamen die Pioniere von den Shanghai

Commercial Services in den Griff, indem sie den Wissenstransfer systematisierten. Sie definierten für alle Teammitglieder klare Kompetenzen und Rollen, die diese im Team auszufüllen hatten. Die deutschen Arvato-Mitarbeiter bekamen die Verantwortung für die Definition der technischen Spezifikationen, die Projektplanung und die Kostenkalkulation sowie für die Festlegung der kundenspezifischen Prozesse. Die Verhandlungsführung und gesamte Kommunikation mit dem Kunden lag in den Händen des chinesischen Projektleiters. Gegenüber dem Kunden sprach das Team mit einer Stimme.

Das notwendige Wissen für die Ausarbeitung des Angebots bündelte eine zentrale Stelle. Um effizient arbeiten zu können, forderten die deutschen Verantwortlichen das chinaspezifische Know-how ihrer Kollegen an. Diese brachten ihre Kenntnisse bereitwillig ein, da sie beim Kunden mit dem Angebot bestehen wollten – dazu mussten sie beide Wissenspools bestmöglich integrieren. So erreichte das Team, dass schon innerhalb weniger Monate nach Beginn der Gespräche der Initiatoren Rathgeber und Krohn der neue Großkunde Air China die ersten Unterschriften leistete. Nach weiteren drei Monaten Verhandlung hatte Bertelsmann das Projekt unter Dach und Fach und im Frühjahr 2002 konnten die Shanghai Commercial Services als Betreiber das Kundenbindungsprogramm mit Data-Marketing und Callcenters übernehmen. In der ersten Phase setzt das Unternehmen 50 bis 60 Mitarbeiter für dieses Projekt ein. Mittelfristig wird die Zahl ansteigen, wenn zusätzlich zur Betreuung des Vielflieger-Prämienprogramms auch noch Ticketverkauf und Reservierungen übernommen werden sollten.

Synergien in der chinesischen Bertelsmann-Familie durch gemeinsames Branding und Back Office

Das Air-China-Projekt ist erst der Auftakt zu einer ganzen Reihe von Geschäften des Joint Venture von Arvato und dem Bertelsmann Club China. Die Partner wollen Dienstleistungen für Kunden aus den Bereichen Telekommunikation, Banken- und Versicherungswesen, Automobilindustrie und Energieversorgung vermarkten. Das Spektrum der Dienstleistungen der Bertelsmann Shanghai Commercial Group spiegelt dabei die Kompetenzen der Arvato wider. Beispielsweise will sie die Erfahrungen aus der Zusammenarbeit mit einem deutschen Mobiltelefonanbieter beim Verkauf und bei der Auslieferung nutzen. Das Wissen über Verkaufsstrategien und Logistikprozesse wird mit dem Know-how des Club China zusammengeführt. Die chinesischen Buchclub-Experten bringen ihre Erfahrungen aus dem Aufbau des Ladengeschäfts und des Auslieferungsnetzwerks für den Club China ein.

Das Erfolgsrezept des Joint Venture liegt in der konsequenten Anpassung der Arvato-Geschäftsmodelle an die lokalen Besonderheiten. Dabei tauchen Probleme auf, mit denen deutsche Experten noch nie konfrontiert wurden: Wie ist beispielsweise die Auslieferung von Produkten per Motorrad in einem riesigen Stadtgebiet zu organisieren? Im Großstadtdschungel Shanghais ist dies nämlich die effizienteste Methode, um die Produkte auszuliefern, und die Mitarbeiter des Club China wissen, wer dafür in Frage kommt.

In seinem Chinageschäft setzt Bertelsmann auf Corporate Branding. Der Name Bertelsmann rückt in den Vordergrund und soll als Aushängeschild für die unterschiedlichen Geschäftsideen dienen. Anders als in den etablierten Märkten, in denen Bertelsmann-Töchter wie die RTL Group oder Gruner + Jahr ihre eigene Markenidentität geschaffen haben und sie pflegen, treten diese im Neuland China zu Gunsten der Positionierung der Marke Bertelsmann zurück. „China ist generell durch eine sehr zentralistische Sichtweise geprägt", erklärt Rathgeber. „Unterschiedlichste Produkte und Dienstleistungen unter einer einheitlichen Marke anzubieten, ist kein Problem. Somit ist es für uns wesentlich einfacher und auch billiger, die Marke Bertelsmann in diesem riesigen Markt mit 1,3 Milliarden Einwohnern zu etablieren."

Best-Practice-Wissensmanagement-Maßnahmen in Marketing und Vertrieb

in Prozent der befragten Unternehmen

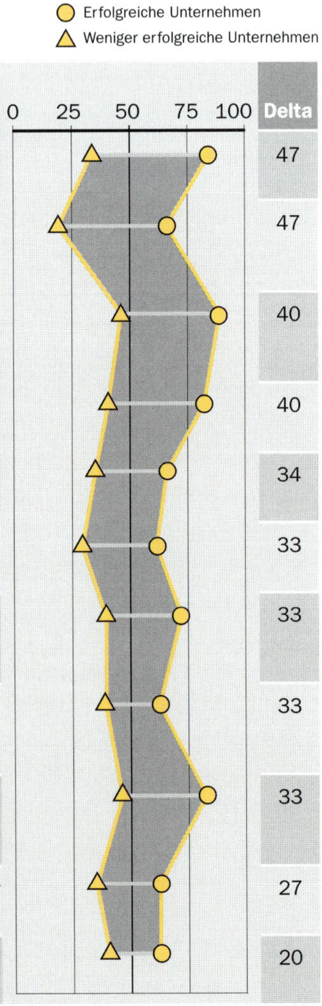

Ausprägung der differenzierenden Wissensmanagement-Maßnahmen	Delta
Öffentliche Anerkennung von kreativen Ideen	47
Aktive Einbeziehung von Marketing/ Vertrieb zu Beginn des Produktentwicklungsprozesses	47
Intensive Marktbeobachtung durch speziell beauftragte Mitarbeiter aller Einheiten und Abteilungen	40
Freiräume und Ideenwettbewerbe für Marketing/Vertrieb	40
Strategische Allianzen mit externen Experten im Auftragsabwicklungsprozess	34
Aktive Einbeziehung der Mitarbeiter in Produktportfolio-Entscheidungen	33
Lese- und Schreibzugriff auf Kundendatenbanken für alle Marketing- und Vertriebsmitarbeiter	33
Finanzielle Anreize für das Kommunikationsverhalten von Marketing- und Vertriebspersonal	33
Interdisziplinäre Zusammenarbeit zwischen Marketing/Vertrieb und Produktentwicklung	33
Klare Verantwortungsverteilung zwischen der Projektleitung und den Teammitgliedern	27
Einfacher Zugriff auf Marketing-/ Vertriebsdaten	20

Lesebeispiel: 80% der befragten erfolgreichen Unternehmen wenden diese Maßnahme an: Öffentliche Anerkennung von kreativen Ideen

Quelle: Internationale Unternehmensbefragung von McKinsey

So rücken die einzelnen Firmen, die sich als Start-ups im chinesischen Markt verstehen, nicht nur unter dem gemeinsamen Markendach zusammen. Auch räumlich befinden sich die sieben verschiedenen Firmen in direkter Nachbarschaft, sorgen so für eine enge Vernetzung der Wissensträger und schaffen eine gemeinsame Identität. Wie in mittelständischen Unternehmen findet dort das Wissen, das in den Menschen steckt, problemlos zueinander. Ideen für Gemeinschaftsprojekte entstehen wie von selbst und wirken sich bis weit in den globalen Konzern hinein aus.

Auch künftig wird Bertelsmann einen Synergy Award verleihen: Der neue Vorstandsvorsitzende Gunter Thielen steht voll hinter dem Synergiegedanken und unterstreicht die Vereinbarkeit von Dezentralität und Kooperation: „Bertelsmann ist stolz auf seine Unternehmer im Unternehmen. Aber starke Geschäftsführer, die miteinander kooperieren, sind die besten Unternehmer. Synergien und Kooperation müssen Teil unseres täglichen Geschäfts werden."

SERVICE

7. SERVICE

Transformation zweier Maschinenbauer

Kunden kaufen nicht mehr nur Maschinen, sie kaufen Anlagenverfügbarkeit. Es schlägt die Stunde der Servicetechniker – und der Experten für Wissensmanagement. Die SIG Beverages und die Heidelberger Druckmaschinen AG haben die Herausforderung angenommen.

Wenn Erich Senn an einer Power-Point-Präsentation arbeitet, braucht er vor allem Speicherplatz: Zehn Megabyte für neun Seiten sind sein gängiges Maß. Warum? Wo andere auf Zahlen und Grafiken vertrauen, setzt Senn auf Menschen. Er zeigt die Gesichter, die hinter den Organigrammen stehen.

Senn soll bei der SIG Beverages in der Schweiz, einem internationalen Verpackungskonzern, eine Serviceorganisation entwickeln, die entscheidend zum Unternehmenserfolg beiträgt. Ein klassisches Problem des Wissensmanagements: Senn muss Erfahrungen, effiziente Standards und Vorgehensweisen innerhalb und außerhalb seines Unternehmens aufspüren. Diese untersucht er auf Anwendbarkeit bei SIG, macht das Wissen dann allen Servicemitarbeitern zugänglich und sorgt dafür, dass es auch genutzt wird. Dieses Know-how aber steckt in den Mitarbeitern – aus gutem Grund also stellt Senn sie in den Mittelpunkt seiner Präsentationen.

Service, die Dienstleistung ganz am Ende der Wertschöpfungskette, ist ins Zentrum der Aufmerksamkeit der Maschinenbauunternehmen gerückt. Auslöser sind die Erwartungen der Kunden: sie kaufen heute nicht mehr einfach Maschinen, sie verlangen nach Anlagenverfügbarkeit – und sie sind bereit, dafür zu zahlen.

Aufzugbauer wie Schindler oder Hersteller von Flugzeugturbinen wie Pratt & Whitney und General Electric machen traditionell einen nennenswerten Teil ihres Geschäfts mit Service, da schreibt schon der Gesetzgeber Wartungsintervalle vor. Seit jedoch die Fabriken immer schlanker produzieren und ihre Instandhaltungsabteilungen verkleinern, bietet der Service auch klassischen

Unternehmensprofil SIG Holding

Steckbrief (2001)	
Umsatz:	1,6 Mrd. EUR
Mitarbeiter:	~ 9.000
Standorte:	Etwa 100 in 26 Ländern

Umsatzanteil nach Geschäftsbereichen (in Prozent)	
SIG Combibloc (Anlagen zur Verpackung von Getränken in Kartons)	53
SIG Pack (feuchtigkeitsdichte Verpackungen vom Schokoriegel bis zum Spülmaschinentab)	16
SIG Beverages (Verpackungsanlagen für die Getränkeindustrie: PET-Flaschen, Füllanlagen etc.)	30
Sonstiges	1

Quelle: SIG-Holding-Geschäftsbericht, SIG-Website

Maschinenbauern immer bessere Chancen, sich im Wettbewerb zu differenzieren und dabei auch noch gutes Geld zu verdienen.

Eine große Herausforderung, und eine große Aufgabe in Sachen Wissensmanagement – denn Service ist ein Geschäft, in dem implizites Erfahrungswissen von Mitarbeitern nutzbar und allen Kollegen zugänglich gemacht werden muss. Die SIG und die Heidelberger Druckmaschinen AG liefern Beispiele, wie Maschinenbauer und Systemanbieter diese Herausforderung erfolgreich bewältigen. Trotz unterschiedlicher Firmenkulturen und Erfahrungen – Heidelberg ist traditionell stark im Service, die neu entstandene SIG-Gruppe baut das Dienstleistungsgeschäft erst auf – gelten doch bei beiden Unternehmen die gleichen Erfolgsfaktoren für das Servicegeschäft:

- Servicebenchmarking innerhalb des Unternehmens liefert Mo-

delle für erfolgreiche Arbeit, die Erfahrungen der Mitarbeiter werden systematisch eingebunden,
- es gibt Fortbildungsprogramme für das Serviceteam und
- beide Unternehmen haben ausgewiesene Karrierewege im Service geschaffen.

Für die Mitarbeiter der SIG ist das ein Paradigmenwechsel: Der Verpackungskonzern und Anbieter von Verpackungslösungen erklärt das Servicegeschäft zu einer wesentlichen Stütze des Gesamtunternehmens. Roman Boutellier, CEO des Schweizer Traditionsunternehmens, stellt den Service ins Zentrum der strategischen Erfolgsfaktoren. Und Carlo Venturi, Leiter der Division SIG Beverages, hat die Geschäftsführung um die Serviceleiter erweitert.

Wissensmanagement-Ziele im Service der SIG Beverages

- Viele kleine, bislang unabhängige Serviceeinheiten integrieren
- Servicegeschäft als gleichwertiges Geschäftsfeld des Unternehmens ausbauen
- Best Practice in allen dezentralen Serviceeinheiten aufspüren und ausrollen

Quelle: McKinsey-Wissensmanagement-Team

Dabei war der Service bei SIG bislang eher mit einem negativen Image behaftet: Service wird immer gebraucht, wenn etwas kaputt ist – und das verletzt eher den Stolz eines Maschinenbauingenieurs, als dass es ihm eine Geschäftschance aufzeigt. Diese Einstellung prägte auch die Abläufe in der Vergangenheit. Die Abteilung Warenausgang bearbeitete die Sendungen streng in der Reihenfolge des Bestelleingangs. Da konnte es schon mal vorkommen, dass ein wichtiges Ersatzteil, das eine Maschine beim Kunden in Gang setzen sollte, eine Woche liegen blieb. Vorher wurden andere, weniger zeitkritische Sendungen auf den Weg gebracht.

Ohne Wissensfluss aus dem Vertrieb war der Service defizitär

Nicht nur in den Köpfen, auch in den Reporting Tools wurde der Service vernachlässigt. Serviceumsatz und -profitabilität nach unterschiedlichen Kategorien? Fehlanzeige. Dafür kannte SIG den Ergebnisbeitrag jeder einzelnen Maschine – vermeintlich. Denn es passierte oft, dass die Schweizer eine Maschine zum Kunden auslieferten, die noch nicht funktionierte. Aber da der zugesagte Liefertermin drängte und der Platz auf dem Schiff gebucht war, verließ die Maschine die Fabrikhalle. Vor Ort haben dann die Servicetechniker das Gerät aufgebaut und nachgebessert, um nicht zu sagen: fertig gebaut. Kein Wunder, dass der intern verrechnete Stundenansatz dafür nicht ausreichte. So war der Service chronisch defizitär und lebte vom Ersatzteilgeschäft, während das Neumaschinengeschäft auf Grund der verdeckten Quersubventionierung durch den Service gute Margen einfuhr.

Inzwischen hat sich das Topmanagement zu einer Neubewertung des Service entschlossen. SIG-Chef Boutellier erhob den Service im Bereich Getränkeverpackungsmaschinen SIG Beverages zur gleichberechtigten Strategic Business Unit neben dem Geschäft mit neuen Maschinen und ernannte Erich Senn zu dessen Leiter.

Doch mit Vorgaben allein ist es nicht getan. An vorderster Front einer erfolgreichen Serviceorganisation stehen die Mitarbeiter. Heute gibt es bei der SIG eine klare Karriereperspektive mit attraktiven Entwicklungsmöglichkeiten für Servicemitarbeiter. Ferner hat SIG ein Konzept ausgearbeitet für die Entwicklung der Serviceorganisation in den kommenden fünf Jahren. In einem internen Benchmarking suchten Senn und sein Team die jeweils leistungsfähigsten Einheiten, die nun als Vorbild für alle anderen dienen.

Dabei war sicherlich hilfreich, dass die SIG Beverages aus einer Vielzahl von Geschäften mit sehr unterschiedlicher Historie neu geformt wurde. „Wo ohnehin kein Stein auf dem anderen bleibt“, so Senn zu seinen Startbedingungen, „da gibt es auch weniger alte Pfründe zu verteidigen." Mit der Rückendeckung seines Vorgesetzten Carlo Venturi geht Senn auf die neun Geschäftseinheiten zu und wirbt für seine Idee einer integrierten Service-Unit.

Doch was auf der einen Seite ein Vorteil ist – die fehlenden Strukturen und noch nicht eingefahrenen Beziehungen zwischen den Teilunternehmen –, stellt auf der anderen Seite eine massive Herausforderung dar. Die einzelnen Unternehmen, die noch vor kurzem selbständig agierten oder in andere Konzerne eingebunden waren, unterhalten alle lückenhafte und oft zu kleine Vertriebs- und Servicerepräsentanzen in ausländischen Märkten. Außerdem ist die Kommunikation schwierig: Zwar ist Englisch die Unternehmenssprache, doch nur für die wenigsten Muttersprache. Übersetzungsschwierigkeiten gibt es aber nicht nur bei der zwischenmenschlichen Kommunikation. Denn sowohl in der kaufmännischen als auch in der technischen IT-Welt finden sich bei SIG Beverages die unterschiedlichsten Systeme.

Dabei gilt die elektronische Vernetzung des Firmenwissens weithin als Erfolgsfaktor. Unsere Befragung internationaler Unternehmen ergab, dass 53 Prozent der erfolgreichen Unternehmen eine IT-gestützte Bereitstellung von Yellow Pages und Wissensdatenbanken als essenziellen Erfolgsfaktor ansehen. Diese IT-basierte Unterstützung zur Wissensidentifikation und zum Austausch wird bisher erst bei weniger als 10 Prozent der weniger erfolgreichen Unternehmen eingesetzt.

Dass großes Potenzial in einer IT-vernetzten Welt steckt, ist auch der SIG Beverages bewusst. Doch der Wunsch, per Knopfdruck zumindest die wichtigsten Kennzahlen konsolidiert und zeitnah verfügbar zu haben, wird auf absehbare Zeit unerfüllt bleiben. Ganz zu schweigen von durchgängigen Produktdokumentationen, integrierten Einkaufsdatenbanken oder der Möglichkeit, per E-Mail Konstruktionszeichnungen von Maschinen zugänglich zu machen, um beispielsweise schnell ein benötigtes Ersatzteil zu identifizieren und zu liefern.

Die Basis für das interne Benchmarking bildet die Selbsteinschätzung

In dieser Situation griff Senn ganz pragmatisch zu einer bewährten Technik und benchmarkte seine Geschäftseinheiten entlang der einzelnen Servicedimensionen. Dabei stellte er nicht die exakte quantitative Beschreibung von Prozessen und Kennzahlen in den Vordergrund, sondern ließ die einzelnen Units sich selbst einschätzen. In 39 Rubriken waren die Serviceleister gefordert, sich auf einer Skala zwischen null und hundert einzuordnen. Sicherlich hat diese Methode Schwächen: Eine Performance, die ein Europäer beispielsweise mit 70 Punkten als angemessen bewertet sieht, wird von einem amerikanischen Kollegen vielleicht ganz anders bewertet. Deshalb entwickelte Senn für jede der 39 Rubriken einen kurzen Fragenkatalog. So wird in der zweiten Rubrik der Zugang zu den relevanten Informationen untersucht. Um beispielsweise die Qualität der Informationen zur installierten Maschinenbasis und damit einem Marktsegment zu beurteilen, sollte die Selbstbeurteilung klären, ob folgende Informationen zugänglich sind:

- Welche Maschinentypen stehen bei welchem Kunden (eigene und Wettbewerberprodukte) in welchem geografischen Markt?

- Welche Altersstruktur hat der jeweilige Maschinenpark (als Indikation für anstehende Ersatzbeschaffungen oder Modernisierungen)?

- Welche der verkauften Maschinen stehen nicht mehr am Originalstandort und wo stehen sie heute?

Basierend auf den Antworten konnten sich die Geschäftseinheiten einstufen: Je nach durchschnittlicher Punktezahl in einer Servicedimension sind sie entweder „Tail Walker“, „Road Seeker“, „Road Runner“, „Lead Runner“ oder „Shining Star“. Erich Senn und sein Team filterten aus den Ergebnissen diejenigen Bereiche heraus, in denen entweder alle Selbsteinschätzungen über den Status des „Road Seekers“ nicht hinauskamen oder eine besonders hohe Streuung vorlag.

Eine standardisierte Dokumentation hilft bei der Einordnung der Kunden

Gemeinsam mit den Ergebnissen von Kundeninterviews zur Servicezufriedenheit bildeten die Einschätzungen die Basis für die Priorisierung von Verbesserungsaktivitäten. Aus den 39 abgefragten Rubriken wählte das Team 12 aus, in denen unverzüglich Verbesserungsprogramme angeschoben wurden. Für Rubriken mit höchst uneinheitlichen Selbsteinschätzungen definierte eine Gruppe aus den „Shining Stars“ einen Best-Practice-Standard.

Auf diese Weise ist beispielsweise der Standard zur Dokumentation der installierten Maschinenbasis entstanden. Er beschreibt detailliert den Aufbau der einheitlichen Datenbank, legt Codes für Maschinentypen fest und hilft bei der Einordnung der Kunden. Für die Erfassung von Wettbewerbergeräten steht jetzt ebenso eine Datenmaske zur Verfügung wie für die Beurteilung des zukünftigen Potenzials eines Kunden.

Selbstverständlich gibt es auch einen Plan zur Einführung dieses Standards in den Unternehmenseinheiten, inklusive der Überleitung von schon zur Verfügung stehenden, eventuell unvollständigen Datensätzen. Und da bei Erich Senn immer der Mensch im Vordergrund steht, findet sich gleich zu Beginn der Dokumentation ein Foto von Hans Furrer mit Adresse, Telefonnummer und E-Mail-Adresse. Furrer ist der Pate für die Installation dieser Datenbanklösung und er hilft den Geschäftseinheiten, die sich für die Implementierung dieser Best-Practice-Lösung entscheiden.

Internes und externes Benchmarking – auch unter Berücksichtigung von Wettbewerbsprodukten und -prozessen – wenden 40 Prozent der erfolgreichen aber nur 13 Prozent der weniger erfolgreichen Unternehmen in unserer weltweiten Unternehmensbefragung intensiv an. Ein einfacher, cross-funktionaler Zugriff auf servicerelevante Daten ist für drei Viertel der erfolgreichen, aber nur für die Hälfte der weniger erfolgreichen Unternehmen selbstverständlich.

Mit seiner Konzentration auf das Positive hat Erich Senn die quälende Diskussion um die Vergleichbarkeit von Daten verhindert, von der Benchmarkingprojekte üblicherweise begleitet werden. Sie stoßen auf den Widerstand derjenigen Teilnehmer, die fürchten, auf Grund niedriger Produktivität, hoher Kapitalbindung oder schlechter Qualitätskennzahlen schlecht abzuschneiden.

Bei der SIG Beverages ist diese Diskussion ausgefallen. Ziel war nicht das Aufdecken von Schwächen, sondern die Identifikation von „Shining Stars". Alle Initiativen für Verbesserungen beruhen vollständig auf der Eigeninitiative der Geschäftseinheiten. Statt mit Autorität und Druck bestimmte Abläufe anzuordnen, macht Senn seinen weitgehend selbständig entscheidenden Mitarbeitern lediglich Angebote, gibt Unterstützung und ölt die Kommunikationsmaschinerie, etwa mit der *Service Times*, der Firmenzeitschrift von SIG Beverages. Sie wendet sich in erster Linie nach innen, an die Service-Community des Unternehmens, signalisiert aber gleichzeitig den Kunden, dass Service bei der SIG Beverages mehr als nur Inbetriebnahme und Ersatzteilverkauf meint.

Senn schafft Rahmenbedingungen und gibt Hilfestellung, er schreibt aber nur wenig vor. So entscheiden die einzelnen Einheiten selbst, welche Veränderungen sie zuerst angehen wollen.

Trotzdem ist keine Unternehmenseinheit auf den Gedanken gekommen, einfach alles unverändert weiterlaufen zu lassen. Dazu ist allen Beteiligten die Aufmerksamkeit des Topmanagements nur zu bewusst. Außerdem können sich die Manager der Business Units dabei gut profilieren: Die Claims sind noch nicht abgesteckt, das Kräfteverhältnis nicht eingependelt. Da bietet ein Beitrag zum Aufbau der Business Unit Service eine gute Plattform, sich für die nächsten Schritte auf der Karriereleiter zu empfehlen. Wo sonst kann man so schnell vor Division-Leitung und CEO seine Qualitäten demonstrieren?

Bei der Auswahl von Verbesserungsprojekten erhalten die Geschäftseinheiten größtmöglichen Freiraum. Zum Pflichtprogramm gehören allerdings einige Kernthemen, wie beispielsweise der Aufbau eines vergleichbaren Reporting. Statt allerdings umfängliche Systemlösungen zu entwickeln, geht die SIG Beverages hier einen pragmatischen Weg. Wenige Excel-Sheets mit den wichtigsten Kennzahlen auf Monatsbasis werden per E-Mail konsolidiert und liefern so zeitnah verlässliche Informationen für die Steuerung des Geschäfts. In der Regel befassen sich Senns Manager mit einem Themenbereich pro Jahr. Sein kleines, schlagkräftiges Team in der Zentrale unterstützt mit Methodik, hilft den Projektpaten und pflegt den sportlichen Wettbewerb. Triebfeder ist nicht der Druck von oben, sondern die Erkenntnis der Mitarbeiter bei der Präsentation eines Erfolgsbeispiels, dass sie jetzt selbst auf dem Podium hätten stehen können – vielleicht klappt es dann beim nächsten Mal.

Neue Karriereperspektiven motivieren die Servicemitarbeiter

Ganz oben auf der Wunschliste der Kunden steht die Bereitstellung von qualifizierten Serviceingenieuren. Und diese Nachfrage wird in den kommenden Jahren noch steigen, denn als eine Folge des wachsenden Kostendrucks bauen die Kunden der SIG Beverages ihr eigenes Instandhaltungspersonal ab. Gerade kleinere Betriebe können das Personal für die Wartung und Instandhaltung nur schwer qualifizieren und auslasten. Der Trend geht daher vom Kauf einer Anlage hin zum Kauf von Anlagenverfügbarkeit. Dies minimiert nicht nur das Risiko für den Betreiber, es macht die Kosten kalkulierbar.

Überdies steigt erfahrungsgemäß die Auslastung der Anlagen.

Bei den Konvertern, den Herstellern von Verpackungsgefäßen, etwa für Körperpflegemittel, sind Betriebszeiten von 7 Tagen à 24 Stunden üblich, und das bei einer sehr dünnen Personaldecke. Wenn da die Anlage stehen bleibt, wird der Ruf nach dem Servicetechniker der SIG laut. Und dieser Ruf ertönt immer häufiger, auch nachts, an Wochenenden und Feiertagen, und nicht nur aus der Schweiz, sondern ebenso aus Thailand, Russland oder Südamerika.

Diese Nachfrage zu bedienen, stellt das Unternehmen vor wachsende Herausforderungen. Insbesondere fehlt es an geeigneten und qualifizierten Mitarbeitern. Das liegt nicht nur an den besonderen Arbeitsbedingungen mit hohem Reiseaufwand, häufigen Auslandsaufenthalten und unmittelbarer Blitzableiterfunktion beim Kunden. Zwei weitere Faktoren bremsten den Servicenachwuchs. Zunächst einmal gab es im Service kaum Karrieremöglichkeiten – „einmal Servicetechniker, immer Servicetechniker" war die Devise. Und das Image des Bereichs gegenüber den Ingenieuren in der Zentrale, die die neuen Maschinen bauten, war zweitklassig.

Heute ist der Bereich organisatorisch aufgewertet und das Image glänzt, nicht nur auf Grund transparenter, besserer Zahlen und wegen der großen Aufmerksamkeit, die der Vorstand dem Service widmet. Aber welche Perspektive bietet sich dem jungen Techniker, der sich für eine Position im Service entscheidet? Was, wenn beispielsweise aus familiären oder gesundheitlichen Gründen eine wochenlange Abwesenheit von zu Hause nicht mehr möglich ist? Gemeinsam mit der Personalabteilung hat Senn einen klaren Karrierepfad entwickelt und die Mitarbeiter darüber informiert. Gleichzeitig gibt es Jobrotationsmöglichkeiten, die der Weiterentwicklung dienen. Vielmehr nutzt das Unternehmen die umfangreiche Felderfahrung älterer Servicemitarbeiter für die Servicehotline, wo sie kompetent Auskunft geben können. Oder sie machen sich um die Ausbildung junger Kollegen verdient. Andere helfen in Produktentwicklungsteams, die Schwächen zu beheben, die sie selbst bei der Arbeit an den Anlagen am häufigsten erfahren haben.

Den Einstieg in den Karrierepfad finden junge Techniker als Service Engineer. Zum Anforderungsprofil gehören neben Sprachkenntnissen und einer Ausbildung in Mechanik oder Elektrik/Elektronik starke analytische Fähigkeiten sowie Freude an der Zusammenarbeit mit unterschiedlichen Charakteren und eine Mentalität als Dienstleister, der die Probleme des Kunden versteht und löst. Zum Fortbildungsprogramm gehört Learning on the Job, also die gemeinsame Arbeit mit erfahreneren Kollegen. Interne Trainingsprogramme allgemeiner Art zu Kundenerwartungen, zur SIG-Organisation und zum Wettbewerbsumfeld werden durch technische Fortbildung zum Produktionsprozess sowie zur Mechanik und Elektrik/Elektronik der SIG-Anlagen ergänzt. Am Ende bekommen die Mitarbeiter das Zertifikat *Certified SIG Beverages Service Engineer,* eine Auszeichnung, die nicht nur nach innen wirkt, sondern auch die Position gegenüber dem Kunden stärkt. Der nächste Schritt auf der Karriereleiter im SIG-Service führt zum *SIG Beverages Master Service Engineer.*

Bis dahin lernt der Mitarbeiter jährlich einen neuen Maschinentyp kennen, nimmt am Austauschprogramm mit einer ausländischen Serviceniederlassung teil und bildet sich intensiv technisch fort. Dazu gehört neben der dualen Ausbildung in Mechanik und Elektrik/Elektronik auch ein vertriebliches Training, denn der Servicemitarbeiter ist am besten über die Bedürfnisse des Kunden informiert und ist somit in der Lage, interessante Verkaufschancen zu generieren. Der Master Service Engineer ist ein hoch qualifizierter Spezialist, mehrsprachig leitet er international zusammengestellte Teams, nimmt Funktionen in der Ausbildung wahr und steuert Erfahrungen aus dem Feld in die Entwicklung neuer Produkte ein.

Erfolgreiche Master Service Engineers qualifizieren sich zum *Service Leader.* Hier kommen vielfältige Managementfähigkeiten zum Anforderungsprofil hinzu. Zum Fortbildungsprogramm gehören

Verhandlungstraining, Mitarbeiterführung, kaufmännische Kurse sowie eine vertriebliche Weiterbildung.

Mit diesem Personalentwicklungsprogramm gewährleistet die SIG Beverages, dass das wertvolle Wissen der Servicemitarbeiter den Unternehmenswert steigert. Außerdem konnte die jährliche Fluktuation der Servicemitarbeiter von ehemals über 20 Prozent signifikant gesenkt werden. Mit jedem erfahrenen Mitarbeiter, der das Unternehmen verlässt, geht Wissen über Kunden und Wissen über technische Details der Maschinen unwiederbringlich verloren.

In der neuen Organisation steigt auch die Motivation, Wissen zu teilen. Der intensive Einsatz der Servicemitarbeiter in der Fortbildung jüngerer Kollegen und bei der Weiterentwicklung des Produktportfolios bildet eine der Voraussetzungen für Beförderungen. So schafft SIG den Anreiz für seine Servicemitarbeiter, Wissen nicht als Basis der eigenen Macht zu horten, sondern sich als Träger wichtigen Wissens zu exponieren.

Unternehmensprofil Heidelberg

Steckbrief (2001)	
Umsatz:	5,3 Mrd. EUR
Mitarbeiter:	~ 25.000
Standorte:	Etwa 250 in 170 Ländern

Umsatzanteil nach Geschäftsbereichen (in Prozent)	
Digital (Digitaldruck, z.B. für kleine Auflagen)	14
Sheetfed (Bogenoffsetdruck, z.B. für Broschüren)	63
Web Systems (Rollenoffsetdruck, z.B. für Zeitungsdruck)	15
Finishing (Schneid- und Falzmaschinen, Klebebinder)	8

Quelle: Heidelberg-Geschäftsbericht, Heidelberg-Website

Heidelberger Druck: Exzellenter Service mit Wissensmanagement

Exzellenter Service – das Ziel, zu dem die SIG Beverages gerade erst aufgebrochen ist – ist ein traditionell wichtiger Baustein des Erfolgs bei der Heidelberger Druckmaschinen AG. Die Wirkung des starken Images erlebte der kurpfälzische Weltmarktführer kürzlich nach einer Akquisition. Kaum waren auf den schon installierten Maschinen die Labels der ursprünglichen Herstellerfirma mit dem neuen Logo überklebt, häuften sich die Anfragen nach Ersatzteilen und anderen Servicedienstleistungen. Der ursprüngliche Hersteller war für seine sehr sporadische After-Sales-Unterstützung bekannt, sodass viele Kunden resigniert hatten. Doch unter dem neuen Dach änderte sich dies schlagartig.

Die Marke Heidelberg steht nicht nur für die Qualität der Maschinen, sondern ist auch Synonym für herausragenden Service. Die Heidelberger Druckmaschinen AG steigerte ihren Auftragseingang vom Geschäftsjahr 1998/99 zum Geschäftsjahr 2001/02 annähernd um zwei Drittel auf 5 Milliarden Euro. Gut 25.000 Mitarbeiter, von denen 40 Prozent im Ausland beschäftigt sind, bedienen Kunden aus der Druckindustrie. Kein einziger Wettbewerber kann aus einer Hand Lösungen mit einem derart breiten Spektrum von Technologien zusammenstellen wie die Heidelberger. Auch die Weiterverarbeitung nach dem eigentlichen Drucken, wie Falzen und Schneiden, beherrscht das Unternehmen. 85 Prozent des Umsatzes erwirtschaftet es mit Kunden außerhalb der Bundesrepublik. 170 Sales and Service Units (SSUs) in fast allen Ländern der Welt gewährleisten Nähe zum Kunden – eine der wichtigsten Voraussetzungen für eine erfolgreiche Vertriebs- und Serviceleistung.

An das Wissensmanagement stellt die weltweite Organisation mit ihren High-Tech-Produkten hohe Anforderungen. Die Heidelberger haben ein ausgeklügeltes System entwickelt, wie zentrales Wissen zu den Servicemitarbeitern rund um den Globus ge-

Wissensmanagement-Ziele im Service von Heidelberg

- Durch exzellenten Service langfristige Kundenbindung schaffen
- Effizienten Wissensaustausch in der weit verzweigten Serviceorganisation sichern
- Erfahrungswissen für das komplexe System „Druckmaschine" als Grundlage für effektiven Service bündeln

Quelle: McKinsey-Wissensmanagement-Team

langt. Ebenso effizient ist ihre Methode, die Erfahrungen der Servicemannschaften zurück in die Zentrale zu holen, sie dort auszuwerten und die Erkenntnisse einerseits wiederum der global tätigen Servicetruppe zur Verfügung zu stellen, andererseits aber auch den Produktentwicklern zugänglich zu machen. So gelingt es den Druckmaschinenbauern, das implizite Wissen ihrer Mitarbeiter zu dokumentieren und an alle zu verteilen, die es brauchen. Das Ergebnis ist eine exzellente Serviceorganisation.

Eine weltweit einheitliche IT-Infrastruktur hilft bei der Lösung komplexer Probleme

Dabei sind die Anforderungen komplex. Oft wird schon die Frage nach dem geeigneten Servicetechniker zur Behebung eines am Telefon diffus beschriebenen Störfalls zur Herausforderung. Wird ein Mechaniker oder jemand mit Kenntnissen in der Steuerungssoftware benötigt? Muss gegebenenfalls ein Teil ausgetauscht werden, und wie stellt man sicher, dass dieses Teil zeitgleich mit dem Techniker vor Ort ist? Weil die Heidelberger den Ehrgeiz haben, defekte Maschinen möglichst schon beim ersten Besuch zum Laufen zu bringen, muss ihr Einsatz gut vorbereitet sein.

Das technische Know-how für die Servicecenter liefern vier Solution Centers, von denen jedes eine wichtige Sparte mit mehreren Produktfamilien – Digital, Sheetfed, Web Systems und Finishing – betreut. Die Solution Centers entwickeln in enger Zusammenarbeit mit den Market Centers neue Produktideen. 82 Prozent des Umsatzes werden über eigene Vertriebskanäle vermarktet. Ein Market Center umfasst mehrere länderspezifische SSUs. Solution Center und Market Center (SSU) vereinbaren Vertriebsziele und bilden die Servicekette zum Endkunden. In großen Serviceeinheiten – die größten haben über 1.000 Mitarbeiter – ist das kein Problem. Dort wird die viergeteilte Struktur auch vor Ort abgebildet. In kleineren Märkten stehen die Solution Centers jedoch in einer Art Wettbewerb, wenn sich die Vertriebsaktivitäten auf bestimmte Maschinentypen konzentrieren müssen. Die Qualität und Zuverlässigkeit dieser Produkte spielt dann eine besonders große Rolle. Schließlich müssen die Vertriebsmitarbeiter mit den Beschwerden der Kunden leben, wenn solch eine Maschine später Probleme bereitet. Deshalb müssen die Solution Centers zu den Kollegen in den SSUs vertrauensvolle Beziehungen aufbauen und die Kollegen draußen von der Qualität ihrer Maschinen überzeugen.

Allerdings können die Mitarbeiter im Solution Center kaum zu all ihren Ansprechpartnern in den 170 Repräsentanzen auf der ganzen Welt eine persönliche und enge Beziehung aufbauen. Zwar setzt auch Heidelberg auf den persönlichen Kontakt, veranstaltet gemeinsame Servicemanager-Treffen und schult Servicemitarbeiter in seinem weltweiten Netzwerk der Print Media Academy, doch der Erfolg muss angesichts der schieren Größe der Organisation begrenzt bleiben. Bestes Beispiel hierfür ist die Reaktion einiger Serviceleiter auf vermehrte Serviceinformationen zu einer Reihe von Maschinentypen. Die Vertriebsmanager vor Ort missverstanden die präventive Information der Zentrale und deuteten sie als Beleg für eine höhere Störanfälligkeit des Maschinentyps. Prompt fuhren sie ihre Verkaufsbemühungen für das Modell zurück – obwohl gar kein Anlass hierfür gegeben war.

In kleinen Serviceorganisationen wie der SIG werden solche Missverständnisse schnell und auf dem kleinen Dienstweg ausgeräumt. Heidelberg ist dafür zu groß und widmet daher solchen Problemen besondere Aufmerksamkeit. Und deshalb tritt hier auch der Einsatz von IT-Support wesentlich stärker in den Vordergrund als bei den Schweizer Kollegen.

Die Bedeutung der IT lässt sich am besten am Produktpflegeprozess illustrieren. Alle Störfälle und Serviceaufträge sollen elektronisch erfasst werden. Dabei hat sich das im Aufbau befindliche SAP-System für die Hauptmärkte sehr bewährt. Für alle Störfälle wird in einem speziellen Service-driven Design Tool (SD2) ein codierter Störfallbericht angelegt. Dieser Bericht besteht aus zwei Elementen. Zum einen wird der Störfall mit Hilfe einer vorgegebenen Struktur eingegrenzt: Vom Maschinentyp über die einzelnen Module und Baugruppen bis hin zum defekten Teil wird der Störfall mit einer Codenummer beschrieben. Zum anderen beschreibt der Servicetechniker den Fehler mit eigenen Worten. Beide Erfassungsarten sind notwendig. Der Code ermöglicht eine systematische und automatisierte Auswertung aller Berichte. Aber nur der Fließtext kann den Fehler spezifisch beschreiben. Und dabei ist die Komplexität sehr hoch, denn in der Regel stehen die Maschinen von Heidelberg in einer Verarbeitungskette mit eigenen Produkten oder gemeinsam mit Maschinen anderer Hersteller. Der erste Anruf bei einem Fehler in der Gesamtanlage geht aber fast immer bei Heidelberg ein. Erstens stellen die Druckmaschinenbauer die Kernkomponenten der gesamten Verarbeitungsstraße und zweitens hat sich das Unternehmen einen Ruf als exzellenter Serviceprovider aufgebaut.

Ob allerdings überhaupt die eigene Maschine Auslöser des Problems ist, muss erst geklärt werden. Dabei kommt der Remote Service zum Einsatz. Per Datenleitung fragt die Zentrale die wichtigsten Maschinen- und Prozessparameter ab. Sollte beispielsweise ein Problem am Anleger auftreten, bei dem nach Vereinzelung der Papierbögen vom Stapel der komplexe Papierlauf durch die Maschine beginnt, kann bereits der Remote Service helfen. Mittels Ferndiagnose lässt sich eingrenzen, ob Unstimmigkeiten an den Sensoren, die den Papierlauf überwachen, oder ob mechanische Gründe vorliegen. Vielleicht hat aber auch der Bediener falsche Papierformate oder -stärken eingegeben. Im einfachsten Fall geben die Heidelberger den Druckern vor Ort nur einen kurzen Hinweis. Wenn doch ein Servicetechniker kommen muss, ist es einer mit der richtigen Qualifikation und den passenden Ersatzteilen.

Ein Fünftel der Mitarbeiter gibt sein Wissen mit Stolz an die Kollegen weiter

Ein zentrales Problem des erfolgreichen Wissensmanagements im Service bei Heidelberger Druck: Wie motiviert man einen Servicetechniker dazu, sein Erfahrungswissen an die Zentrale weiterzugeben und etwa einen aussagekräftigen Störfallbericht zu schreiben? Einerseits ist es zusätzliche Arbeit, andererseits hat er vielleicht eine Lösung gefunden, die ihn in Zukunft schneller arbeiten lässt. Warum diese Erkenntnis nicht den Kollegen zugänglich machen? Bernhard Steinel, Leiter des Service Support, verweist bei dieser Frage auf die 20 : 60 : 20-Regel: „20 Prozent der Mitarbeiter tun es aus Stolz auf den Unternehmenserfolg, sie schreiben die Berichte freiwillig“, sagt Steinel, „und 20 Prozent werde ich wohl nie zur Kooperation bewegen können.“ Für die verbleibenden 60 Prozent hat Heidelberg eine Reihe von Regeln und Anreizen, die allerdings regional variieren. Zu unterschiedlich sind die Mentalitäten und Arbeitsweisen in den SSUs in Deutschland, USA oder Afrika.

Global wirkungsvoll ist die Heidelberg-Regel, dass kostenlose Ersatzteile nur dann zur Verfügung gestellt werden, wenn ein Störfallbericht vorliegt. Wer sich also die Arbeit spart, dem belasten am Quartalsende Kosten für Garantieersatzteile seine Ertragsrechnung. Regelmäßige Auswertungen geben ein klares Bild über den Rücklauf an Störfallberichten und öffentliche Auszeichnungen motivieren zusätzlich.

Mehrere hundert Störfallberichte aus allen SSUs laufen jeden Monat in Heidelberg zusammen und werden zentral ausgewertet. Die Experten des Service Support Center bewerten alle Fehler und priorisieren die Erkenntnisse für die Produktpflege. Damit die Servicemitarbeiter draußen wirklich kooperieren, müssen sie ein zeitnahes Feedback bekommen. Früher erschien das Service Support Center vielen Kundendienstlern als schwarzes Loch, das zwar Informationen einsaugt, aber nichts zurückspielt. Heute ist mit INSTANT, dem „Intranet Support and News Tool", ein Feedbackmechanismus implementiert, der innerhalb kurzer Zeit eine Antwort ermöglicht. Dabei steht nicht die Lösung im Vordergrund, sondern die Rückmeldung an sich. „Derzeit keine Antwort bekannt und auch niemand frei, an einer Lösung zu arbeiten. In zwei Wochen kann das Problem bearbeitet werden" ist in jedem Fall eine bessere Antwort als wochenlanges Schweigen.

Allein die Zusage, zu einer vereinbarten Zeit Antwort zu bekommen, hat das Arbeitsverhältnis zwischen Feldorganisation und Zentrale wesentlich verbessert. Außerdem bietet INSTANT Dienstleistungen an wie FAQs (Frequently Asked Questions) zu relevanten Servicefragestellungen und Early Warnings bei sich abzeichnenden Problemen. Die monatliche Auswertung identifiziert Problemschwerpunkte bei Maschinen, Baugruppen und einzelnen Ersatzteilen. Für die Produktpflege werden die Fehlerschwerpunkte kategorisiert. A-Fehler führen entweder zum völligen Stillstand der Maschine und/oder bergen ein Sicherheitsrisiko für die Arbeiter an der Anlage. B-Fehler senken zwar die Produktivität, bewirken aber keinen Stillstand. Und C-Fehler sind in der Wirkung für den Kunden so marginal, dass sie erst mit dem nächsten Release abgestellt werden.

Für das Wissensmanagement bei der Heidelberger Druckmaschinen AG ist der ausführliche Störfallbericht im Fließtextformat von herausragender Bedeutung. Nicht nur die Beschreibung des Störfalls, sondern auch die Analyse des Auslösers erfordern ein umfassendes Verständnis. Oft schließt sich dem initialen Bericht eine Reihe von Interviews mit erfahrenen Servicetechnikern an. Ein Team aus Entwicklungsingenieuren, Einkäufern, Mitarbeitern aus Fertigung, Montage und Service sowie Marketingexperten priorisiert die Fehlercluster, leitet Verbesserungsmaßnahmen ein und verfolgt deren Fortschritt und Wirksamkeit.

Solche cross-funktionalen Teams haben sich in den unterschiedlichsten Zusammenhängen als Bausteine erfolgreichen Wissensmanagements bewährt. 80 Prozent der erfolgreichen Unternehmen in unserer Unternehmensbefragung setzen auf interdisziplinäre Zusammenarbeit zwischen Servicemitarbeitern und der Produktentwicklung. Diese findet nur bei knapp der Hälfte der weniger erfolgreichen Unternehmen statt. Etwa die Hälfte der erfolgreichen Unternehmen unterstützten die Zusammenarbeit durch einen cross-funktionalen Zugriff auf Ideendatenbanken und Gesprächsforen. Diese werden nur von unter 10 Prozent der weniger erfolgreichen Unternehmen genutzt.

Externe Netzwerke von Kunden liefern wichtigen Input für die Lösung komplexer Probleme

Dabei müssen sich die Entwickler nicht allein auf den Input von Kollegen verlassen. Communities of Practice, wie sie die Servicetechniker in allen 170 Niederlassungen der Heidelberger darstellen, entstehen inzwischen nicht nur in Unternehmen. Insbesondere in den USA etablieren sich User Groups, die außerhalb des Einflusses des Herstellers agieren. Die Heidelberger haben dieses externe Netzwerk ihrer Kunden als Chance begriffen und partizipieren an der Diskussion.

Neben Fragen rund um das Unternehmen diskutieren dort die Nutzer Zuliefermöglichkeiten von Farben, Software oder Peripheriegeräten sowie Fragen zu technischen Details bis hin zur Zufriedenheit mit dem Service. So lieferte eine Umfrage zur Servicequalität innerhalb einer unabhängigen User Group in den USA wertvolle Verbesserungsansätze.

Bei drei Viertel der erfolgreichen Unternehmen unserer Unternehmensbefragung greifen Mitarbeiter in Marketing, Vertrieb und Service auf externe Quellen, wie z.B. das Internet zu. Nur ein Drittel der weniger erfolgreichen Unternehmen nutzt diese Quelle.

Neben dem Produktpflegeprozess, bei dem das Wissen von der Servicefront zurück in die Zentrale fließt, ist die Aus- und Fortbildung der Servicetechniker in dieser großen Organisation eine besondere Herausforderung. Viele Serviceorganisationen kämpfen mit dem Wissens- und Erfahrungstransfer aus der Konstruktions- und Montageabteilung in die Serviceorganisation. Zwei Drittel der erfolgreichen und knapp ein Drittel der weniger erfolgreichen Unternehmen der Befragung internationaler Unternehmen setzen hierfür interne, funktionsübergreifende Teams ein. Hier geht Heidelberg einen aufwendigen, aber erfolgreichen Weg. Sie bauen jede Maschine vor der Verschiffung an den Kunden im Werk Wiesloch vollständig auf und nehmen sie in Betrieb. Erst nach einer technischen Abnahme wird die Anlage verpackt.

Bereits zu den Praxistests der ersten Exemplare einer neuen Serie werden die Servicetechniker des Marktes, in den die Maschine geliefert wird, nach Wiesloch gerufen. Dort erhalten sie eine intensive Einweisung, nach der die Kundendienstler „ihre" Maschine selbst demontieren und verpacken. Die so ausgebildeten Techniker geben ihr Wissen zu dieser Maschine an die Kollegen in der eigenen SSU weiter. Natürlich rentiert sich ein derartiger Aufwand nur für große Märkte, in denen mehrere Maschinen des gleichen Typs verkauft werden können. Kleinere Märkte bekommen ihr Know-how von reisenden Technikern aus der Zentrale oder aus großen benachbarten Serviceniederlassungen.

Im Maschinen- und Anlagenvertrieb gilt der Leitsatz, dass der Vertrieb nur die erste Maschine an einen Kunden verkauft. Jede weitere Maschine verkauft dann der Service. Diese Regel beruht auf zwei Erkenntnissen. Guter Service ist zum einen die beste Empfehlung für eine Nachfolgeinvestition beim gleichen Hersteller. Zum anderen sind die Servicetechniker die Kundschafter der Ver-

Best-Practice-Wissensmanagement-Maßnahmen im Service

in Prozent der befragten Unternehmen

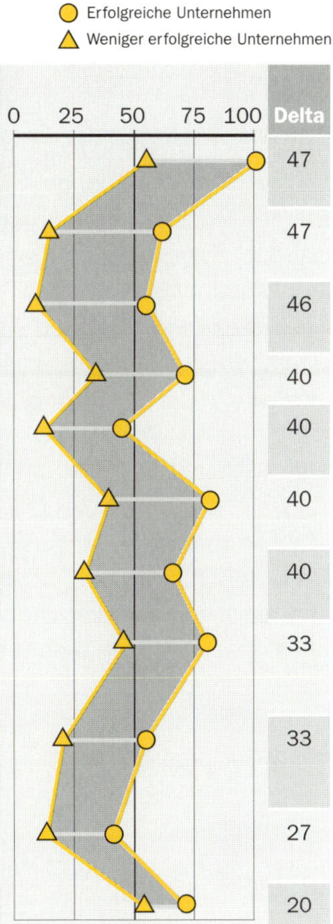

Ausprägung der differenzierenden Wissensmanagement-Maßnahmen	Delta
Persönliche Kommunikation im Auftragsabwicklungsprozess	47
Politik der „offenen Tür" bei Problemen im Auftragsabwicklungsprozess	47
IT-gestützte Bereitstellung von Yellow Pages und Wissensdatenbanken	46
Zugriff auf internetbasierte Informationen	40
Interner, cross-funktionaler Zugriff auf Ideendatenbanken und Gesprächsforen	40
Intensive Zusammenarbeit mit dem Händlernetzwerk	40
Interne, funktionsübergreifende Teams für Montage und Inbetriebnahme	40
Interdisziplinäre Zusammenarbeit zwischen Servicemitarbeitern und der Produktentwicklung	33
Festlegung von Werten und Regeln in der Auftragsabwicklung mit den beteiligten Funktionsbereichen	33
Internes und externes Benchmarking – auch von Wettbewerbsprodukten und -prozessen	27
Einfacher Zugriff auf servicerelevante Daten	20

Lesebeispiel: 100% der befragten erfolgreichen Unternehmen wenden diese Maßnahme an: Persönliche Kommunikation im Auftragsabwicklungsprozess

Quelle: Internationale Unternehmensbefragung von McKinsey

triebsorganisation. Sie sind in aller Regel häufiger beim Kunden, sehen Wettbewerbsprodukte in den Fertigungshallen und bekommen als erste Informationen über anstehende Neuinvestitionen. Entdeckt der Servicetechniker beim Routinebesuch das Auto eines Wettbewerbers beim Kunden auf dem Hof, kann ein kurzer Anruf beim Kollegen aus dem Vertrieb zum Verkauf einer neuen Anlage verhelfen.

Aber warum sollte der Servicetechniker so aufmerksam sein? Es gibt Maschinenbauunternehmen mit gemischten Sales- und Serviceteams, die sich die Prämie für den Vertragsabschluss teilen. Diesen Weg geht die Heidelberg nicht. Es gibt für die Hilfe bei einem Verkauf keinen direkten finanziellen Anreiz für den Servicemitarbeiter. Aber das informelle Netzwerk von Vertrieb und Service wird in den SSUs gepflegt. Auch hier setzt Heidelberg wegen der großen kulturellen Unterschiede in den einzelnen Märkten auf möglichst wenige zentrale Vorgaben. Vielmehr verlässt man sich auf die Selbststeuerung in den Niederlassungen vor Ort. Mag es in einem Land angemessen sein, dass Verkäufer und Servicetechniker hin und wieder zu einem gemeinsamen Wochenende mit Familien aufbrechen, passt vielleicht ein kleiner finanzieller Obolus in einem anderen Land besser ins organisatorische Gefüge.

Für Organisationen, die kein eigenes Vertriebs- und Servicenetzwerk unterhalten, zeigen die Ergebnisse der Befragung internationaler Unternehmen, dass 80 Prozent der erfolgreichen Unternehmen stattdessen viel Wert auf eine intensive Zusammenarbeit mit ihrem Händlernetzwerk legen. Das scheint nur 40 Prozent der weniger erfolgreichen Unternehmen besonders wichtig zu sein.

Mit dem Mix aus Vorgaben, Anreizen und Freiräumen steuern die Heidelberger eine hocheffiziente Serviceorganisation. Sie schaffen es, das umfangreiche Wissen der einzelnen Kundendienstler für das gesamte Unternehmen nutzbar zu machen. Wissen steckt in Menschen – hier teilen die Druckmaschinenbauer die Erkenntnis von Erich Senn von der SIG, der keine PowerPoint-Präsentationen erstellt ohne die Porträts seiner Leistungsträger.

STANDARDISIERUNG

8. STANDARDISIERUNG

Standards gegen den Unsicherheitsfaktor Mensch

Was haben die Burger-King-Restaurants und die High-Tech-Schmiede Intel gemeinsam? Sie müssen rund um die Welt ihr Qualitätsniveau mit unterschiedlich qualifizierten Mitarbeitern halten. Ihnen hilft eine extreme Form des Wissensmanagements: Die Unternehmen gießen ihr Wissen in feste Standards.

Warum schmeckt der Whopper in Seoul genauso wie in Köln? Weshalb ist die Ausbeute der Intel-Fabrik in Malaysia genauso hoch, wie die am Standort Kalifornien? Die Antwort: Weil die Unternehmen ihre Prozesse und Anlagen weitgehend standardisiert haben. Beide arbeiten mit unterschiedlich qualifiziertem Personal – trotzdem erwarten die Kunden einheitlich hohe Qualität. Fast alle großen Unternehmen werden mit der gleichen Herausforderung konfrontiert: Sie betreiben zahlreiche Produktionsstätten für Produkte oder Dienstleistungen, unter verschiedenen kulturellen und klimatischen Bedingungen rund um den Globus. Ihr System muss flexibel sein und Produktänderungen oder Relaunches schnell, zeitgleich und flächendeckend umsetzen können. Außerdem müssen sie in der Lage sein, Unternehmensteile zu integrieren oder neue Standorte aufzubauen. Voraussetzung dafür sind homogene Arbeitsschritte und -ergebnisse, trotz aller Unterschiede hinsichtlich des Backgrounds und der Kultur der Mitarbeiter.

In diesem Zusammenhang ist das Prinzip der Standardisierung von großer Bedeutung, und es existiert wohl kaum ein Unternehmen, das sich seiner nicht bedient. In manchen Fällen ist lediglich das Wertesystem standardisiert, die Umsetzung in den Prozessen bleibt individuell verschieden. Das andere Extrem stellen Unternehmen dar, die sowohl ihre Produkte als auch ihre Prozesse standardisiert haben. Zu Gunsten der Sicherheit ihrer laufenden Prozesse verzichten sie auf die kurzfristige Umsetzung von Innovationen. Gute Ideen werden gesammelt und fließen erst in die nächste Produktgeneration ein.

So engt Standardisierung auch ein, verzögert die Reaktion auf wertvolles Feedback, bremst Innovation und kann Mitarbeiter demotivieren. Aber wie weit lassen sich Mitarbeiter eigentlich standardisieren? Selbst der am besten beschriebene Prozess mit den immer gleichen Maschinen hängt am Ende von den Menschen im Unternehmen ab. Standardisierung wird umso schwieriger, je geringer der Grad der Automation ist.

Trotzdem gibt es gut funktionierende Ansätze, selbst in der wenig automatisierten Dienstleistungsbranche: Wenn der Ober im italienischen Restaurant nach dem Abräumen der Dessertteller regelmäßig einen Kaffee oder Espresso anbietet, dann bestellen die Kunden signifikant mehr als ohne diese auslösende Frage. Das gibt einen hochmargigen Zusatzumsatz kurz vor dem Bezahlen. Eine derartige Prozessstandardisierung findet natürlich auch in der Küche von Burger King statt. Die Zeit, in der „der Whopper für Sie durchs Feuer geht", ist fest programmiert. Selbst wenn ein Mitarbeiter das Fleisch dunkler oder weniger lange grillen wollte – er könnte es nicht. An dieser Stelle werden individuelle Initiativen zur Serviceverbesserung nicht zum Tragen kommen, hier geht die Lebensmittelsicherheit vor.

Standardisierte Ausrüstung reduziert die Möglichkeiten individueller Einflussnahme. Gleiches gilt für die Produktion von High-Tech-Produkten der Halbleiterindustrie. Je kleiner und leistungsfähiger die Chips werden, desto geringer sind mögliche Toleranzen in der Fertigung. Die Schwankung der elektrischen Spannung muss selbstverständlich gering gehalten werden, ebenso Luftfeuchtigkeit und -druck.

Checklisten helfen, Produktstandards sicherzustellen. Das Display an der Kasse des Fast-Food-Restaurants führt den Mitarbeiter bei Burger King durch eine Liste von Fragen, die eine optimale Bedienung des Kunden gewährleisten. Erst wenn alle Schritte bestätigt sind, kann abgerechnet und der nächste Kunde bedient werden. Ob der Mitarbeiter dabei allerdings freundlich lächelt, die Pommes frites zügig in die Tüte füllt oder aber überhaupt zur Arbeit erschienen ist, kann keine Checkliste der Welt kontrollieren.

Die Standardisierung ist also kein Allheilmittel, aber sie hilft dem Unsicherheitsfaktor Mensch entgegenzuwirken: Bei Intel und Burger King schafft die Standardisierung – trotz der unterschiedlichen Produktionsanforderungen – die Voraussetzung für gleich bleibend hohe Qualität und damit die Basis des Erfolgs.

In der Halbleiterindustrie ist die schnelle Einführung neuer Produkte erfolgsentscheidend. Mikroprozessoren finden sich heute in einer Vielzahl von Produkten, vom Mobiltelefon über das Auto bis hin zur Playstation. Doch bei Computern, Handys oder in der Unterhaltungselektronik sind die Produktzyklen extrem kurz. Selten dauert es länger als ein Jahr, bis die nächste Generation auf den Markt kommt und die Innovation, die das Gerät schneller, leistungsfähiger oder kleiner macht, geht in aller Regel vom Mikroprozessor aus. Das immer noch gültige Moore'sche Gesetz aus dem Jahre 1965 besagt: „Die Zahl der Transistoren auf einem Halbleiterchip verdoppelt sich etwa alle 18 Monate." So enthält ein heutiger Chip bis zu 42 Millionen Transistoren. Würde man ein gängiges Mobiltelefon mit den alten Elektronenröhren bauen, wäre die Mobilität hinüber: Dieses Telefon hätte etwa die Größe eines Eigenheims.

Chips kommen zu tausenden aus der Fabrik, wie Autos vom Fließband, nur mit einer um Zehnerpotenzen höheren Fertigungspräzision. Gleichzeitig muss der Produktionsanlauf wesentlich schneller sein. Ein Automodell kann mehrere Jahre weitgehend unverändert produziert und verkauft werden, die Halbleiterindustrie hat einen 15-monatigen Technologiezyklus. Ob ein Chiphersteller einen neuen Prozessor wenige Wochen vor oder nach der Konkurrenz auf den Markt bringt, wird von den Kapitalmärkten genau registriert, der Produktionstermin hat oft unmittelbaren Einfluss auf die Aktienkurse.

Copy EXACTLY! – Die Erfolgsformel, mit der Intel weltweit auf Nummer sicher geht

Geschwindigkeit ist also Trumpf, sowohl in der Entwicklung neuer Prozessoren als auch im Anlauf der Produktion im Pilotwerk und bei der Übertragung des Fertigungs-Know-how auf alle anderen Werke. Die Kosten der Technologieentwicklung steigen mit jeder Produktgeneration, Gleiches gilt für die Kapitalbindung in den hoch spezialisierten Fertigungsanlagen. Vor diesem Hintergrund wird klar, dass in der Phase des Technologietransfers auf andere Werke keine Zeit bleibt, neu auftretende Probleme zu lösen – zu diesem Zeitpunkt muss der Prozess stehen.

Intel, einer der Blue Chips der Halbleiterbranche, startete schon 1988 sein Programm Copy EXACTLY!. Die Idee ist einfach: Entwicklungs- und Fertigungsprozesse für den größten Teil des

Unternehmensprofil Intel

Steckbrief (2001)	
Umsatz:	29,6 Mrd. EUR
Mitarbeiter:	~ 83.000
Standorte:	Mehr als 40 weltweit

Umsatzanteil nach Geschäftsbereichen (in Prozent)	
Architecture Business Group (Mikroprozessoren, Motherboards, Serverplattformen)	81
Communications Group (Ethernet-Komponenten, Optische Transceiver)	10
Wireless Communication and Computing (Flash Memory, Wireless Networking)	8
Other (Softwareprodukte, Provider Services)	1

Quelle: Intel-Geschäftsbericht, Intel-Website

Produktprogramms in sämtlichen Fertigungsstätten werden standardisiert. Die Übertragung von standardisierten Fertigungsprozessen aus einer Fabrik in die nächste erlaubt nicht nur den parallelen Anlauf der Produktion, gleichzeitig lassen sich so auch Innovationen und Änderungen zügig implementieren. Ein Konzern mit rund 30 Milliarden Dollar Jahresumsatz und 73.000 Mitarbeitern in 43 Ländern ist verloren, wenn jedes Werk individuell versucht, Produktionsstabilität zu erreichen. Deshalb nehmen sich die Intel-Manager zunächst Zeit, stabile und gut dokumentierte Fertigungs- und Geschäftsprozesse zu entwickeln. Erst dann sorgen sie mit Copy EXACTLY! dafür, dass alle Fabriken des Konzerns in kürzester Zeit die Produktion starten. „Mit einer widerspruchsfreien Vorgehensweise, viel Nachdruck und mit etablierten Strukturen lassen sich wichtige Erfahrungen sehr schnell von einer Fabrik in die nächste übertragen", erklärt Jeanette Harrison, Schulungsleiterin bei Intel.

Im Rahmen des Copy-EXACTLY!-Programms werden neue Verfahren, die Entwicklungsteams in den Intel-Labors in Santa Clara, Kalifornien, und in der Nähe von Portland, Oregon, erarbeiten, in prototypische Fertigungsprozesse umgesetzt. Diese werden anschließend in einer der kapazitätsstarken Wafer-Produktionsanlagen von Intel wie „Fab 12" in Chandler, Arizona, getestet. Ein funktionsübergreifendes Team aus bis zu 20 Ingenieuren, Technikern, Fertigungsleitern und anderen Mitarbeitern prüft die Ab-

Wissensmanagement-Ziele für die Standardisierung bei Intel

- Große Ausbeute bei der Übertragung der Fertigung aus der R&D-Fabrik in die Massenfertigung sicherstellen
- Wettlauf um First-Mover-Vorteile bei extrem kurzen Produktzyklen gewinnen
- Höchste Qualität bei technisch anspruchsvollen Massenprodukten in jedem Fertigungswerk erreichen

Quelle: McKinsey-Wissensmanagement-Team

läufe bis ins letzte Detail. Spezialistengruppen suchen nach Lösungen für besonders problemanfällige Bereiche. Wenn das Prüfungsteam grünes Licht gibt, werden die Prozesse von den Werken rund um den Globus zeitgleich eingeführt, als exakte Kopien des getesteten Vorbilds.

Standardisierte Prozesse tragen nicht nur bei Intel zum Erfolg bei. Unsere Unternehmensbefragung zeigt, dass unternehmensweit standardisierte Prozesse für 60 Prozent der erfolgreichen Unternehmen einen besonders wichtigen Erfolgsfaktor darstellen. Sogar 67 Prozent der erfolgreichen Unternehmen betonen, dass die zentrale Festlegung von einheitlichen Prozessstandards und Designregeln die Effektivität und Effizienz der Produktentwicklung steigern. Nur 27 Prozent der weniger erfolgreichen Unternehmen setzen diese Maßnahmen ein.

Bei Intel treffen sich die Leiter der verschiedenen funktionsübergreifenden Teams außerdem regelmäßig zum Erfahrungsaustausch. Sie ermitteln Best-Practice-Methoden, die bei der Entwicklung der Prozessprototypen erarbeitet wurden, beispielsweise Maßnahmen zur Vermeidung von Anlagenkontaminationen. Die Fertigungsanlagen stehen in Hallen, die peinlich sauber gehalten werden müssen. Schon einzelne Staubkörner oder Fasern können die Ausbeute an voll funktionstüchtigen Prozessoren signifikant reduzieren. Deshalb wird die Luft gefiltert, es herrscht ein leichter Überdruck, um zu vermeiden, dass verunreinigte Luft von außen in die Fertigungshallen eindringen kann, und einzelne Prozessschritte laufen völlig abgeschirmt in einer künstlichen Atmosphäre aus technischen Schutzgasen ab.

Die Managementteams treffen sich persönlich und in Intranetforen, um über ihre Ideen zu beraten und anschließend Best-Practice-Methoden zu identifizieren und zu verbreiten. Intra- und Internetzugang für die Mitarbeiter ist im Übrigen für zwei Drittel der erfolgreichen Unternehmen, aber nur für 20 Prozent der weniger erfolgreichen Unternehmen der Umfrage ein Erfolgsfaktor. Bei Intel sind alle Teammitglieder aufgefordert, Annahmen und

Schlussfolgerungen in Frage zu stellen, um die vorgebrachten Verbesserungsvorschläge zu optimieren.

„Die zahlreichen Teams und die vielen formalen Prozesse erscheinen bürokratisch, aber im Grunde kämpfen wir gegen die Bürokratie“, erklärt Schulungsleiterin Jeanette Harrison. „Indem wir die Teams auf einheitliche Ziele ausrichten, bringen wir Mitarbeiter aus dem ganzen Unternehmen zusammen und können schneller reagieren.“ Die von Copy EXACTLY! geförderte Disziplin trägt dazu bei, dass das Wissen im ganzen Unternehmen schnellstmöglich implementiert wird.

Doch mit der Einführung der Prozesse in den Fabriken ist die Arbeit längst noch nicht getan. Nach der Umsetzung betreibt das Entwicklungsteam Ursachenforschung und fasst die Ergebnisse in so genannten Bluebooks zusammen. Diese Arbeit fördert in der Regel weitere Verbesserungsmöglichkeiten zu Tage und so beginnt das Programm wieder von vorn – ein Kreislauf, der ständig neues Wissen generiert und es sofort für das Unternehmen nutzbar macht.

Die permanente Erneuerung der Wissensbasis ist auch den meisten Top-Performern unserer Unternehmensbefragung wichtig. So optimieren drei Viertel der erfolgreichen Unternehmen regelmäßig ihren Produktentwicklungsprozess auf Basis der systematisch erhobenen und aktualisierten Prozesserfahrungen. 60 Prozent der erfolgreichen Unternehmen optimieren auch den Auftragsabwicklungsprozess kontinuierlich mittels aktueller Prozesserfahrungen. Dagegen halten nur 20 Prozent der weniger erfolgreichen Unternehmen eine regelmäßige Optimierung des Entwicklungsprozesses für notwendig. Ein Drittel der weniger erfolgreichen Unternehmen halten immerhin die regelmäßige Optimierung der Auftragsabwicklung für erforderlich.

Entsprechend gehen die erfolgreichen Unternehmen auch die Erhebung und Dokumentation von Erfahrungswissen systematischer an als die weniger erfolgreichen. Im Produktentwicklungsprozess dokumentieren zwei Drittel (im Auftragsabwicklungsprozess sogar fast 90 Prozent) der erfolgreichen Unternehmen Lessons Learned, also häufig gestellte Fragen und Verbesserungsvorschläge, sodass ihre Wissensbasis ständig erneuert und erweitert wird. Diese Maßnahmen führen in der Produktentwicklung nur 20 Prozent, in der Auftragsabwicklung rund die Hälfte der weniger erfolgreichen Unternehmen durch.

Die Copy EXACTLY!-Methode von Intel wurde nicht zu einem bestimmten Zeitpunkt erfunden und aus der Taufe gehoben, vielmehr entwickelte sich diese Art des Technologietransfers parallel zu den Fortschritten der Prozessorentechnologie. Zu Zeiten der 1,5-Mikrometer-Technologie waren die Anforderungen an Prozesse und Verfahren noch wesentlich geringer als heute. Ein kleines Expertenteam koordinierte den Technologietransfer in die einzelnen Fertigungsstätten. Produktstandards wurden am Ende der Linie qualifiziert und zertifiziert. Gleichzeitig nutzte Intel die Zeit für den Transfer aus der Entwicklung in die Fertigung bzw. von einer Fertigung in die nächste noch zu weiteren Verbesserungen von Anlagen und Prozessen. Mittlerweile verfügbare neue Anlagentypen ersetzten die Modelle aus der Testphase, vielleicht kam sogar noch ein günstigerer Lieferant ins Spiel. Die Flexibilität ging so weit, dass sogar Umstellungen auf größere Wafer-Querschnitte zu diesem Zeitpunkt noch möglich waren.

Auf diese Weise ergab sich, wenn auch wenig standardisiert, ein kontinuierlicher Verbesserungsprozess. Dieser funktionierte jedoch nur wegen der noch geringeren Anzahl an Variablen, die Einfluss auf die Qualität des Endproduktes hatten. Wenn die Ausbeute oder die Qualität nicht den Erwartungen entsprachen, ließen sich leicht Korrekturen vornehmen. Doch schon der nächste Schritt zu der 0,8-Mikrometer-Technologie erlaubte diesen legeren Umgang mit den Fertigungsprozessen nicht mehr. Zumindest selektiv legte Intel nun Zielwerte für einzelne Prozessschritte fest, die sich aber im Wesentlichen auf Parameter der Fertigungsanlagen und des fertigen Produktes beschränkten.

Die Miniaturisierung der Chips erzwingt immer kompliziertere Produktionsmethoden

Die Anzahl der zu kontrollierenden Parameter wächst proportional zur steigenden Transistordichte. Befanden sich auf den ersten Intel-Chips (Intel 2004) gerade mal 2.003 Transistoren, so wuchs deren Anzahl rasant auf über 7,5 Millionen bei einer Größe von 0,35 Mikrometer bei den 2001 aktuellen 0,18-Mikrometer-Transistoren auf bis zu 42 Millionen. Was bislang als ein Effekt zweiter Ordnung vernachlässigt wurde, wie beispielsweise die Temperatur des ultrareinen Spülwassers oder der Luftdruck, konnte nun unmittelbar die Endproduktqualität beeinflussen. Was zuvor eine metallische oder dielektrische Schicht war, ist heute ein Sandwich aus den vielfältigsten Materialien. Die resultierenden hochfeinen Strukturen reagieren plötzlich sensibel auf bislang vernachlässigbare Effekte wie Adhäsionskräfte oder Spannungen zwischen den Schichten. Da bekommt dann beispielsweise die Länge eines Kühlschlauches zu einer Elektrode tief greifenden Einfluss auf das Ergebnis – ohne dass dieser Zusammenhang unter den tausenden von Einflussfaktoren von vornherein offensichtlich wäre. Mit jeder noch so geringen Veränderung an Prozess oder Anlage steigt das Risiko, dass ein Faktor negativ beeinflusst wird.

Und schlimmer noch: Tritt ein Problem auf, existiert eine Unzahl möglicher Ursachen. Die benötigte Zeit für die Fehlersuche aber ist eine Funktion der Anzahl beeinflussbarer Variablen. Selbst wenn das Problem die Anlage nicht unmittelbar stilllegt, so verzögert es doch zumindest den Zeitpunkt, zu dem die Anlage optimal läuft und das geplante Produktionsvolumen sichert. In Zeiten der Micron-Technologie dauerte es noch mehrere Monate, um die Fertigung in einer neuen Fabrik hochzufahren. Bis die Linien optimal liefen, verging mitunter ein ganzes Jahr. Bei der wachsenden Komplexität der Technik hätte schon bei der nächsten Chipgeneration das Hochfahren zum Optimum länger gedauert, als der Chip auf dem Markt gewesen wäre.

Deshalb der Ansatz von Copy EXACTLY!: Jeder Faktor und jede Komponente, die den Prozess in irgendeiner Weise beeinflussen könnten, werden beim Technologietransfer bis an die Grenzen des physikalisch Machbaren kopiert. Ausnahmen sind nur dann zulässig, wenn sie einen überragenden kompetitiven Vorteil bieten.

Diese Philosophie unterscheidet sich deutlich von den traditionellen Methoden des Technologietransfers. Deshalb mussten die Intel-Manager bei ihrer Einführung erhebliche Hindernisse überwinden. So sind in der Praxis immer einige Faktoren vorhanden, die eine exakte Kopie des Prozesses verhindern. Beispielsweise gibt es in der Stromversorgung regional unterschiedliche Standards für Spannung und Frequenz. Dies müssen die Intel-Manager hinnehmen, denn die Alternative einer eigenen Energieerzeugung ist meist unwirtschaftlich. Die Gratwanderung besteht darin, das Regelwerk im erforderlichen Umfang zu öffnen, ohne sich die beschriebenen Probleme einzuhandeln, die mit individuellen Lösungen einhergehen. Außerdem stand Intel vor einem weiteren Problem: Ingenieure sind geschult, kreativ nach besseren Lösungen zu suchen. Schon das Ausbildungssystem honoriert selbständiges Arbeiten – wer andere kopiert, gilt als einfallslos.

Einzelne Mitarbeiter können die Copy-EXACTLY!-Philosophie durchaus unterschiedlich interpretieren. So mag sich ein Ingenieur auf den Standpunkt stellen, dass der Pumpentyp und die Anzahl der Leitungsknie in einer Vakuumleitung keine Rolle spielen, solange nur der gleiche Unterdruck erzeugt wird. Dabei macht dies durchaus einen Unterschied: Zwar kann die Anlage unter perfekten Bedingungen optimal laufen, aber schon kleinste Veränderungen können dies verhindern. Um die Interpretationsspielräume einzuengen, bereitet Intel umfangreiche Frage-Antwort-Listen vor, mit deren Hilfe möglichst viele Fragen schon vorab geklärt werden sollen. Denn es ist natürlich wesentlich einfacher, die Anweisung „Alles exakt kopieren!" zu geben, als diese Anweisung mit einer Mannschaft von mehreren hundert Ingenieuren tatsächlich umzusetzen. Ein vierstufiges System half Intel, die neue Philosophie des Copy EXACTLY! erfolgreich zu implementieren:

Zunächst müssen die physikalischen Parameter stimmen. Dies sind z.B. Temperaturen, Gasströme oder Drücke. Um einheitliche Bedingungen zu schaffen, wird die gesamte Anlage genauestens kopiert: Von der Steuerungssoftware über die Durchmesser der Schläuche bis hin zur Anzahl der Schlauchknie.

Zweitens werden Daten am Ende eines jeden Prozessschrittes erhoben und mit der Referenzlinie verglichen. Dazu gehören Größen wie Filmstärke und -zusammensetzung oder Widerstand.

Drittens werden Kenngrößen einzelner Module des Prozesses gemessen und verglichen.

Zuletzt erfolgt der Abgleich der Parameter des Endproduktes, das sozusagen die Integration aller vorher erhobenen Größen abbildet.

Nur wenn alle Werte den Vorgaben entsprechen, wird grünes Licht gegeben. Bei geringfügigen Abweichungen sind die Ingenieure natürlich versucht, an den Stellschrauben zu drehen, bis der gewünschte Wert erreicht ist. Diese „methodische Abkürzung“ ist jedoch streng verboten. Vielmehr muss das Team die Ursache für die Abweichung finden und beheben. Das hat einen einfachen Grund: Die unüberschaubare Anzahl der möglichen Einflussgrößen und deren Wechselwirkungen untereinander sind dafür verantwortlich, dass eine geringfügige Manipulation an einer Stelle des Prozesses zu unvorhersehbaren Auswirkungen an einer völlig anderen Stelle führen kann.

Auch Verbesserungen implementiert Intel nach erfolgreichem Test in der Entwicklungslinie nicht nacheinander, sondern synchron in allen Werken gemäß einem verabschiedeten Zeitplan. Jede Fertigung bleibt somit eine exakte Kopie der Entwicklungslinie.

Während früher bei der Einführung neuer Produktgenerationen jede Produktionsstätte eine eigene Lernkurve durchlief, startet die Produktion heute flächendeckend mit annähernd dem gleichen Output wie die Referenzlinie. Anlaufverluste sind somit weitgehend eliminiert, die Qualität der Produkte ist von Anfang an garantiert. Kunden der Halbleiterindustrie sind gegenüber Qualitätsschwankungen sehr sensibel. Muss einmal die Fertigung verlegt oder auf eine andere Produktionsstätte ausgedehnt werden, verlangen sie in der Regel umfangreiche Tests. Sie fordern Produktproben an und testen sie in eigenen Labors, oft wird sogar ein Audit der Produktionslinie notwendig. Hat der Kunde jedoch die Philosophie von Copy EXACTLY! verstanden, sind viele Bedenken ausgeräumt. Beide Parteien sparen Zeit und Kosten.

Warum bei Burger King der Whopper immer und überall gleich schmeckt

Ob High Tech oder Low Tech: Prozesse beschleunigt man, indem man Entscheidungen – und sei es nur die Frage nach der Menge des Ketchups, die den Whopper garniert – beschleunigt. Und die schnellste Entscheidung ist die, die schon vorgegeben ist. Deshalb ist Standardisierung der Schlüssel zur Geschwindigkeit – wie sonst könnte Fast Food entstehen?

Hier befinden sich Intel und Burger King in bester Gesellschaft mit den Top-Performern aus unserer Unternehmensbefragung: Zwei Drittel der erfolgreichen Unternehmen (aber nur jedes achte der weniger erfolgreichen) trainieren ihre Mitarbeiter regelmäßig hinsichtlich einheitlicher Prozessstandards und Designregeln, fast 60 Prozent der erfolgreichen Unternehmen (gegenüber einem Viertel der weniger erfolgreichen) definieren Standards zentral.

Genau wie von Intel erwarten Kunden von Burger King jederzeit und überall gleich bleibende Qualität. Je weniger die Abläufe im Restaurant standardisiert sind, umso höher ist der Aufwand für die Ausbildung der Mitarbeiter, die diese Qualität garantieren müssen. Schnellrestaurants sind bekannt für die hohe Fluktuation des Personals. 20 Prozent Abgänger, ein hoher Jahreswert in anderen Branchen, verzeichnet Burger King schon einmal monatlich. Wenn aber Mitarbeiter lediglich einige Monate im Unternehmen bleiben, senkt jeder zusätzliche Trainingstag spürbar die Produktivität. Außerdem treffen in den Küchen der Fast-Food-Restaurants die unterschiedlichsten Kulturen aufeinander. Das stellt besondere Ansprüche an das Training der Mitarbeiter. Sie müssen präzise und schnell mit den Strukturen und Prozessen vertraut gemacht werden. So sinkt die Fehlerquote und der Aufwand für die Ausbildung bewegt sich in einem angemessenen Rahmen.

Wie weit Burger King die Prozesse vorgibt, zeigt das Beispiel der Zubereitung von Pommes frites: Der Friteusenkorb wird unter einen Spender gehalten, der eine definierte Menge an tiefgefrorenen Kartoffelstäbchen freigibt. Dann hängt der Mitarbeiter den Korb in die Friteuse und die Uhr beginnt bei zwei Minuten 35 Sekunden zu laufen. Bei einer Minute 30 Sekunden ertönt ein durchdringender Signalton, der Koch hebt den Korb hoch und mischt den Inhalt mit Schwung aus dem Handgelenk zweimal durch. Dann hängt er ihn zurück in die Friteuse. Nach Ablauf der Restzeit abtropfen lassen, in die Schütte geben, zweimal Salz aus dem Streuer: fertig.

Natürlich stammt der Salzstreuer in allen Restaurants vom gleichen Hersteller, hat die gleiche Anzahl von Löchern mit dem gleichen Durchmesser und ist mit Salz vom zertifizierten Lieferanten gefüllt. Nahezu alle Waren beziehen die Filialen zentral von Burger King. Die Freiheitsgrade des Restaurantleiters beim Wareneinkauf beschränken sich auf Tomaten und Zwiebeln, und auch hier sind noch Abmessungen und Reifegrad vorgegeben. Ansonsten besteht der Wareneinkauf aus der Disposition im Zentrallager.

Das gesamte Know-how der Lieferantenentwicklung, Produktspezifikation, Preisverhandlung und Rahmenverträge liegt bei einem kleinen professionellen Team in der Unternehmenszentrale. Auch damit befindet sich Burger King in guter Gesellschaft: Zwei Drittel der erfolgreichen Unternehmen aus der internationalen Umfrage pflegen eine klare Trennung der Zuständigkeiten und beschränken das Management auf zentrale Aufgaben, während dies nur bei einem Drittel der weniger erfolgreichen Unternehmen der Fall ist.

Für die wichtigsten Produkte wie Whopper oder Pommes frites gibt es weltweit einheitliche Spezifikationen. Lediglich regionale Produkte für die Restaurants in Deutschland werden in München erdacht. Hierfür gibt es dann eigene Spezifikationen. Was für die Produkte gilt, trifft in gleichem Maß auf die Restaurants selbst zu. Architektur, Inneneinrichtung sowohl in der Küche als auch im Restaurantbereich sind definiert, um einen einheitlichen Markenauftritt sicherzustellen. Dem Restaurantbetreiber bleibt die Wahl zwischen einigen Modulen und geringfügigen Variationen in der Ausstattung.

Unternehmensprofil Burger King

Steckbrief (2001)	
Umsatz:	11,4 Mrd. EUR
Mitarbeiter:	~ 360.000
Standorte:	Etwa 11.400 Restaurants in 57 Ländern

Restaurants nach Art (in Prozent)	
Franchisenehmer	91
Unternehmenseigene	9

Restaurants nach Regionen	
USA	~ 8.300
Deutschland	~ 320
Sonstige Länder	~ 2.780

Quelle: Burger-King-Website, Hoovers

Absolute Zuverlässigkeit ist wichtiger als schnelle, flexible Reaktion

Änderungen im Programm sind aufwendig. Der Relaunch des Whopper erfolgte nach eingehender Vorbereitung in den USA fast gleichzeitig in allen 11.340 Restaurants weltweit: Neben einer neuen Verpackung wurden beispielsweise der Fettgehalt der Mayonnaise und die Schnittbreite des Salats variiert. Das Geschäftsmodell erscheint auf den ersten Blick starr, wenig flexibel und nicht anpassungsfähig an Kundenwünsche, aber eine so rigide Vorgehensweise hat auch immense Vorteile. Während Intel die Qualität und Menge einer Massenfertigung praktisch umgehend auf das Niveau der Referenzlinie hochfahren kann, so sind die Unsicherheiten bei der Eröffnung eines neuen Burger-King-Restaurants minimal. Und um das Feedback der Kunden berücksichtigen zu können, hat Burger King ebenfalls ein standardisiertes Verfahren entwickelt: Jedes Restaurant wird einmal im Monat von Mitarbeitern einer externen Agentur besucht, die die Kunden zu ihrer Zufriedenheit mit Qualität, Service und Freundlichkeit befragen. So erhält das Management des Restaurants regelmäßig von neutraler Seite einen Bericht über Stärken und Schwächen des Angebots.

Ausschlaggebend für den erfolgreichen Betrieb eines Burger-King-Restaurants ist nach der initialen Standortwahl die Qualität des Service und damit die Mitarbeiterführung. Und dies spielt schon

Wissensmanagement-Ziele für die Standardisierung bei Burger King

- Schnelle, zeitgleiche und flächendeckende Einführung standardisierter Produkte
- Kompensation der hohen Personalfluktuation durch konsequentes Einhalten der Standards
- Garantie weltweit gleicher Produktstandards bei verschiedensten rechtlichen und kulturellen Rahmenbedingungen

Quelle: McKinsey-Wissensmanagement-Team

bei der Lizenzvergabe eine wichtige Rolle. Von jährlich rund 3.200 Interessenten für eine Lizenz in Deutschland werden am Ende knapp 10 ausgewählt. Was für den Konzern bei der Auswahl seiner Repräsentanten gilt, ist für die Lizenznehmer mindestens ebenso wichtig. „Der Erfolg eines Restaurants steht und fällt mit dem Restaurantleiter und dessen Fähigkeit zur Auswahl und Führung der Mitarbeiter. Nur eine gute Mannschaft kann die operativen Standards umsetzen", sagt ein Lizenznehmer über den einzigen Produktionsfaktor, der sich kaum standardisieren lässt: seine Mitarbeiter. Restaurantleiter kann werden, wer für sechs Monate in einem Ausbildungsrestaurant gearbeitet und dort alle Aufgaben selbst wahrgenommen hat. Detailwissen erhalten die zukünftigen Chefs in zahlreichen zentralen Schulungen.

Anreiz- und Zielsysteme, ein zentrales Element der Mitarbeiterführung bei Intel, zählen auch im Geschäft mit dem schnellen Essen. Die Karrierepfade führen aus der Küche direkt ins Management: Der Weg zum Restaurant- oder sogar Distriktleiter ist kurz. Und Burger King motiviert auch durch finanzielle Belohnungen: Wird das Restaurant von den Kunden in der monatlichen Befragung gut beurteilt, gibt es Prämien für die Mannschaft. Doch trotz aller Motivation: „Wir können nicht davon ausgehen, dass alle zu einer Schicht eingeteilten Mitarbeiter auch wirklich ihre Arbeit wie vereinbart aufnehmen, nicht einmal, dass sie vorher anrufen, wenn sie nicht zur Arbeit erscheinen", sagt ein Lizenznehmer. Deshalb gehört ein Netzwerk aus Springern ebenso zu den Erfolgsfaktoren eines guten Restaurantleiters wie das richtige Gespür bei der Personalauswahl und -disposition.

Burger King versucht, über Regeln, Checklisten und Automation mögliche Fehlerquellen im menschlichen Handeln zu minimieren. Dies ist möglich, wenn die Produktvielfalt eingeschränkt ist und somit die auftretenden Situationen weitgehend vorhersehbar sind. So garantieren Standards im High-Tech-Konzern Intel ebenso wie im Fast-Food-Imperium Burger King die Qualität – weltweit, über alle Grenzen, Kulturen und Rahmenbedingungen hin-

Best-Practice-Wissensmanagement-Maßnahmen für Standardisierung

in Prozent der befragten Unternehmen

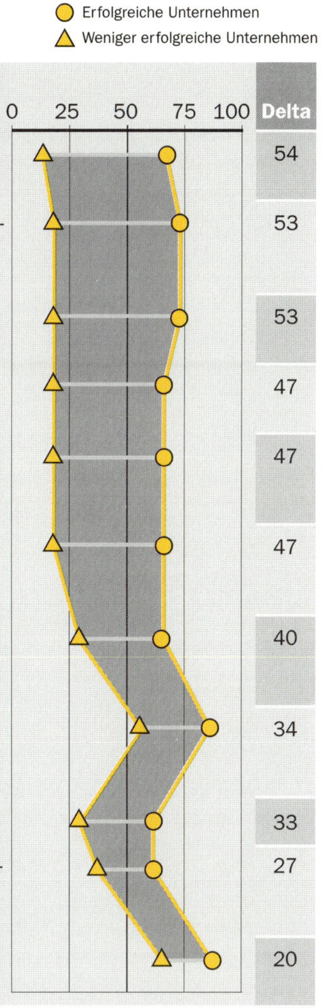

Ausprägung der differenzierenden Wissensmanagement-Maßnahmen	Delta
Regelmäßige Schulungen zu den einheitlichen Prozessstandards und Designregeln	54
Regelmäßige Optimierung des Produktentwicklungsprozesses auf Basis systematisch erhobener und aktualisierter Prozesserfahrungen	53
Interdisziplinäre Zusammenarbeit zwischen Produkt- und Prozessentwicklung	53
Intra- und Internetzugang für Produktentwicklungspersonal	47
Erhebung und Dokumentation von Lessons Learned, FAQs und Verbesserungsvorschlägen im Produktentwicklungsprozess	47
Festlegung von Werten und Regeln in der Produktentwicklung mit den beteiligten Funktionsbereichen	47
Zentrale Festlegung einheitlicher Prozessstandards und Designregeln für die Produktentwicklung	40
Erhebung und Dokumentation von Lessons Learned, FAQs und Verbesserungsvorschlägen im Auftragsabwicklungsprozess	34
Unternehmensweit standardisierte Prozesse	33
Regelmäßige Optimierung des Auftragsabwicklungsprozesses auf Basis systematisch erhobener und aktualisierter Prozesserfahrungen	27
Persönliche Kommunikation im Produktentwicklungsprozess	20

Lesebeispiel: 67% der befragten erfolgreichen Unternehmen wenden diese Maßnahme an: Regelmäßige Schulungen zu den einheitlichen Prozessstandards und Designregeln

Quelle: Internationale Unternehmensbefragung von McKinsey

weg. Die Kehrseite: Intel kann keinem Kunden eine maßgeschneiderte Kleinserie liefern. Burger King geht dieses Problem jetzt offensiv an. Die Zentrale hat das – standardisierte – Konzept „Have it Your Way“ entwickelt: Da gibt’s den Whopper auf Wunsch auch ohne Mayonnaise oder mit doppelt Käse – maßgemacht eben.

UNTERNEHMENSKULTUR

Wenn eine Sanierung ansteht, drehen Manager an den Kosten – normalerweise. Nicht so beim dänischen Hörgerätehersteller Oticon. Der setzte in der Krise erfolgreich auf Wissensmanagement.

Häufig liegen sie wie hingefusselt neben dem Teller, hängen schon mal keck am Rock oder auf der Hose. Manchmal kleben sie sogar stückweise auf der Nase, wo der Betroffene sie am wenigsten vermutet. So ausstaffiert vermasselte Loriot, der Sketch ist unvergessen, die Liebeserklärung an sein holdes Gegenüber im Restaurant. Spaghetti – ein Albtraum für Liebhaber ordnungsgemäßer Tischkultur. Und gemeinhin ein Sinnbild für Unordnung und Wirrwarr.

Lars Kolind allerdings liebte die Nudel jenseits von Tisch und Teller. „Spaghetti", erzählte der langjährige Vorstandsvorsitzende des dänischen Hörgeräteherstellers Oticon bei seinem Abschied vor vier Jahren, „haben uns wieder an die Branchenspitze geführt."

Unternehmensprofil Oticon

Steckbrief* (2001)	
Umsatz:	470 Mio. EUR
Mitarbeiter:	~ 4.100
Standorte:	In 20 Ländern mit mehr als 80 unabhängigen Vertriebsunternehmen

Umsatzanteil nach Geschäftsbereichen* (in Prozent)	
Hearing Aids (digitale und analoge Hörgeräte)	86
Personal Communication (Kopfhörer, frequenzmodulierende Sender)	8
Diagnostic Instruments (Audiometer für Hörtest, Diagnosegeräte bei Erkrankungen der Atemwege)	6

* Zahlen für William Demant Holding Group, Muttergesellschaft von Oticon
Quelle: William-Demant-Holding-Group-Geschäftsbericht 2001, Oticon-Website

Die flexible Nudel stand Pate bei der Namensgebung für die Umstrukturierung des Unternehmens, mit deren Hilfe die Kopenhagener aus der schwersten Krise ihrer Firmengeschichte gefunden haben. Die beherzte Restrukturierung zahlte sich aus: Dank „Spaghetti-Organisation" zählen die Kopenhagener heute wieder zu den führenden Anbietern von Hörgeräten auf der Welt. Und obwohl die Oticon-Chefs manche allzu eindimensionale Übertreibung wieder zurückstutzten, gilt der Hörgerätebauer als Vorbild für innovatives Wissensmanagement.

Im Laufe der achtziger Jahre hatte sich der High-Tech-Produzent an den Rand des Abgrunds manövriert. Der Marktanteil war von 16 auf 4 Prozent gesunken, der Vorsprung von Oticon als weltweit größter Hersteller von Hörgeräten in nur einer Dekade verspielt – obwohl das Unternehmen keine einschneidenden technischen Neuerungen verpasst hatte. Das Kernproblem: Oticon produzierte am Kunden vorbei, denn die Geräte waren nicht klein und handlich genug. Die technischen Spitzenkräfte, die Helden des Hauses, gaben in strenger Hierarchie den Ton an und wurden mit vielfältigen Privilegien belohnt. Der Firmenaufbau war rein funktional, die in mehr als neunzig Jahren gewachsene Unternehmenskultur und das beinahe unerschütterliche Selbstverständnis der Mitarbeiter ließen eine offene Kommunikation kaum zu. Folge: Die veränderten Marktanforderungen wurden nicht richtig erkannt oder nicht konsequent umgesetzt.

Wissensmanagement-Ziele im Veränderungsmanagement von Oticon

- Mit neuem Wertesystem Vertrauen und Offenheit für freien Wissensfluss gewährleisten
- Vielfältiges Expertenwissen in ein komplexes Produkt integrieren
- Dynamik und Kreativität der Wissensträger im Unternehmen steigern

Quelle: McKinsey-Wissensmanagement-Team

Sanierung à la Spaghetti – das Erfolgsrezept der Dänen war eine Radikalkur, verordnet von Lars Kolind bei seinem Amtsantritt als Vorstandsvorsitzender. Das Organigramm der High-Tech-Firma gleicht heute jenem vielfach verschlungenen Nudelgeflecht, aufgeteilt in drei Portionen anhand der Geschäftsbereiche Advanced, High Volume und Technology. Die Privilegien sind abgeschafft, die Gebote lauten: permanente Rotation der Mitarbeiter, durchlässige Projektorganisation, Informationstransfer in fein gewobenen IT-Netzwerken, weit reichende Eigenverantwortlichkeit, offene Kommunikation und kreatives Management. Das Wissen des Unternehmens ist in Fluss geraten, strömt stärker denn je und sucht sich selbst regulierend auch neue Wege, wenn die gewohnten versperrt sind. Oticon ist wieder einer der Stars an der Kopenhagener Börse. Oticons Muttergesellschaft William Demant steigerte von 1995 bis 2002 den Aktienkurs um das Achtfache.

Doch der Weg zum Erfolg war mühsam, begleitet von Skeptikern innerhalb und außerhalb des Hauses. Wie der energische Vorstandschef Lars Kolind alle Hindernisse überwand, kann als Vorbild für andere Manager gelten, die vor der gleichen Aufgabe stehen: ein Unternehmen mit eingefahrenen Abläufen, eine Belegschaft mit überlieferter Arbeitsteilung ganz neu aufzustellen.

Kolind war Ende der achtziger Jahre, auf dem Tiefpunkt der Entwicklung von Oticon, zum CEO ernannt worden. Der charismatische Manager erkannte rasch, dass Erfahrungen und Wissen aus neunzig Jahren Firmengeschichte der wertvollste Aktivposten des Unternehmens waren. Denn wer technische Kompetenz und Marktkenntnisse zusammenbringt, hat Erfolg: Im Geschäft mit Hörgeräten entscheiden Innovationen den Kampf um Marktanteile. Der Preis steht erst an zweiter Stelle. Eine neue Produktfamilie beschert dem Hersteller in den ersten eineinhalb Jahren ein Wachstum von 12 bis 15 Prozent.

Das Know-how war bei Oticon vorhanden – aber wie ließ es sich in erfolgreiche Produkte umsetzen? Erst mit einem radikalen Einschnitt konnte der Vorstandschef den Wandel zum wissensorientierten Unternehmen schaffen. Er setzte eine Taskforce daran, ein neues System der Zusammenarbeit zu entwickeln, in dem das Wissen sich besser entfalten und so dem Unternehmen größeren Wert stiften kann. Mit gehörigem Mut und viel Kreativität entwickelte das Team die Spaghetti-Organisation, die das alte System von Hierarchien und Abteilungsdenken ersetzte. Kolind bestärkte seine Taskforce darin und war schließlich selbst einer der kreativen Köpfe, die die innovative Struktur definierten.

Statt eines Titels ziert der Kopf des Mitarbeiters die Visitenkarte

Das größte Hemmnis für den Wandel bildete dabei die über Jahre gewachsene Unternehmenskultur. Werte und Einstellung der Mitarbeiter im Unternehmen haben ein großes Beharrungsvermögen. Ein Unternehmen als soziales Gefüge bindet die Mitarbeiter in unterschiedliche Rollen ein, mit denen sie sich identifizieren. Jeder sucht sich eine bestimmte Stellung in der Gruppe. Wird dieses System aufgelöst, fühlen sich viele Mitarbeiter unsicher und orientierungslos. Dies müssen die Initiatoren eines umfassenden Veränderungsprozesses unbedingt berücksichtigen. Es bedarf also zum einen eines aufrüttelnden Impulses, um das System überhaupt erst in Bewegung zu bringen. Zum anderen ist es aber auch notwendig, neue Werte anzubieten, an denen sich die Mitarbeiter künftig orientieren können.

Um bei Oticon den Abschied vom alten Hierarchiedenken zu demonstrieren, inszenierte Kolind ein ebenso spektakuläres wie symbolhaftes Schauspiel. Die alte, konservative Kultur hatte sich in bedeutungsvollen Titeln, der Größe und Ausstattung der einzelnen Büros und der Parkplatzzuweisung widergespiegelt. Um den Mitarbeitern den Wandel plastisch vor Augen zu führen, wurden alle mondänen Möbelstücke intern versteigert. „Dass dabei die goldene Wanduhr aus dem ehemaligen Geschäftsführungsbüro in den Besitz eines Marketingmitarbeiters überging, machte schon einen starken Eindruck auf die gesamte Belegschaft", erinnert sich ein Oticon-Kollege. Auch die hierarchischen Titel Abteilungs-, Bereichs- oder Projektleiter verschwanden. Heute gibt es keine Titel mehr auf den Visitenkarten der Oticon-Mitarbeiter. Stattdessen ziert häufig das Konterfei des Mitarbeiters die Visitenkarte. Die Person steht eben bei Oticon im Mittelpunkt. Und diese lässt sich durch das Bild auf der Karte als Ansprechpartner schnell identifizieren und schafft zudem einen persönlichen Bezug, auch wenn man diesem Gesprächspartner erst einmal begegnet ist.

Mit diesem Paukenschlag erschütterte Kolind das alte Gefüge. Und er pflanzte gleichzeitig eine neue Philosophie in die Köpfe der Mitarbeiter ein. Ganz ohne Reibungsverluste ging das natürlich nicht. Mitarbeiter, die mit der neuen Ordnung nicht zurechtkamen oder -kommen wollten, verließen das Unternehmen – im Jahr 1992 immerhin 25 Prozent der Belegschaft. Der Effekt war im Rahmen der Sanierungsanstrengungen durchaus erwünscht, entlasteten doch die Abgänge das Unternehmen bei den Personalkosten und halfen so auf dem Rückweg in die Profitabilität.

Doch die Abwanderung barg auch eine Gefahr: Eine zu hohe Fluktuation hätte die wichtigste Ressource des Unternehmens bedrohen können, wenn nämlich wertvolles Wissen mit den Mitarbeitern abgeflossen wäre. Daher sorgte das Management schleunigst für ein neues Bezugssystem, das an die Stelle von Hierarchien und Privilegien trat. Für die Neuorientierung bot es Unternehmensleitlinien und Werte an, die zusammen mit der Belegschaft entwickelt und in zahlreichen Workshops immer weiter in die Organisation hineingetragen und hinterfragt worden waren. Im Mittelpunkt steht nun die klare Ausrichtung aller Überlegungen an den Kundenbedürfnissen.

Diskussionen mit den Mitarbeitern sind das Rückgrat einer flexiblen Organisation

In den Workshops wurde auch das Verständnis der Mitarbeiter von ihrer Rolle im Unternehmen neu definiert. Verantwortung übernehmen, Vertrauen zeigen und kooperieren sowie Eigeninitiative entfalten lauten jetzt die Vorgaben. Die neue Organisationsstruktur basiert auf der Kommunikationsbereitschaft und dem Engagement jedes Einzelnen. Damit diese Werte auch wirklich gelebt werden, stehen sie immer wieder auf dem Prüfstand. In zweitägigen Workshops außerhalb der Oticon-Geschäftsräume diskutiert das Management regelmäßig mit allen Mitarbeitern die Vision, die Spielregeln der Zusammenarbeit und auch die strategischen Ziele des Unternehmens. So entwickelt sich das Rückgrat der flexiblen Organisation dynamisch weiter. In der Diskussion wird die Mannschaft auf die gemeinsamen Werte eingeschworen. *People First* ist die Kernaussage der Unternehmensphilosophie – sowohl in Bezug auf die Kunden als auch im Umgang miteinander. Um die besten Lösungen für Gehörgeschädigte zu entwickeln, bedarf es der gemeinsamen Anstrengung aller. Dabei steht natürlich der Austausch von Wissen an erster Stelle.

Diese hohen Erwartungen an die Belegschaft balanciert das Management mit Entgegenkommen. Beispielsweise schaut es den Mitarbeitern nicht durch eine penible Zeiterfassung auf die Finger. Auch der freie Zugriff auf die Daten des Unternehmens zeugt von dem Vertrauen, das das Management ganz selbstverständlich in alle Oticon-Mitarbeiter setzt. „Man braucht schon einen ziemlich triftigen Grund, um irgendwelche Daten oder Vorgänge nicht für alle zugänglich zu machen“, erklärt ein Projektleiter. So werden durch wenige symbolträchtige Maßnahmen die Grundwerte im Unternehmen zum Leben erweckt.

Die Bedeutung dieser unternehmenskulturellen Voraussetzungen wird häufig in den Unternehmen unterschätzt. Selbst wenn nicht sofort das gesamte Unternehmensgefüge umgekrempelt werden soll, müssen in jedem Fall zunächst Impulse für die Veränderungsbereitschaft im Unternehmen gesetzt werden. Dazu muss nicht gleich das Inventar der Chefbüros versteigert werden.

Das ganze Unternehmen ist in Projekten organisiert

Die verabredeten gemeinsamen Werte schaffen die Voraussetzung für die wichtigste Zutat zur dänischen Spaghetti-Spezialität – die durchgängige Projektorganisation. „Wir arbeiten permanent auf Projektbasis", erklärt Jan Christensen, Team Leader der Advanced Group. „Jedes Projektteam kann aus bis zu 30 Mitgliedern bestehen und verfügt über alle Fachkenntnisse, um das Projekt erfolgreich abzuschließen". In den Mannschaften ist das Wissen aus verschiedensten Disziplinen – vom Maschinenbau über Akustik, Programmierung, Marketing und Chemie bis hin zur Fertigung – versammelt. Damit orientiert sich die Organisationsform allein am Wissensbedarf für den erfolgreichen Projektabschluss.

Ein Hörgerät ist ein komplexes System, das nur durch das Zusammenspiel des geballten Expertenwissens der Beteiligten entwickelt werden kann. Durch die interdisziplinäre Zusammenarbeit von Spezialisten aus jedem Fachgebiet – ob Akustik oder Elektronik – stellt Oticon sicher, dass kein Wissen an Abteilungsbarrieren hängen bleibt. Damit die Oticon-Mannschaft dabei den Markt nicht aus den Augen verliert, diskutiert der Marketingmitarbeiter mit dem Produkt- und Verfahrensentwickler mögliche Produktkonzepte. So ist auch das Wissen über Markt- und Kundenanforderungen direkt präsent.

Denn nur die persönliche Präsenz der Kundenkenner garantiert, dass die Marktanforderungen wirklich ernst genommen werden. Das belegt das Beispiel eines japanischen Konsumgüterherstellers. Der hatte zwar das Wissen über die europäischen Marktanforderungen durch die Vertriebsmitarbeiter in den europäischen

Niederlassungen in einer gemeinsamen Datenbank zusammentragen lassen. Dieses Wissen wurde jedoch von den japanischen Entwicklern beim Produktdesign für den europäischen Markt kaum genutzt. Prototypentests in den europäischen Niederlassungen mit Kunden offenbarten die falsche Einschätzung der kulturellen Erfordernisse. Erst als die europäischen Vertriebsmitarbeiter ihre Erfahrungen in gemeinsamen Workshops persönlich mit den Designern und Entwicklern diskutieren konnten, setzte sich der „europäische Stil" im veränderten Design durch.

Das Beispiel zeigt: Ein großer Teil des Wissens in einem Unternehmen lässt sich nicht einfach dokumentieren und als Handbuch oder Datenbankeintrag für andere Nutzer verfügbar machen. Auch das Erfahrungswissen, das dem Projektleiter hilft, geringfügige Verzögerungen im Projektplan richtig zu interpretieren und aus seinem Erfahrungsschatz bereits erlebter Projektverzögerungen effiziente Gegenmaßnahmen einzuleiten, kann nicht als Schriftsatz in der Organisation verteilt werden. Ebenso wenig wie die Erfahrungen eines Verfahrensentwicklers bei Oticon, der bereits bei der vorherigen Produktgeneration die Testläufe in der kleinen Pilotfabrik, die Tür an Tür mit dem Großraumbüro auf einem der Stockwerke installiert ist, durchgeführt hat. Die Handhabung der verschiedenen Werkzeuge und Vorrichtungen sind ihm so vertraut, dass er die Vielzahl von Einflussfaktoren und Wechselwirkungen wahrscheinlich gar nicht umfassend beschreiben könnte. Seine Erfahrungen sind an seine Person gebunden und werden durch die Mitarbeit in immer wieder anderen Projekten dem Unternehmen zur Verfügung gestellt.

Die Oticon-Projektteams profitieren auch von der unterschiedlichen Problemlösungskompetenz der versammelten Fachbereichsvertreter. Ein Betriebswirt, ein Ingenieur und ein Informatiker gehen Aufgaben auf Grund ihrer unterschiedlichen fachspezifischen Ausbildung ganz verschieden an. Da ist allemal ein Ansatz dabei, der aktuelle Probleme löst. Dabei haben die Teams alle Freiheiten. Allerdings haften sie auch für Flops: Sie tragen die volle Ergebnisverantwortung. Freiheit plus Verantwortung bereiten den Nährboden für marktfähige Innovationen.

Nicht jeder Mitarbeiter ist für diese Art von Arbeit geeignet. Kontaktfreude und Offenheit sowie Kommunikationsbereitschaft sind wichtige Kriterien für die Einstellung. Da jedes Projekt auf der Auskunftsbereitschaft der Beteiligten basiert, fallen „schwarze Schafe“, die sich der Kommunikationskultur entziehen, schnell auf. Dabei ist es oft allzu menschlich, die permanente Wissensweitergabe zu Gunsten der konzentrierten Arbeit an einem kniffligen Problem zu vernachlässigen. „Manchmal ist es schon sehr anstrengend, wenn man permanent bei der Arbeit unterbrochen wird“, gibt ein Verfahrenstechniker zu. Kommt jedoch der Wissensfluss ins Stocken, schalten sich die Projekt- oder Gruppenleiter ein. Sie suchen dann das Gespräch mit dem Mitarbeiter, ermahnen ihn zu Kommunikation und Offenheit. Aber das wird selten nötig, da bei Oticon jeder weiß, worauf er sich einlässt. Die Einsicht, dass nur Kooperation und gegenseitige Hilfe zum Erfolg führen, ist inzwischen Allgemeingut.

Bei der Zusammensetzung der Projektteams setzt Oticon auf die selbst regulierenden Kräfte der Organisation. Für neue Ideen, die Mitarbeiter einbringen (und die natürlich auch gefordert werden), müssen sich die Ideengeber ihre Projektteams selbst zusammenstellen. Das heißt, dass jeder ambitionierte Mitarbeiter seine Projektidee im Haus selbst vermarkten muss, um ein Team zusammenzubekommen. Bei Oticon gibt es einen internen Arbeitsmarkt, der mehr nachfrage- als anbietergetrieben ist, da in der Regel mehr Projektideen als Mitarbeiter vorhanden sind. Auf Grund der knappen Kapazitäten heißt das natürlich, dass vor allem die Spezialisten umworben werden. Darum muss der Ideengeber seine Wunsch-Teammitglieder motivieren und begeistern. Dabei hilft natürlich das informelle Netzwerk, das sich die Mitarbeiter weben.

Als erstes muss der Ideengeber jedoch die Gruppenleiter vom Nutzen der Innovation überzeugen, um sich so Unterstützung und Freiräume zu schaffen. In der Regel werden Mitarbeiter, die eine viel versprechende Idee einbringen, auch als Projektleiter vorgesehen – denn auch Oticon kommt in der Realität natürlich nicht ohne Hierarchien aus. „Da schauen wir als Gruppenleiter natürlich schon darauf, ob der Einzelne dieser Aufgabe auch gewachsen ist", räumt Søren Nielsen, Team Leader der Technology Group ein. „Aber wir kennen die Stärken und Schwächen der Mitarbeiter und wissen, wo Unterstützung notwendig ist."

Die Vernetzung der Wissensträger fördert den Erfolg der Projekte

Die Digitalisierung hat das Geschäft mit Hörgeräten zu einem der stärksten Wachstumsmärkte im Bereich der Medizinprodukte gemacht: Immer kleiner und immer leistungsstärker werden die Hörhilfen, für die Schwerhörige zwischen 1.500 und 2.000 Euro bezahlen. Oticon ist in drei Geschäftsbereichen organisiert: High Volume bedient den Massenmarkt, Advanced bringt Spitzenprodukte, und Technology leistet die technologische Vorentwicklung.

Jeder dieser Bereiche wird von zwei Leitern koordiniert, die für das Gesamtergebnis verantwortlich sind. Die Mitarbeiter rotieren fortlaufend zwischen allen drei Projektkategorien. So baut jeder Einzelne sein Wissen weiter aus, bringt es gleichzeitig in die verschiedenen Projekte ein und vermittelt es den anderen Teammitgliedern. Damit werden aber nicht nur Synergieeffekte zwischen den Projekten genutzt. Die Mitarbeiter erhalten auf diese Weise Kenntnis der gesamten Produktpalette und können daraus wieder Ideen für Verbesserungen entwickeln.

Zusätzlich fördert dieser Arbeitsfluss die Bildung persönlicher Netzwerke. Ohne aktives Networking würde die Spaghetti-Organisation nicht funktionieren. Fehlen in einem Projekt spezielle Kenntnisse, wird das informelle Netzwerk aktiviert. „Entweder man kennt jemanden, der sich damit schon beschäftigt hat, oder der Ansprechpartner kennt jemand anderen, der sich damit auskennt", erläutert ein Mitarbeiter. Schließlich läuft man sich in der Kopenhagener Zentrale über den Weg und verabredet sich zum Gespräch an einer der Kaffeetheken, die in jedem Stockwerk aus der Schreibtischlandschaft herausstechen.

Das Firmenhauptquartier ist ganz auf Begegnungsstätten zugeschnitten. „Die Fahrstühle in unserem Gebäude werden nur von gesundheitlich gehandikapten Kollegen genutzt. Die zentralen Verbindungen zwischen den Stockwerken sind die Wendeltreppen", stellt Jan Christensen fest. Auf diesen geräumigen Verkehrsadern herrscht immer reger Betrieb. Kollegen begrüßen sich herzlich, plaudern kurz über die Ergebnisse des letzten Produkttests oder verabreden sich zur Pause an einer der Kaffeetheken. Bei einem informellen Plausch diskutieren sie dann die Probleme und mögliche Lösungen. So wird auf dem „kurzen Dienstweg" das notwendige Wissen ins Projekt hineingetragen.

Nicht die Hierarchie entscheidet, sondern die Kraft der Argumente

Eine leistungsfähige IT-Infrastruktur stellt sicher, dass die Oticon-Mitarbeiter stets von jedem Arbeitsplatz aus auf ihre persönlichen Daten zugreifen können. „Unsere Mitarbeiter arbeiten ständig in anderen Teams", erläutert Søren Nielsen, „da können sie nicht bei jedem Umzug Berge von Unterlagen und Ordnern umräumen." Viele Schreibtische sind zu Gruppen zusammengestellt, Kollegen beugen sich über Modelle von Hörgeräten oder betrachten Prototypen auf den Computerbildschirmen. In Gruppen diskutieren sie technische Details.

Bei dieser offenen Gesprächskultur bleiben natürlich auch Meinungsverschiedenheiten nicht aus. Nicht die Hierarchie entscheidet, sondern die Kraft der Argumente: Vor der Entscheidung steht die – oft genug konträre – Diskussion. Da zählt auch die Meinung des Projektleiters zunächst einmal nicht mehr als die des neu eingestiegenen Softwareentwicklers. Damit die Diskussionsfreude nicht den Projektfortschritt stoppt, ist die Hierarchiefreiheit letztlich doch eingeschränkt: Wenn es konkurrierende Ansätze gibt, die die streitenden Parteien unbedingt durchbringen wollen, liegt die endgültige Entscheidung beim Projekt- oder Gruppenleiter. „Das kommt allerdings sehr selten vor", schwächt Jan Christensen ab. „Neben der Kommunikation ist schließlich auch die Ergebnisorientierung ein wichtiger Bestandteil der Projektkultur. Da gibt es keine Grabenkämpfe, sondern alle suchen gemeinsam nach der Lösung."

Auch die Einrichtung von Profession Groups unterstützt die intensive Vernetzung unterschiedlicher Wissensträger bei Oticon. Eine Profession Group bilden beispielsweise die Softwareentwickler, die sich regelmäßig zusammensetzen, um Wissen zu ihrem Spezialgebiet auszutauschen und neue Entwicklungen zu diskutieren. Es werden auch selbst organisierte Initiativen angestoßen, um neue Forschungsgebiete zu besetzen und das fachliche Know-how zu vertiefen. So wirken die Mitarbeiter selbst einer fachlichen Einseitigkeit durch die permanente Projektarbeit entgegen und treiben den Ausbau der Wissensbasis bei Oticon voran. Jede Gruppe wird von einem Profession Group Leader geleitet, der als fachlicher Coach fungiert. Dieser fördert die Weiterentwicklung des Wissens in seiner Disziplin gemeinsam mit der Gruppe. Er ist dafür verantwortlich, dass alle strategischen Wissensbereiche in seinem Fach besetzt sind und Oticon keine Entwicklung im Forschungsgebiet verpasst.

Weil alle Experten im selben Gebäude sitzen, ist bei Oticon der persönliche Austausch einfach. Größere Organisationen, deren Experten weltweit verteilt sind, stehen da vor Problemen. Dann ersetzt ein Intranetforum, in dem die Mitglieder einer Community of Practice ihr Fachwissen austauschen und weiterentwickeln, den Austausch an der Kaffeetheke.

Ein US-amerikanisches High-Tech-Unternehmen kennt Erfolgsfaktoren und Risiken dieser IT-basierten Lösung. „Um das weltweit verteilte Wissen unserer Experten effizient zu nutzen, setzen wir konsequent auf den Einsatz von IT", erläutert der Initiator der firmeninternen Knowledge Management Community of Practice. Zunächst war es schwierig, Sympathie für die Möglichkeiten dieses Mediums zu wecken. „Ich bin durch die ganze Welt gereist und habe die Möglichkeiten und Handhabung des Intranetforums persönlich vorgestellt. Am Ende waren die Experten begeistert."

Ein solches Forum dient zwei Zielen. Zum einen wird das weltweit verteilte Expertenwissen zu einzelnen Themengebieten zusammengetragen und für alle anderen in der Wissensdatenbank transparent gemacht. Zum anderen fördern sie die Bildung von persönlichen Netzwerken. Einmal im Jahr treffen sich die Practice-Mitglieder aus aller Welt persönlich und diskutieren dann nicht online, sondern von Angesicht zu Angesicht. „Man kann sich mit jemandem, den man persönlich kennen gelernt hat, auch online besser verständigen", stellt der Practice-Chef fest. „Außerdem sinkt die Hemmschwelle, bei einem akuten Problem auch einfach zum Telefonhörer zu greifen und den Kollegen in Brasilien oder Malaysia anzurufen."

Bewerber entscheiden sich ganz bewusst für die unkonventionelle Firmenkultur

Damit die Spaghetti-Organisation funktioniert, steht bei Oticon der Mitarbeiter im Zentrum. Über die Leitlinien und Werte des Unternehmens definiert das Management seine Erwartungen an die Beschäftigten: Es wünscht sich interessierte und engagierte Mitarbeiter, die sich weiterentwickeln, Verantwortung übernehmen und auch im kritischen Dialog mit dem Management Oticon voranbringen wollen. Ebenso setzt Oticon die Akzeptanz der hierarchiefreien Unternehmenskultur, den Willen zur Eigeninitiative und die Bereitschaft zu Kommunikation und kooperativer Zusammenarbeit voraus – eben alle Zutaten, die das Rezept für die Spaghetti-Organisation vorsieht. Dies sollte auch potenziellen Bewerbern klar sein: „Auf das Verständnis dieser Werte und Leitlinien lege ich in Bewerbungsgesprächen sehr viel Wert“, erklärt Jan Christensen. „Sie bilden die Basis für unsere flexible Organisation. Wer sich damit nicht identifizieren kann, hat es schwer bei uns.“

Dabei ist die Fluktuation bei Oticon gering. Neue Mitarbeiter entscheiden sich ganz bewusst für die besondere Unternehmenskultur und Arbeitsweise. Der dänische Hörgerätehersteller ist für sein unkonventionelles Vorgehen weit über die Landesgrenzen hinaus bekannt und gilt als sehr attraktiver Arbeitgeber. „Über mangelnden Nachwuchs können wir uns wirklich nicht beschweren“, freut sich Christensen. Mit den Werten, die Oticon propagiert, können sich viele Bewerber identifizieren. Dass sie sich auch an diesen Werten messen lassen müssen, ist für ambitionierte Kandidaten kein Problem. „Was unsere Spezialisten treibt, ist ein hohes eigenes Anspruchsdenken und der Wille, die nächsthöhere Herausforderung immer wieder anzunehmen“, erklärt Christensen. „Bei uns gibt es keine klassische Laufbahn. Die Spezialisten wollen an immer anspruchsvolleren Themen und wichtigeren Projekten arbeiten.“

Die Unternehmenswerte und Leitlinien bilden auch die Basis der jährlichen Mitarbeiterbeurteilungen, die von den Projektleitern vorgenommen werden. „Zur Beurteilung eines Mitarbeiters unterhalte ich mich mit zehn Kollegen, die im vergangenen Jahr mit ihm zusammengearbeitet haben. Dabei lege ich kein ausgeklügeltes Bewertungssystem zu Grunde. Bei den qualitativen Werten wie Kommunikation und Eigeninitiative geht es sowieso um subjektive Einschätzung. Da würde man mit einer Bewertungsskala nur Objektivität vortäuschen“, sagt Christensen. Im Gespräch diskutiert er mit dem Mitarbeiter offen über dessen Schwächen und Entwicklungspotenzial. Feedback zur Projektleitung und Unternehmensstruktur ist dabei ausdrücklich erwünscht.

Damit sich Neulinge besser zurechtfinden, wird jedem ein Mentor zugewiesen. Dieser hilft dem Neuen, den Betrieb kennen zu lernen, und ist Ansprechpartner für alle Fragen zu Ablauf und Organisation. Außerdem macht er den Einsteiger mit den Mitgliedern seines eigenen Netzwerks bekannt. Einen Überblick über die gesamte Wissensbasis des Unternehmens erhält der Neuling durch die Teilnahme an einem Treffen der verschiedenen Profession Groups. Hierbei steht natürlich nicht die Wissensaufnahme im Vordergrund. Vielmehr soll der Neue die Gesichter der Kollegen mit ihren Spezialgebieten in Verbindung bringen. Dann kennt der Einsteiger bereits eine Reihe von Schlüsselpersonen, durch die er sich den Wissensschatz des Unternehmens erschließen kann.

Mitarbeiter können nur dann effektiv für das Unternehmen arbeiten, wenn ihnen das in der Organisation vorhandene Wissen zugänglich ist. Und das nicht nur bei einem Unternehmen wie Oticon, das besonders intensiv auf den persönlichen Kontakt der Wissensträger setzt.

Darf es eine Portion mehr sein? oder: Die Grenzen der Spaghetti-Organisation

Auch die unkonventionelle Spaghetti-Organisation bei Oticon braucht aber natürlich Regeln und Standards. Sie setzt schließlich die Grundlagen effizienter Geschäftsführung nicht außer Kraft. Standardisierte Prozesse bilden trotz der spontanen Zusammenarbeit aller Mitarbeiter das Grundgerüst der Projektarbeit. „Sie hätten erleben sollen, wie perplex die Mitarbeiter der ISO (International Organization for Standardization) waren, als sie hier vergeblich nach traditionellen Organisationsstrukturen und räumlichen Anordnungen suchten", sagt Søren Nielsen. „Unsere Spaghetti-Organisation ist für den Besucher auf den ersten Blick immer seltsam. Doch die Zertifizierung nach ISO 9001 war kein Problem." Denn im Produktentwicklungsprozess bei Oticon sind ganz klare Meilensteine definiert. Anhand umfassender Checklisten wird überprüft, ob das Projekt in die nächste Phase eintreten kann. Dabei stehen auch die Checklisten immer wieder auf dem Prüfstand. Alle Projektverantwortlichen diskutieren Änderungen der Standards, bevor diese Einzug in die Checklisten halten. „Innerhalb einer Entwicklungsphase sind die Abläufe sehr flexibel und haben keine feste Struktur. Entscheidend ist, ob beim nächsten Meilenstein-Meeting das gesteckte Ziel erreicht ist", erklärt Nielsen. „Das gibt dem Team die Möglichkeit, nach neuen Wegen zu suchen und ihre Talente optimal einzusetzen." Damit schafft Oticon den Balanceakt zwischen Kreativität und Standardisierung, zwischen unkonventionellen Lösungen und bewährten Rezepten.

Zurzeit stellt das Wachstum noch kein Problem für die Verantwortlichen bei Oticon dar. Das Konzept des informellen Umgangs und der persönlichen Zusammenarbeit der 300 Mitarbeiter im Kopenhagener Projekthaus am Strandvejen ist sehr erfolgreich.

Durch die flexible Büroorganisation und die gut ausgebaute IT-Infrastruktur lassen sich neue Teams schnell und unproblematisch zusammensetzen. „Wir sind in der Lage, 80 Mitarbeiter innerhalb von 24 Stunden an andere Arbeitsplätze zu verteilen", stellt der Leiter der High Volume Group fest. Das geht natürlich auf Kosten der konventionellen „Gummibaum-Kultur" in herkömmlichen Büros. „Wenn Mitarbeiter es sich an ihrem Schreibtisch mit Grünpflanzen und Dekoration zu heimisch und gemütlich machen, ist das ein Indikator dafür, dass wir wieder etwas verändern müssen", sagt Nielsen. „Unser System basiert auf Dynamik und Flexibilität. Das müssen wir unbedingt lebendig halten."

Aber wann wird die Spaghetti-Portion zu groß, um sie den selbst organisierenden Kräften überlassen zu können? „Als wir anfingen, uns so zu organisieren, waren 50 Mitarbeiter in Projekte eingebunden. Heute arbeiten wir mit denselben Prinzipien und integrieren fast 200 Mitarbeiter in die Teams", erläutert Christensen. „Und wenn die Spaghetti-Portion zu groß wird, lässt sie sich wieder in kleinere Portionen aufteilen." Denn grundsätzlich lassen sich die Wissenspotenziale natürlich auch auf Bereichs- oder Abteilungsebene heben.

Entscheidend ist in jedem Fall nicht die Größe der Spaghetti-Portion, sondern der Umgang damit –, und da haben es die Teams von Oticon zu einiger Geschicklichkeit gebracht. Ihre Resultate sprechen für sich – neben dem Teller, auf der Hose oder gar im Gesicht landet da wenig. Loriot wäre am Kopenhagener Strandvejen niemals auf die Idee zu seinem Sketch gekommen.

ANREIZSYSTEME

Nur Teamspieler machen Karriere

Beratungsunternehmen leben von Wissen – deshalb gehen sie mit dieser Ressource traditionell systematisch um. Wie McKinsey das Wissen seiner Mitarbeiter managt.

Wie lange werden Autos noch über Bremsflüssigkeit und Hydraulikzylinder gebremst? Wird afrikanisches Eisenerz auch in zehn Jahren noch per Lastwagen in separate Anlagen zum Zerkleinern gefahren oder wird das Gestein dann direkt in der Grube zermahlen? Und was bedeutet das für die Nachfrageentwicklung von Förderbändern für den Bergbau?

Die Antworten auf diese Fragen müssen schnellstmöglich gefunden werden, denn eine Private-Equity-Firma hat McKinsey beauftragt, die Businesspläne eines Unternehmens mit 37 Geschäftsbereichen, unter anderem Förderbänder und Hydraulikschläuche, zu beurteilen. Der Finanzinvestor möchte das Unternehmen kaufen und benötigt eine verlässliche Beurteilung: Sind die Perspektiven, die der Verkäufer aufzeigt, realistisch? Das McKinsey-Team steht vor der Aufgabe, die verfügbaren Informationen über die Entwicklung von 37 verschiedenen Branchen zusammenzutragen, zu bewerten und mit den Annahmen in den Businessplänen abzugleichen. Allein kann die dreiköpfige Beratergruppe vor Ort diese Aufgabe unmöglich lösen. Doch alle erforderlichen Informationen und alles zur Beurteilung nötige Wissen stecken irgendwo in der globalen Organisation von McKinsey. 76 Jahre Managementberatung, 82 Büros rund um den Globus, 7.000 Berater plus 5.400 Support-Staff-Mitarbeiter im Back Office – eine gewaltige Wissensmaschine. Beratungsunternehmen leben von dieser Ressource, deshalb kommt es bei McKinsey entscheidend darauf an, das explizite und implizite Wissen der Organisation jederzeit für jeden Berater im Klienteneinsatz verfügbar zu machen – eine klassische Aufgabe des Wissensmanagements.

Das Kapital des Unternehmens sind seine Mitarbeiter. Dabei stellen die Besonderheiten des Beratungsgeschäfts das Management vor zusätzliche Probleme: Wie kann die Organisation

Unternehmensprofil McKinsey

Steckbrief (2001)	
Umsatz:	3,3 Mrd. EUR
Mitarbeiter:	~ 7.000 Berater
Standorte:	82 Büros in 41 Ländern

Klientenbasis
Etwa 45 der 100 größten deutschen Unternehmen
Etwa 360 der Fortune 500

Quelle: McKinsey

jedes Jahr bis zu 30 Prozent neue Mitarbeiter in eine ausgeprägte Unternehmenskultur integrieren? Wie orchestriert sie allein in Deutschland mehr als tausend ehrgeizige, karrierebewusste Berater so, dass sie miteinander die beste Lösung für die Klienten erarbeiten, anstatt sich im internen Wettbewerb zu verschleißen? Wie überzeugt man sie, dass es besser ist, im Team zu arbeiten, als eine eigene Machtbasis aus ungeteiltem Wissen aufzubauen und nur auf den eigenen Vorteil bedacht zu sein?

Die Antwort liegt in einem ausgewogenen und ständig neu justierten System aus gemeinsamen Werten (Guiding Principles). Diese leiten sich aus der Mission ab, welche zwei Aufgaben formuliert: zum einen den besten Service für Klienten zu bieten, zum anderen eine Institution zu formen, die für außergewöhnliche Talente attraktiv ist. Deshalb verfügt McKinsey heute über klar definierte Karrierepfade und eine Kultur intensiven Feedbacks zur Entwicklung eines jeden Mitarbeiters, untermauert von moderner Infrastruktur mit umfangreichen und intensiv gepflegten Datenbanken. Mitarbeiter unterliegen von Anfang an einem rigorosen Bewertungsprozess, der sie bis in die obersten Stufen der Laufbahn begleitet. Beiträge zur Wissensgenerierung und -teilung haben großes Gewicht bei der Beurteilung – Wissen schaffen und verbreiten wird honoriert.

Bereits bei der Auswahl seiner potenziellen Mitarbeiter achtet das Beratungsunternehmen darauf, wie aufgeschlossen sie in ihrem bisherigen Leben waren. Haben die Bewerber ihr Studium oder ihre Praktika in verschiedenen Ländern absolviert, zeigten sie auffälliges Engagement auch in Bereichen außerhalb ihres Hauptstudiums, gab es erfolgreiche andere Aktivitäten? Heute arbeiten bei McKinsey Berater, die schon als Studenten ein eigenes Unternehmen gegründet, per Rucksack eine Weltreise unternommen oder soziale Einrichtungen unterstützt haben. Auch ein Theaterintendant und der Gewinner einer olympischen Goldmedaille befinden sich unter den Mitarbeitern.

Wissensmanagement-Ziele im Wissensunternehmen McKinsey

- Für Klienten das beste Wissen und geeignete Mitarbeiter im Team organisieren
- Mitarbeiter mit unterschiedlichstem Background fit für den Job machen
- Netzwerke für den Wissensaustausch schaffen

Quelle: McKinsey-Wissensmanagement-Team

Ständiges Feedback begleitet die Mitarbeiter auf ihrem Karriereweg

Nach dem Einstieg arbeitet ein Hochschulabsolvent als Associate sofort in einem Team mit zwei bis vier Kollegen. Am Ende des ersten Klientenengagements, spätestens jedoch nach vier Monaten, findet das EPR (Engagement Performance Report) statt, eine formelle Beurteilung durch den Teamleiter. Von da an erfolgt alle vier Monate ein solches formelles EPR und außerdem werden laufend informelle Feedbacks unter den Teammitgliedern ausgetauscht. Nach etwa einem Jahr Firmenzugehörigkeit diskutiert das Professional Personnel Committee (PPC), bestehend aus Partnern der lokalen Büros, über die Beförderung zum Senior Associate. Der gleiche Prozess wiederholt sich nach weiteren zwei Jahren bei der Beförderung zum Teamleiter (Engagement Manager).

Der Aufwand ist hoch: Durchschnittlich drei mehrseitige EPRs für jeden der tausend Berater pro Jahr, dazu die Erarbeitung der Jahresendbewertung sowie alle ein bis zwei Jahre der Prozess der Beförderung binden einige tausend Beraterstunden. Besonders gründlich prüft das Unternehmen den Kandidaten vor der Wahl zum Partner: Der Kandidat durchläuft bis zu drei Beurteilungsrunden. Jedes Mal führt ein Partner aus dem globalen PCEC (Principal Candidate Evaluation Committee) zur Vorbereitung der Diskussion zwanzig bis dreißig Gespräche mit Kollegen, vom Senior Director bis zum jungen Associate.

Mit den Aufgaben werden auch die Feedbacks und Beurteilungen komplexer, die über Bonus und weitere Karriereschritte entscheiden. Weil Wissen in der Topmanagement-Beratung auch Dienstleistung ist, gibt es zwei Bedingungen für die positive Bewertung: Der Berater muss selbst wertvolle Expertise besitzen und diese mit möglichst vielen Kollegen teilen, entweder durch Vorträge auf internen Konferenzen oder durch interne und externe Veröffentlichungen. Diese formellen Beiträge dienen vor allem dazu, den eigenen Namen mit einem speziellen Thema zu verknüpfen. Wichtiger ist jedoch die schnelle und gezielte Antwort auf Anfragen. Nachhaltige Reputation verschafft die Hilfe für Kollegen, sei es bei der Unterstützung erster Gespräche mit einem neuen Klienten oder bei der Beratung eines Teams. Bei McKinsey ist die Bitte eines Kollegen um Unterstützung nicht lästig, sondern eine willkommene Gelegenheit, eigenes Wissen weiterzugeben – natürlich ohne vertrauliche Daten aus dem eigenen Projekt preiszugeben. Das ist eine der Grundlagen des Unternehmens: McKinsey-Berater teilen miteinander nur Wissen, das nicht klientenspezifisch ist. Wenn es um Daten oder Erfahrungen aus einer Klientensituation geht, stoßen Nachfragen an *Chinese Walls*. Bei McKinsey fließt keine wettbewerbsrelevante Information von einem Klienten zum anderen.

Von Projektleitern erwartet das Unternehmen, dass sie neue Aspekte, die sich aus ihren Projekten ergeben, für alle Kollegen dokumentieren. Besonders honoriert es Breakthrough Ideas, die neue Ansätze für die Lösung von häufig wiederkehrenden Problemen bieten und deshalb für die Kollegen von großem Nutzen sind und stark nachgefragt werden. Gleichzeitig erwartet McKinsey, dass sich ein Mitarbeiter schon nach den ersten Monaten der Firmenzugehörigkeit als Trainer engagiert, Vorträge außerhalb des Unternehmens hält oder Artikel schreibt.

Diese Unternehmenskultur bewirkt Folgendes: Wer frei nach dem Motto „Wissen ist Macht" sein Wissen hortet und nicht teilt, erhält bei McKinsey keine Erfolg versprechenden Beurteilungen. Gleichzeitig funktioniert das Nachfrageprinzip als Qualitätsfilter. Wenn Associates zwar viele Dokumente produzieren, diese aber von unterdurchschnittlicher Qualität und deshalb für die Kollegen nur von geringem Nutzen sind, bringen sie damit ihre Karriere nicht voran.

Interne Nachfrage müssen auch die Berater auf den nächsten Stufen der Karriereleiter erzeugen. Wer in der Firma dafür bekannt ist, seine Teams zu fördern, wer sein Wissen mit seinen Mitarbeitern teilt und sie so voranbringt, an dessen Projekten nehmen Associates und Teamleiter gerne teil. Ein gutes Team benötigt in aller Regel weniger Betreuung durch den Partner und schließt sein Projekt dennoch erfolgreich ab – ein klarer Pluspunkt für alle Beteiligten, natürlich auch für den verantwortlichen Betreuer.

Grundstein für den persönlichen Erfolg bei McKinsey ist der Aufbau eines eigenen informellen Netzwerkes aus erfahrenen Kollegen. Doch auch die Bereitschaft, einem nicht persönlich bekannten Kollegen weiterzuhelfen, ist meist stark ausgeprägt. Die traditionelle *One Firm Culture* von McKinsey, die Offenheit und gegenseitige Hilfe als zentrale Werte definiert, bewährt sich gerade auch bei der heutigen Größe der Firma.

Ein weltweites Netzwerk perfektioniert das „Wissensmanagement im Flur"

McKinsey arbeitet deshalb kontinuierlich an einer optimalen Kombination von „Wissensmanagement im Flur" (der personalisierten Informationsweitergabe) und einem global zugänglichen Wissensnetzwerk. Zusätzlich zur überdurchschnittlichen Offenheit und Kooperationsbereitschaft der Mitarbeiter setzt die Organisation deshalb gezielte Prozesse und ständig aktualisierte Informationssysteme ein, um Wissensbildung und -weitergabe systematisch zu fördern. Dazu gehören:

- Die Organisation der Berater und Wissensmanagement-Spezialisten in so genannten Practices, also themenbezogenen Gruppen, die sich gemeinsam um die Wissensentwicklung und -teilung in definierten Spezialgebieten kümmern (z.B. Strategie, Organisation, Marketing, Business Technology, Growth & Business Building oder Operational Effectiveness)

- Das Prinzip der Teamarbeit, nicht nur firmenintern, sondern auch in Teams mit den Mitarbeitern der Klienten

- Gezielte Forschungsprojekte, die dezentral initiiert und durchgeführt werden, meistens in direktem Bezug zu Klientenstudien (wie z.B. Telematik im Automobilbereich)

- Zusammenarbeit mit Forschungsinstituten oder Hochschulen bei der Befragung von Unternehmen oder sogar der gesamten Bevölkerung (wie in der Studie „Perspektive-Deutschland", der bislang größten repräsentativen Meinungsumfrage via Internet)

- Der Aufbau von internen und die Nutzung von externen Wissensquellen, aus denen McKinsey-Mitarbeiter stets aktuelle Informationen über Unternehmen, Märkte und ihre speziellen Fachthemen erhalten.

Die wachsende Datenfülle stellt auch McKinsey vor eine Herausforderung. Das aus vielfältigen Quellen gesammelte Wissen muss ständig klassifiziert werden, um weltweit jederzeit für alle verwertbar zu sein. Speziell ausgebildete Mitarbeiter im Bereich Research & Information (R&I) bewerten und analysieren deshalb die Informationen und Datenquellen. Klientenstudien erfahren ein Debriefing, Schlüsselerkenntnisse, so genannte *Key Learnings,* werden in Practice-Development-Dokumenten (PDs) festgehalten. Diese stellen in abstrakter Form die im Projekt angewandte Methode vor und werden in internen Datenbanken zur Verfügung gestellt und gegebenenfalls extern publiziert.

Damit beugt McKinsey Wissensverlusten vor, die durch den kontinuierlichen Abgang von Beratern entstehen könnten. Von den PD-Dokumenten profitieren gerade neue Mitarbeiter. Sie können die Daten und Methoden schnell und unkompliziert nutzen. Natürlich handelt es sich auch hier nur um Material, das nicht klientenspezifisch ist. Klientendaten werden absolut vertraulich behandelt. Außerdem dürfen Berater mindestens zwei Jahre nach Abschluss eines Projekts nicht für Wettbewerber des Klienten arbeiten.

Die gesamte Wissensbasis von McKinsey ist in einem firmenweiten Knowledge-Portal zusammengefasst, über das alle Informationen zugänglich sind. Hier finden sich alle Forschungs- und Entwicklungsdokumente sowie die wichtigsten Handbücher und Tools (insgesamt über 35.000 Dokumente, die nach Themen und Wichtigkeit geordnet sind). Durch das Portal gelangen die Berater zu einem großen Teil der McKinsey-Veröffentlichungen und zu Research-Ergebnissen. Sie finden Links zu den Websites, zu Datenbanken und sonstigen Quellen der Practices sowie Links zu internen Datenbanken, die zu verfügbarer Software führen oder zur Auflistung der freien Beraterkapazitäten. Schließlich verschafft ihnen das Knowledge-Portal Zugang zu externem Wissen wie Analystenberichten und den Diensten von Nachrichtenagenturen.

Die Wissensmanagement-Spezialisten bei McKinsey pflegen aber nicht nur die Informationsinfrastruktur. Sie beantworten dringende Anfragen und analysieren außerdem laufend Unternehmen oder spezifische Themengebiete. In den deutschen Büros von McKinsey arbeiten 80 solcher Wissensmanagement-Experten, die Spezialisten in mehr als 20 Wissensgebieten sind. Im Bereich Health Care recherchieren eine Ernährungswissenschaftlerin und eine Zahnärztin; im Bereich Automotive & Assembly ein Maschinenbauingenieur, im Bereich Economics etliche Volkswirte und Politikwissenschaftler. Weltweit arbeiten bei McKinsey rund 800 Wissensmanagement-Experten, ein Teil davon konzentriert in einem Knowledge Center in Indien. Diese Experten stehen rund um die Uhr mit ihrem Rat zur Verfügung.

Spezialisten beantworten täglich hunderte von Fragen aus allen Büros weltweit

Allein die deutschen Wissensmanagement-Experten bearbeiten pro Tag bis zu 700 Anfragen von Beratern weltweit, von denen 60 Prozent noch am gleichen Tag beantwortet werden. Jeder Berater kann grundsätzlich jeden Spezialisten ansprechen und sich den Researcher aussuchen, der am besten geeignet ist. Klientenprojekte haben bei Anfragen immer Priorität. Besteht ein Kapazitätsengpass, müssen sich Berater, die an internen Forschungsprojekten arbeiten, mit „Rohmaterial" zufrieden geben.

Anfragen können ganz spezifisch der Unternehmensanalyse (Outside-in-Analyse) z.B. eines Maschinenbaukonzerns gelten oder etwa allgemeine Erkenntnisse erbitten über die langfristigen Auswirkungen von Mergern auf den Shareholder Value. Kurzfristig müssen die Kollegen von R&I schon mal die Wechselkurse aller asiatischen Währungen der vergangenen zehn Jahre zusammenstellen, Experten zum Thema Baurecht ausfindig machen oder die wichtigsten Artikel über ein ausländisches Medienunternehmen auswerten.

Wichtig für die Leistungsfähigkeit aller Wissensmanagement-Systeme ist eine ständige Aktualisierung. Deshalb werden möglichst viele Daten aus Datenbanken gespeist, die ohnehin regelmäßig aktualisiert werden müssen, also ohne zusätzlichen Aufwand. Informationsfülle und Aktualität forderten auch McKinsey in den vergangenen Jahren heraus, so dass kürzlich erstmalig in einem firmenweiten Projekt sämtliche Dokumente gesichtet, bewertet und entweder vernichtet oder aktualisiert wurden. Betrachtet man die dafür aufgewendete Zeit, kann man sicherlich von einer Großinvestition sprechen.

Die Wissensmanagement-Spezialisten helfen den Beratern bei der Navigation. Welche Recherchestrategie gewählt wird, hängt vom Einzelfall ab. Bei aller systematischen Wissensaufbereitung sind es am Ende doch die Menschen, die die Informationen filtern und die den entscheidenden Wettbewerbsvorteil in der Beratung ausmachen. Deshalb versucht die Firma nicht nur durch die Auswahl und Bewertung der Mitarbeiter, sondern auch durch deren Ausbildung die Bereitschaft zum Teilen von Wissen, an deren Mangel Wissensmanagement in der Praxis oft scheitert, fest in der Kultur zu verankern.

Zahlreiche Trainingsprogramme fördern diesen Aspekt. In der Regel sind die Trainer selbst aktive Berater. Dies garantiert den Anwendungsbezug des vermittelten Wissens. Beispiele für innovatives Training sind die Summer Academy und die Functional-Start-up-Seminare. In der Summer Academy beschäftigen sich Berater und Wissensmanagement-Spezialisten mit bis zu 15 Monaten Firmenpraxis drei Tage lang mit den *Key Learnings* eines großen Teils der Industry und Functional Practices. Vorträge lösen sich mit Workshops ab. Das Programm runden Diskussionen mit hochkarätigen Managern oder Wissenschaftlern ab.

Bewusst finden diese Veranstaltungen auf dem Campus einer Universität statt, um die Lernatmosphäre zu verstärken. Die Functional-Start-up-Trainings wenden sich an junge Berater direkt vor dem Start einer Studie. Beginnt ein Team eine Strategie-Studie, nehmen die Teammitglieder an einem Strategy Training teil, um sich gezielt über die wichtigsten McKinsey-Konzepte und -Inhalte zu informieren.

Wenn die Berater einige Erfahrungen gesammelt haben, werden sie ermuntert, im Zuge der Practice Olympics ihr Wissen den Kollegen mitzuteilen. Hier werden die besten Beiträge von Mitarbeitern zunächst auf nationalem, dann auf kontinentalem und schließlich auf globalem Level prämiert.

Auch sonst appelliert das Unternehmen an den Sportsgeist der Mitarbeiter. Es veröffentlicht in der internen Wissensdatenbank monatlich eine Hitliste der am meisten nachgefragten PD-Dokumente. In der Regel erfassen auch die Practice-Websites die Häufigkeit der Abfragen zu einzelnen Dokumenten oder die Nutzung der Seite überhaupt. Möglichkeit zum persönlichen Austausch schafft der Office Day für Berater, der in der Regel freitags stattfindet. Oft werden dann, neben dem informellen Austausch, auch Vorträge gehalten.

Ein typisches Beispiel für eine wissensintensive Studiensituation

Und so funktioniert das Zusammenspiel von Beratern, Wissensmanagement-Experten, systematischen Wissenstechniken und persönlichem Netzwerk in der Praxis: Wir kehren zurück zum Beispiel der Private-Equity-Firma, die McKinsey bittet, die Geschäftspläne eines Unternehmens mit 37 Geschäftsbereichen zu beurteilen. Viele davon sind Zulieferer für die Automobilindustrie, ein Drittel ist aber auch in völlig anderen Sektoren aktiv. Der Finanzinvestor möchte das Unternehmen kaufen, doch der Preis hängt wesentlich davon ab, ob die in den Geschäftsplänen der einzelnen Business Units angenommenen Wachstums- und Gewinnerwartungen realistisch sind.

Das Team vor Ort besteht aus drei Beratern: einer Betriebswirtin, die seit einem Jahr für McKinsey arbeitet, einem Physiker mit zweieinhalb Jahren Erfahrung und einem Teamleiter aus dem Automotive & Assembly Sector, der vor fünf Jahren zu McKinsey kam. Nun geht es darum, in kürzester Zeit die gesamte Klaviatur des Wissensmanagements von McKinsey zu spielen, um Märkte und Wettbewerbssituation all dieser sehr unterschiedlichen Geschäfte zu beurteilen.

Da ist es zweifellos von Vorteil, Mitarbeiter mit weit verzweigtem eigenen Netzwerk innerhalb der Firma im Team zu haben. Denn trotz aller Zugänglichkeit von Datenbanken und professionellen Regeln im Umgang mit Kollegen, trotz institutionalisiertem Wissensmanagement hilft das persönliche Beziehungsnetzwerk, wenn es darum geht, schnell an wertvolle Informationen zu gelangen.

Zuerst bucht das Team für die dreiwöchige Projektdauer zwei Research Specialists des Global Automotive & Assembly Sector. Da der Vorlauf nur eine halbe Woche beträgt, sind die Kapazitäten in Düsseldorf nicht frei. Deshalb werden Mitarbeiter aus Cleveland einspringen.

Alle McKinsey-Kollegen arbeiten weltweit nach den gleichen professionellen Standards, dennoch läuft auch bei McKinsey die Zusammenarbeit ein wenig anders ab, wenn bereits eine persönliche Beziehung zwischen den Kollegen besteht. Fehlt diese persönliche Beziehung, so kennt man den Arbeitsstil des anderen noch nicht und kann deshalb z.B. nicht genau einschätzen, was es bedeutet, wenn im Fünfzehn-Minuten-Takt E-Mails mit Priorität „hoch“ eintreffen. Oder es kann schon mal vorkommen, dass zuerst die Anfrage des persönlich bekannten Kollegen aus Detroit beantwortet wird und die Recherche für Deutschland abends liegen bleibt. Das Team in Deutschland würde dadurch allerdings einen ganzen Tag verlieren, denn die Mail, die Cleveland am nächsten Vormittag verlässt, kommt wegen der Zeitverschiebung erst am Abend an.

Eine der zu untersuchenden Business Units stellt Förderbänder für den Bergbau her. Keiner im Team hatte je etwas mit dieser Industrie zu tun – es gibt Fragen über Fragen. Sind die Steigerungsraten der Fördermengen einzelner Erze und der daraus abgeleitete Bedarf an Förderbändern glaubhaft? Existiert tatsächlich ein Trend im Tagebau, das Erz nicht mit schweren Lastwagen aus der Grube zu fahren, sondern es vor Ort zu zerkleinern und dann per Förderband abzutransportieren? Verlagert sich das Wachstum der Förderung vielleicht aus Südafrika in andere geografische Regionen, in denen das Unternehmen noch keine eigenen Fertigungsanlagen hat? Welchen Einfluss hat das neue Werk eines Konkurrenten auf die erzielbaren Preise?

Die Metals & Mining Practice im Johannesburg Office weiß Rat. Die E-Mail mit den Fragen wird nach zwei Stunden mit einem Zip-File beantwortet. Die Reaktionszeiten innerhalb McKinseys sind in aller Regel kurz. Selten wartet man auf eine Antwort länger als einige Stunden.

Persönliche Bekanntschaft beschleunigt den Wissensaustausch erheblich

Die Größe des Zip-Files verspricht nichts Gutes: zwölf Megabyte. Die Antwort kam zwar schnell, leider aber unfokussiert. Das Zip-Archiv enthält eine Vielzahl von Dokumenten rund um die Tagebauindustrie, darunter auch interne PD-Dokumente, die das Team zum Teil ohnehin schon über eine eigene Datenbankrecherche in der vergangenen Nacht identifiziert hatte, sowie etliche Seiten aus verschiedenen Statistiken. Angesichts der begrenzten Vorkenntnisse des Teams würde die Auswertung dieser Statistiken Tage verschlingen – Zeit, die leider nicht zur Verfügung steht.

Der Anruf in Johannesburg macht klar, dass die Fragen präziser hätten formuliert werden müssen. Doch wie soll ein Team präzise Fragen stellen, wenn es noch nicht genau verstanden hat, was in diesem speziellen Industriezweig wichtig ist? Aus der telefonischen Diskussion mit dem Researcher lernt das Team, welche Fragen sinnvoll gestellt werden können und wo Antworten möglich sind. Nachdem die Berater eine Excel-Tabelle mit der exakten Datenanforderung erstellt und nach Johannesburg geschickt haben, dauert es nur noch einen Tag, bis das Team verstanden hat, wie sich die weltweite Tagebauförderung für die wichtigsten Erze über die nächsten fünf Jahre entwickeln wird.

Parallel zur Anfrage in Johannesburg hat eine Mitarbeiterin des General Research in Düsseldorf die Datenbank mit allen McKinsey-Projekten nach Studien erstens im Bereich Tagebau, zweitens für Hersteller von Fördersystemen und drittens für Hersteller von schweren Lkws durchforstet. Die Datenbank liefert die grobe Beschreibung eines Projekts. Gesucht wird nun ein Projektleiter oder ein junger Partner, der so tief in das frühere Projekt eingebunden war, dass man durch ein Telefonat mit ihm wesentliche Trends der Industrie verstehen kann. Irgendwo in den 82 Büros weltweit lässt sich fast immer jemand ausfindig machen, der weiterhilft. Ist der Name gefunden, liefert ein kurzer Blick in das Online-Mitarbeiterverzeichnis das aktuelle Büro, den Namen und die Telefonnummer der Sekretärin sowie dienstliche, private und mobile Telefonnummer des potenziellen Gesprächspartners.

Unser Beispiel-Team steht noch vor anderen Fragen: Ein Geschäftsbereich des untersuchten Unternehmens stellt Keilriemen und Hydraulikschläuche für die Automobilindustrie her.

Hier liegt das Risiko der Businesspläne vorwiegend in den Annahmen über die Ausbreitung neuer Technologien, von denen manche auf den ersten Blick gar nicht direkt mit dem aktuellen Geschäft zu tun haben: Wie lange werden Autos noch über Bremsflüssigkeit und Hydraulikzylinder gebremst? Wird die elektromechanische Bremse schon in den nächsten Pkw-Generationen eingesetzt? Wenn schon keine elektromechanische Bremse, dann vielleicht vollelektronische Lenksysteme – *Steer by Wire?* In diesem Fall würde der Bedarf an Hydraulikschläuchen bald rapide abnehmen. Wie wird sich das System „Motor-Keilriemen-Lichtmaschine-12-Volt-Batterie“ entwickeln? Wann kommt das 42-Volt-Bordnetz? Kommt es vielleicht nur für ein bestimmtes Pkw-Segment wie beispielsweise den engen Markt der Oberklassefahrzeuge?

Mit diesen Fragen bewegt sich das Team an vorderster Front der Innovationsdebatte einer großen Industrie. Und die Qualität der Fragen zeigt, dass es richtig war, das Team mit Beratern aus dem Automotive & Assembly Sector zu besetzen. Auf Sektorenkonferenzen und in den spezifischen Publikationen werden regelmäßig die aktuellsten Themen diskutiert. Es gibt Mitarbeiter, die sich kontinuierlich und unabhängig von Klientenaufträgen mit der Entwicklung und den Innovationen in der Automobilindustrie auseinandersetzen. Ein Blick ins Intranet des Automotive & Assembly Sector verschafft schnell einen Überblick. Hier finden sich die Dokumentationen aller regionalen und internationalen Konferenzen des Sektors. Außerdem werden externe Quellen wie Publikationen der Hersteller und die Fachpresse systematisch ausgewertet.

Besuche der wesentlichen Fachmessen gehören zum Pflichtprogramm der Wissensmanagement-Spezialisten für diesen Sektor, die im Gegensatz zu den Beratern nur einen Teil ihrer Arbeitszeit auf Klientenstudien verbringen. Mit dieser Vorbereitung sind nur noch wenige, ganz spezifische Lücken durch persönliche Gespräche zu schließen. Und die Ansprechpartner hierfür müssen nicht mühsam identifiziert werden, sondern sind von vornherein klar: Kollegen wie z.B. Glenn Mercer sind das wandelnde Lexikon des Sektors und als solche oft rund um den Globus unterwegs und entsprechend schwer erreichbar. Das Kommunikationsmittel der Wahl ist die E-Mail, von der auch unser Team Gebrauch macht. Und wieder dauert es nur wenige Stunden bis zur Antwort. Glenn war gar nicht in den USA, sondern hat die Mail am Flughafen von Osaka empfangen und bearbeitet. Das Ergebnis sind wenige, konzentrierte Zeilen Antwort, zwei Gegenfragen zum besseren Verständnis, einige Links zu entsprechenden Websites und die Bitte an sein Back Office, aus einer Datenbank einen Datensatz herauszufiltern und dem Team zu schicken.

Die Know-how-Träger erweitern das persönliche Netzwerk

Weil sie jeden kennen und jeder im Sektor sie kennt, sitzen die spezialisierten Wissensmanagement-Experten im Zentrum des Geschehens wie die Spinne in ihrem Netz. Sie überbrücken die Lücken, die das persönliche Netzwerk als Wissensmanagement-Tool auf Grund der Größe der Firma inzwischen zwangsläufig aufweist. Neben den Spezialisten existieren natürlich auch die Know-how-Träger der einzelnen Kliententeams. Aber der Anruf bei den Teams, die für die verschiedenen Automobilhersteller arbeiten, wäre vergebens. Sie haben zwar sicher Informationen über bestimmte Innovationen in den Unternehmen, doch die bleiben unerreichbar.

Die *Chinese Walls* stehen nicht nur zwischen den Teams, die für Konkurrenten arbeiten, sondern sie gelten prinzipiell. So kann es vorkommen, dass zwei Teams eine Marktuntersuchung oder eine Kundenbefragung mit sehr ähnlichen Fragestellungen durchführen, ohne sich auszutauschen.

Nach der Klientenstudie war unser Beispiel-Team in einige Fragestellungen so tief eingedrungen, dass die Erkenntnisse auch für andere Teams interessant sein könnten. „Quo vadis Automotive Hydraulic“ könnte der Titel eines PD-Dokuments sein, in dem die neuen Spezialisten für dieses Thema ihr Wissen den Kollegen zugänglich machen. Und mit diesem Beitrag könnten sie auch an den Practice Olympics teilnehmen und herausfinden, ob sie es bis in die international ausgetragenen Runden schaffen.

Für die maximale Effektivität beim Klienten hat McKinsey eine maßgeschneiderte Organisation geschaffen: Das ganze Unternehmen ist entlang seiner Klienten- und Wissensbasis aufgestellt. Diese Struktur ist historisch gewachsen und wurde dem internationalen Wachstum stetig angepasst. Gegliedert ist die Firma wie eine dreidimensionale Matrix nach Sektoren, Funktionen und geografischer Lage: Die Industry Practices (Sektoren) bilden die Branchengliederung der Märkte ab, Functional Practices konzentrieren sich auf spezielle übergreifende Themen, die nach Regionen organisierten Büros sind verantwortlich für die lokalen Klienten, das Verteilen der Berater auf die Projekte und ihre Entwicklung (Bewertung, Training etc.). Die einzelnen Büros tragen auch Ergebnisverantwortung. Alle miteinander sind verantwortlich für das persönliche Networking, das Beschaffen von Wissen, die Weiterentwicklung und Karriere der Berater sowie die Qualität des Klientenservice.

Erfahrungen bei Klienten werden häufig in speziellen Forschungsgruppen aufbereitet

Gruppierten sich die Berater in den siebziger Jahren noch als lose Interessengruppen, so haben die Practices mittlerweile formelle Strukturen. Dies wurde auch wegen der zunehmenden Bedeutung des Spezialistenwissens notwendig. Die Practices begannen in den neunziger Jahren, eine eigene Infrastruktur zu bilden und eigene Mitarbeiter zu rekrutieren; Partner übernahmen die Leitungsfunktion inklusive der Verantwortung für eigene Budgets, für Strategie und Wissensagenda. Wichtig ist, dass diese Practices heute immer von Partnern geleitet werden, die aktiv im Klientengeschäft engagiert sind. Sie garantieren, dass der Fokus immer auf der Klientenarbeit liegt

Special Initiatives, oft eine Vorstufe der Practices, entstehen bei McKinsey aus Forschungsprojekten, die wiederum durch Erfahrungen bei Klienten angeregt werden: Einige Berater stoßen durch ihre Arbeit auf ein Themengebiet, welches ihrer Ansicht nach eine hohe Relevanz für Klienten besitzt, z.B. das Thema Wissensmanagement. Sie kümmern sich um die Erschließung von Wissen durch intensive Diskussionen untereinander und mit Beratern, die in verwandten Bereichen arbeiten, sowie durch Recherchen, Analysen der Research-Kollegen, Diskussionen mit Klienten und anderen Externen. Sobald die Forschungsthemen auf eine hohe Nachfrage bei Klienten stoßen, wird die Initiative formeller und erreicht möglicherweise den Rang einer Special Initiative. Wächst diese Initiative weiter, so avanciert sie zur Practice.

Trotz aller Veränderungen, die mit dem rapiden Wachstum und der zunehmenden Bedeutung von Spezialisten einhergingen, stehen auch heute noch immer zwei Schlagworte für die Kultur von McKinsey: *Client First* und das *One Firm Concept.* Die Kultur der gemeinsamen Werte und hohen Qualitätsstandards wird stark geprägt durch einen global einheitlichen Prozess für die Wahlen zum Principal oder Director. McKinsey vermeidet damit, dass sich die Standards in einzelnen Büros verselbständigen.

Darüber hinaus wird das *One Firm Concept* auch in den Trainings gefördert, die bewusst nahezu alle international besetzt werden. Die Teilnahme an den wichtigsten Seminaren ist für die Mitarbeiter obligatorisch, und zwar innerhalb eines bestimmten Zeitfensters. Neue Berater können dort ihr internationales Netzwerk bilden und den speziellen McKinsey Style lernen, der die Kommunikation innerhalb der Firma erleichtert. Dazu gehört z.B. die einheitliche Art, Ergebnisse in Schaubildern darzustellen und strukturierte Memos zu verfassen, oder die Nutzung der gleichen Prozesse und Problemlösungsansätze.

Global üblich ist die Anrede mit Vornamen, in Deutschland ist das „Du" gängig. Denn grundsätzlich versucht McKinsey, seine sehr ehrgeizigen Mitarbeiter zu einem Miteinander zu bewegen und ihnen zu zeigen, dass sie nur so weiterkommen und nicht mit Ellbogenmentalität. Die Botschaft bleibt über die gesamte Laufbahn konsistent: Bei McKinsey machen Teamspieler Karriere, Solisten müssen sich einen anderen Arbeitgeber suchen.

DIE UMSETZUNG

Ohne den Menschen geht es nicht

EXKURS

11. EXKURS

Das Gefangenendilemma

Ein Ausflug in die Spieltheorie zeigt den Vorteil von „Tit for Tat" gegenüber purem Eigennutz

Eine der wesentlichen Voraussetzungen für den erfolgreichen Umgang mit Wissen in einem Unternehmen ist die Kooperationsbereitschaft der Mitarbeiter. Lange vor der Wissensmanagement-Debatte untersuchten Wissenschaftler unterschiedlichster Disziplinen die Voraussetzungen für die Entstehung von Kooperation in Gemeinschaften, gleichgültig, ob es sich dabei um die Belegschaft eines Unternehmens, die Bewohner eines Wohnblocks oder die Mitgliedsstaaten der OPEC handelt.

Als Modell dient eine als Gefangenendilemma bezeichnete Situation, in der zwei Menschen gemeinsam eine schwere Straftat begangen haben und nach ihrer Festnahme von der Polizei getrennt verhört werden. Jeder der beiden steht vor der Entscheidung, entweder gegen den anderen auszusagen oder zu schweigen, also zu kooperieren. Die Konsequenzen dieser beiden Möglichkeiten hängen direkt von der jeweiligen Entscheidung des anderen Gefangenen ab. Schweigen beide, wird also die Kooperation eingehalten, werden beide freigesprochen. Belasten beide den jeweils anderen, werden sie zu je zehn Jahren Haft verurteilt. Sagt allerdings einer der Gefangenen gegen seinen Kollegen aus, während der andere schweigt, so wandert der belastete Verbrecher lebenslang hinter Gitter, während der andere frei kommt und zusätzlich eine finanzielle Belohnung erhält. Der Kooperierende zieht den Kürzeren, während der andere die Kooperationsbereitschaft schamlos ausnutzt und für seinen Eigennutz nicht nur freigesprochen, sondern zusätzlich belohnt wird.

Die einzig logische Verhaltensweise in einer derartigen Situation scheint also zu sein, eigennützig gegen den Partner auszusagen und nicht zu kooperieren. Denn kooperiert der andere, dann ist man frei mit zusätzlicher Belohnung, kooperiert er ebenfalls nicht, dann reduziert die eigene Aussage zumindest das Strafmaß von lebenslänglich auf zehn Jahre. Die nüchterne Konsequenz dieser Überlegung ist also, dass Individuen zwar von wechselseitiger Zusammenarbeit profitieren, der eigene Vorteil aber noch größer ist, wenn man die Kooperationsbereitschaft anderer eigennützig ausbeutet.

Trotzdem kennt jeder aus seiner täglichen Erfahrung Beispiele für stabile Kooperationspartnerschaften. Der Schlüssel dazu liegt in der Häufigkeit, mit der zwei Menschen sich die Frage beantworten müssen, ob sie eigennützig oder kooperativ handeln sollen.

Bei Wettbewerben zur Spieltheorie unter Computerwissenschaftlern, Soziologen, Mathematikern, Psychologen und Wirtschaftswissenschaftlern wurde nach der besten Strategie gesucht, um das wiederholte Gefangenendilemma bestmöglich zu meistern. Anatol Rapoport, amerikanischer Mathematiker russischer Abstammung, entwickelte die erfolgreichste und gleichzeitig einfachste Strategie: „Tit for Tat". Diese gibt nur zwei Regeln vor, nämlich im ersten Zusammentreffen zu kooperieren und in jedem folgenden Zusammentreffen das Gleiche zu tun wie das Gegenüber in der vorausgegangenen Situation. Diese Strategie zeichnet sich durch drei Charakteristika aus. Sie ist erstens freundlich, denn sie kooperiert beim ersten Zug. Sie ist zweitens nicht nachtragend, sondern vergebend, da einem Kooperationsangebot des Partners sofort eigene Kooperation folgt. Und drittens ist sie konsequent, da eigennütziges Verhalten des Gegenübers wiederum sofort mit Eigennutz quittiert wird.

Was kann ein Unternehmensführer aus diesen theoretischen Überlegungen nun lernen? Zahlreiche Unternehmenskulturen sind von eigennützigen Verhaltensweisen gekennzeichnet. Im spieltheoretischen Sinne hieße das, dass Kooperation kaum vorkommt. Wie kann man in einer derartigen Situation, dominiert von eigennützigen Mitarbeitern, kooperatives Verhalten initiieren? Prinzipiell legt das Modell zwei Ansätze nahe.

Erstens hängt der Erfolg von „Tit for Tat" gegenüber einer vollständig eigennützigen Strategie von der Wahrscheinlichkeit eines

Wiedertreffens ab. Je höher diese Wahrscheinlichkeit, desto erfolgreicher ist „Tit for Tat“ schon rein mathematisch. Clustering ist somit eine sinnvolle Implementierungsmaßnahme. Übersetzt in den Unternehmensalltag bedeutet dies, Mitarbeiter in möglichst kleinen, stabilen Einheiten zu organisieren, um einen Kulturwandel hin zu mehr Zusammenarbeit und gegenseitiger Unterstützung zu initiieren. Für den Rollout bieten sich dann z.B. regelmäßige Austauschprogramme, Jobrotation und interdisziplinäre Arbeitsgruppen etc. an.

Zweitens können Anreizsysteme die Payback-Matrix des Gefangenendilemmaspiels verschieben und die Differenz zwischen den jeweiligen Konsequenzen des kooperativen und des eigennützigen Verhaltens verringern, indem beispielsweise Kollegen und deren Aussagen zur Kooperationsbereitschaft eines Mitarbeiters in seine Beurteilung einbezogen werden. Gemeinschaften mit geringer Wahrscheinlichkeit des Wiedertreffens und hohem Vorteil aus eigennützigem Verhalten können von Eigennutz dominiert werden, wobei eine Veränderung dieser beiden Parameter eine solche Gemeinschaft auch wieder sanieren kann.

ARBEITSPSYCHOLOGIE

12. ARBEITSPSYCHOLOGIE

„Wofür werde ich geachtet?“

Die Motivation der Mitarbeiter ist eine wesentliche Voraussetzung für erfolgreiches Wissensmanagement in Unternehmen, weiß Lutz von Rosenstiel, Professor für Organisations- und Wirtschaftspsychologie an der Ludwig-Maximilians-Universität in München. Lob und Tadel, richtig dosiert, sind dabei mindestens so wichtig wie finanzielle Anreize, sagt der Arbeitspsychologe, der neben seiner Lehrtätigkeit Unternehmen in Fragen des Wissensmanagements berät, im Interview mit Wolfram Stein, Principal im Münchener Büro von McKinsey.

Stein: *Sie haben gesagt, Wissensmanagement ist Enteignung der Experten. Niemand lässt sich gern enteignen.*

von Rosenstiel: *Ja klar, Wissen ist das Kapital der Mitarbeiter. Sie verkaufen ihre Arbeitskraft an ein Unternehmen, möglicherweise nur für eine bestimmte Zeit, und wären deshalb schlecht beraten, ihre Expertenmacht einfach so weiterzugeben. Insofern müssen Unternehmen speziell daran arbeiten, dass diese Selbstverständlichkeit der Marktwirtschaft zwar nicht aufgehoben, aber doch porös gemacht wird. Dazu gehören erfolgreiche Vorbilder. Ist also der Vorgesetzte erkennbar bereit, im Detail zu informieren, seinen Mitarbeitern Wissen zur Verfügung zu stellen, durch das er potenziell geschwächt werden könnte? Vertrauen lässt sich so definieren, dass ich etwas tue, mit dem der andere mich möglicherweise in die Pfanne hauen kann. Wenn Führungskräfte das vorleben, prägen sie die Kultur im Unternehmen entsprechend.*

Stein: *Allein durch die Ausprägung einer solchen Kultur können die Menschen in realen Betrieben aber bestimmt nicht dazu gebracht werden, ihr Wissen preiszugeben. Muss es nicht Anreizsysteme geben, die das gewünschte Verhalten materiell honorieren?*

von Rosenstiel: *Wissensmanagement hängt genau genommen von vier Bedingungen ab: Zunächst müssen die Menschen es können;*

dazu gehört, dass sie ihr Wissen reflektieren und zielgruppengerecht kommunikationsfähig machen. Dann müssen sie es wollen, das ist das Thema von Motivation und Anreizsystemen. Es ist aber auch eine Frage des sozialen Dürfens, also der Normen und Spielregeln des Systems, letztendlich also der Unternehmenskultur. Und schließlich spielen auch die situativen Bedingungen eine Rolle, es müssen Raum und Zeit da sein, um mit den Leuten darüber zu reden, denen das wichtig ist.

Stein: *Bedeutet das, dass letztendlich doch das System der Prämien und Anreize entscheidend ist?*

von Rosenstiel: *Bei der Belohnung kommt es darauf an, was innerhalb des Unternehmens als wichtig gilt. Das kann der materielle Anreiz sein, muss es aber nicht. Es ist sogar bekannt, dass eine intrinsische Motivation, also eine Motivation, die aus sich selbst herauskommt, durch materielle Anreize kaputtgemacht wird. Ein banales Beispiel: Kinder bauen aus Lego-Klötzchen schöne Türme. Weil das dem Vater gefällt, bekommt jedes Kind einen Euro. Wenn der Vater am vierten oder fünften Tag die Zahlung einstellt, bauen die Kinder keine Türme mehr, der Spaß ist weg. Insofern kann es sein, dass eine offene, kommunikationsfördernde Kultur zum Stil gehört und durch zusätzliche materielle Anreize sogar gefährdet wird. Ehrenamtliche Tätigkeit materiell zu belohnen macht das Ehrenamt kaputt.*

Stein: *Unternehmen arbeiten aber nicht nach den Gesetzen von Ehrenämtern.*

von Rosenstiel: *Zum Teil schon, wie folgendes Beispiel zeigt. Ein Kollege von mir hat untersucht, wie Forscher und Entwickler aus verschiedenen Unternehmen bei Tagungen mit ihrem Wissen umgehen. Manche machten nur Smalltalk und hielten ihre Arbeit vor den Kollegen absolut geheim, während andere relativ offen über ihre Forschung sprachen. Sie haben das aber nicht naiv gemacht, sondern etwas angedeutet und die Reaktion des anderen abgewartet. Wenn der auch etwas gesagt hat, gaben sie noch mehr preis. Die Studie zeigte, dass diese Verhaltensweise nicht von Charaktermerkmalen abhängig war, sondern vom Kommunikationsstil in den verschiedenen Unternehmen. Und die kommunikativen Forscher kamen aus so genannten offenen Unternehmen, die erfolgreicher waren. Das wurde ihnen auch so gesagt, es wurde in den Unternehmen ein Zusammenhang hergestellt zwischen Markterfolg und Verhalten der Forscher, so dass am Ende für die Mitarbeiter eine Frage entscheidend war: Wofür werde ich geachtet?*

Stein: *Ihr Turmbaubeispiel spiegelt die Unternehmensrealität nicht richtig wider. Dort wird bei materiellen Prämiensystemen in der Regel der Produktivitätsfortschritt weitergegeben. Und es dürfte doch wichtig sein, dass die Mitarbeiter im wahrsten Sinne des Wortes von dem Fortschritt profitieren, den sie selbst bewirken.*

von Rosenstiel: *Dahinter steht natürlich immer das Menschenbild des Homo oeconomicus, der letztlich nur auf finanzielle Anreize anspricht. Ich als Psychologe habe meine Zweifel, dass dies die zentrale Größe ist.*

Stein: *Es muss sich für die Menschen lohnen.*

von Rosenstiel: *Lohnen kann es sich auch anders. Der kreative Fehler des Monats wird bei BMW nicht finanziell honoriert. Da gibt es nur einen öffentlichen Auftritt vor wichtigen Leuten des Unternehmens. Auch so etwas kann ein Wert sein, wie ich bei MAN in Qualitätszirkeln der Produktion gesehen habe. Mitarbeiter mit den besten Vorschlägen wurden in die Vorstandsetage zu einem Umtrunk geladen. Vom Vorstand eingeladen zu werden hat für gewerbliche Mitarbeiter möglicherweise mehr Wert, als wenn sie 200 Euro in die Hand bekämen.*

Stein: *Müssen Unternehmen solche Aktionen starten, um Offenheit, Transparenz und Vertrauen als Grundlagen für Wissensmanagement zu schaffen?*

von Rosenstiel: *Es ist schwierig, die Bedingungen für Vertrauen und Offenheit zu schaffen. Denn die meisten Unternehmen stehen ja nicht nur in Konkurrenz miteinander, sondern sie produzieren sie auch im Inneren. Daraus ergibt sich in Unternehmen immer eine Spannung zwischen Kooperation und Konkurrenz. Wenn das Pendel zu sehr in Richtung Konkurrenz um Ressourcen, um freie Aufstiegspositionen, vielleicht sogar um Arbeitsplatzsicherheit schwingt, dann wird Wissensmanagement schwierig.*

Stein: *Ob in der Schule, der Ausbildung oder bei der Jobsuche, Konkurrenz ist stärker ausgeprägt als je zuvor, jeder weiß, dass er sich gegen den anderen abgrenzen, sich gegen ihn durchsetzen muss. Ist Vertrauen im Unternehmen nicht ein totaler Widerspruch dazu?*

von Rosenstiel: *Ja, normalerweise haben die Leute kein Vertrauen. Wir sind eine individualistische Kultur, die persönliche Karriere ist ein dominierender Wert. In kollektivistischen Kulturen wie China, Japan oder Singapur sind die Voraussetzungen für Wissensmanagement wahrscheinlich besser. Ein japanischer Psychotherapeut sagte mir mal: „Wenn zu euch ein Patient kommt, heißt es immer, sein Ich sei zu schwach geworden, es müsse gestärkt werden. Der Patient müsse wieder lernen, sich durchzusetzen." In Japan gelte in der Diagnose zunächst, das Ich sei zu stark geworden, der Patient müsse lernen, sich in die Gruppe einzufügen.*

Stein: *Unternehmen sind nicht nur bestimmt durch äußere und innere Konkurrenz, sondern auch soziale Gefüge, in denen Mitarbeiter ganz bestimmte Rollen haben, die ihnen Orientierung und*

Sicherheit geben. Wie können Unternehmen starre Systeme öffnen und transparent machen, ohne die Mitarbeiter zu verunsichern?

von Rosenstiel: *Soziale Beziehungen müssen wachsen, man kann nicht unbekannte Leute zusammensetzen und erwarten, dass sie Vertrauen zueinander haben. Die Sozialpsychologie zeigt, dass jede Gruppe Phasen durchläuft: Man lernt sich kennen (Forming), kämpft um die Hackordnung (Storming), dann bilden sich Spielregeln (Norming), und erst danach ist die Gruppe frei für die Arbeit (Performing). Wenn ein Unternehmen Flexibilität durch ständiges Umorganisieren erreichen will, bildet sich kein Vertrauen in der Belegschaft. Voraussetzung für effektives Wissensmanagement ist also eine gewisse soziale Stabilität. Wichtig ist zudem, was Mitarbeiter bei sich selbst und bei Kollegen als Konsequenz von Offenheit erfahren. Also, wird jemand, der Wissen weitergibt, belohnt oder bestraft? Das muss sichtbar kommuniziert werden.*

Stein: *Können Sie das an einem Beispiel erläutern?*

von Rosenstiel: *In einem Krankenhaus in den neuen Bundesländern konferierten Ärzte und Pflegepersonal jeden Montag, um die Entwicklung bei den Kranken zu besprechen. Im Detail wurden nicht nur die Erfolgsstories, sondern auch die negativen Fälle besprochen. Die behandelnden Ärzte berichteten offen darüber, was schief ging. Diese große Offenheit, über Fehler zu reden, brachte ihnen einen Ansehens- und Prestigegewinn. Den Mitarbeitern zu zeigen, dass solche Gespräche als Lernchance gesehen werden und kein Nachteil daraus entsteht, ist eine große Hilfe beim Wissensmanagement.*

Stein: *Sollte ein Unternehmen den Übergang zu mehr Offenheit und Transparenz eher in kleinen Schritten anstreben oder mit einem spektakulären Ereignis? Ich selbst habe gesehen, wie der frühere IBM-Chef Louis Gerstner bei seinem Amtsantritt eine auf-*

rüttelnde Rede gehalten hat, das schwedische High-Tech-Unternehmen Oticon ließ alle Statussymbole aus den Büros versteigern, um zu verdeutlichen, dass Hierarchiegrenzen keine Rolle mehr spielen sollen.

von Rosenstiel: *Das liegt an den Personen. Bei einer aufrüttelnden Rede stellt sich die Frage, ob die Mitarbeiter das dem Manager abnehmen. Bei manchen wirkt das aufgesetzt, das ist dann Schauspielerei, die keiner glaubt. Deshalb kann man keine allgemeine Regel daraus machen. Grundsätzlich aber sind symbolische Handlungen gut, weil alle darüber reden. BMW etwa prämiert – wie bereits gesagt – im Werk Regensburg den kreativen Fehler des Monats.*

Stein: *Wie sieht die Belohnung bei einem kreativen Fehler aus?*

von Rosenstiel: *Ein Mitarbeiter, der sich Gedanken gemacht und einen gut ausgearbeiteten Plan hatte, ist bei der Umsetzung gescheitert. Nun wird er prämiert und öffentlich gefeiert mit der Aussage: Experimente können scheitern, aber lass dich nicht entmutigen, denn wir haben mehr von Leuten, die etwas versuchen, statt nur auf risikofreien und ausgetretenen Pfaden weiterzulaufen.*

Stein: *Offenheit und Vertrauen sind nur die Voraussetzungen, worauf kommt es denn an bei der Organisation eines effektiven Wissensmanagements?*

von Rosenstiel: *Das hängt vom Unternehmen und der Branche ab. Ein Weg ist die Einrichtung direkter Kommunikationslinien. Ganz konkret heißt das, wenn jemand ein Projekt geleitet und abgeschlossen hat: Wer wird über die Stärken und Schwächen im ganzen Prozess informiert? Findet z.B. für Leute, die auf einem ähnlichen Gebiet arbeiten, dann ein Workshop statt, in dem sie aus dem konkreten Fall lernen können?*

Das sollte eine Art Spielregel sein. Bei meiner Arbeit in Unternehmen ist für mich immer die entscheidende Frage an hochkompetente zentrale Wissensträger: „Wenn Sie morgen der Schlag trifft, was hat die Organisation dann von Ihrem Wissen?“ Wenn die sagen: „Nichts“, dann hat das Unternehmen etwas falsch gemacht. Es sollte eine ganz klare Verantwortung sein und im internen Beurteilungssystem auch bewertet werden, ob der Wissensträger sein Know-how in angemessener Form an die richtige Zielgruppe weitergibt.

Stein: *Wie wichtig ist für effektives Wissensmanagement, den Beschäftigten Ziele zu setzen, die sie nicht allein erreichen können? Die sie also zur Zusammenarbeit in der Abteilung oder bei bestimmten Projekten zwingen?*

von Rosenstiel: *Die Schwierigkeit ist, das Ziel in der richtigen Form zu setzen. Forschung und Entwicklung führen häufig zu Ergebnissen, die vorher nicht erwartet worden sind. Deshalb dürfen die Ziele nicht überpräzisiert werden, weil dann die Offenheit des Ergebnisses nicht gewährleistet ist. Verkaufsziele dagegen können sehr präzise sein. Bei solchen Vorgaben müssen Sie aber auch präzisieren, wer wie beteiligt ist. In unserem Institut hatten wir einen Informatiker, der die Daten aufbereitete, der galt lange als „Rechenknecht“. Es ist wichtig, diesen Mitarbeiter ganz einzubinden, bei Publikationen also gleichberechtigt zu nennen, damit er sein Wissen voll einbringt. Im Unternehmen haben Sie häufig den Fall, dass ein Back Office nicht mitzieht, weil es nichts davon hat.*

Stein: *In den Unternehmen geht es bei der Produktentwicklung häufig darum, dass nicht nur eine Abteilung ihr Wissen optimal nutzt, sondern Sie müssen Entwickler, Marketingfachleute, Verkäufer und Produktionsexperten zusammenspannen, um Erfolg zu haben. Welche Rolle spielt Jobrotation für die Zusammenführung von interdisziplinärem Wissen?*

von Rosenstiel: *Das ist ein Weg, aber Sie haben das Problem des „Heldenklaus“ und der „Flaschenpost“. Ein Abteilungsleiter glaubt, er gebe nur seine „Helden“ ab und bekomme dafür die „Flaschen“ aus anderen Bereichen. Das klappt nur mit guten persönlichen Beziehungen, also mit Vertrauen. Im guten Sinne löst jemand, der von außen kommt, eingefahrene Strukturen auf, weil er keine Scheuklappen hat. Man muss in Gruppen, die ihre eigenen Spielregeln haben, Leute mit anderem Wissen importieren, die andere Standpunkte einbringen, etwa die des Kunden. Das ist natürlich eine Form von Wissensmanagement. Wenn der Neue allerdings zu anders denkt, ist er eine Störung, dann gibt es Kritik, und die Gruppe kommt nicht klar.*

Stein: *Welche Rolle spielt für das Wissensmanagement die Identifikation mit dem Produkt eines Unternehmens?*

von Rosenstiel: *Es kommt zunächst auf die Identifikation mit der Tätigkeit an. Wir untersuchen gerade in einer Langzeitstudie an Hochschulabgängern, also Wissensträgern, was deren Bindung an das Unternehmen fördert. Drei Dinge sind ganz zentral: Die Leute brauchen erstens einen eigenverantwortlichen Handlungsspielraum, in dem sie eigene Ideen realisieren können. Sie wollen zweitens in ein soziales Netz eingebunden werden, das ihnen fachlich und menschlich Unterstützung bietet. Sie möchten drittens eine realistische Jobperspektive, die den Mitarbeitern ehrlich sagt, was sie erwarten können. Da ist viel gesündigt worden von den Unternehmen; gerade im Kampf um die besten Talente wurden die Leute bei der Einstellung enorm belogen. Unternehmen sollten also nicht nur fragen, was ihnen wichtig ist, sondern auch dafür sorgen, dass die Mitarbeiter ihre Ziele erreichen. Die wollen möglichst schnell die Leitung eines Projekts übernehmen oder mal ins Ausland oder in einer interdisziplinären Gruppe arbeiten. Bindung an das Unternehmen ist also zu managen und wichtig für das Vertrauen der Mitarbeiter.*

Stein: *Führt die Diskussion über Wissensmanagement auch zu einer Veränderung des Bewusstseins bei Berufstätigen? Wenn offene, kooperative und kommunikative Menschen gesucht werden, dann muss sich doch auch deren Jobverständnis ändern und nicht mehr an der einen Ausbildung mit anschließend lebenslanger Beschäftigung in einem Unternehmen orientieren.*

von Rosenstiel: *Sie haben auch da einen Spannungsbogen zwischen Flexibilität und Stabilität. Wie ich schon eingangs sagte, Vertrauen entsteht nur bei einer gewissen sozialen Sicherheit. Mitarbeiter müssen sich heimisch im Unternehmen fühlen, um bereit zu sein, ihr Wissen auszutauschen. Aber diejenigen, die gerade zu Berufsbeginn flexibel sind und viele Erfahrungen sammeln, haben natürlich langfristig die besseren Karrierechancen.*

Stein: *Herr von Rosenstiel, ich danke für das Gespräch.*

SO GEHT'S

13. SO GEHT'S

Wie Sie ein Programm zum Wissensmanagement auf den Weg bringen

Wissen managen – die Idee ist gut, allein: Wie fang ich's an? Ganz einfach: Wie jedes Verbesserungsprogramm im Unternehmen, aber zugeschnitten auf die spezifischen Eigenschaften von Wissen. Wir haben ein Klientenprojekt anonymisiert und in die fiktive „Beispiel AG" überführt – real bleiben die erzielten Fortschritte.

Akzeptiert: Wissen ist die wichtigste Ressource, es lässt sich klassisch managen, wenn man nur seine charakteristischen Eigenschaften im Blick behält, und sein richtiger Einsatz steigert den Erfolg des Unternehmens.

Aber wie funktioniert ein Programm zum Wissensmanagement? Was ist zu beachten, wo lauern Gefahren? Am Beispiel eines realen, aber anonymisierten Maschinen- und Anlagenbaukonzerns, der Beispiel AG (BSP AG), stellen wir vor, wo McKinsey bei einem Wissensmanagement-Projekt ansetzt. Methode und Umsetzung reflektieren die Gedanken und Erkenntnisse, die diesem Buch zu Grunde liegen. Die Basis bilden die Erfahrungen aus vielen Klientenprojekten zum Wissensmanagement.

Eine Idee entsteht

Wie so oft, beginnt auch dieses Projekt eher beiläufig: beim Mittagessen. Da sitzen zwei Berater von McKinsey mit ihrem langjährigen Klienten, dem Vorstandsvorsitzenden des Maschinen- und Anlagenbauers BSP, und lauschen dem Frust des Unternehmenslenkers über sein neues IT-System, das trotz zweistelliger Millioneninvestitionen bei weitem nicht die erhofften Einsparungen bringt.

Das System unterstützt den Einkauf, dessen Leistung bei BSP über Gewinn oder Verlust entscheidet: Die BSP AG hat bei einem Umsatz von rund 10 Milliarden Euro ein jährliches Einkaufsvolumen von gut 5 Milliarden Euro. Mit dem neuen IT-System, das den Vorstandschef so enttäuscht, sollten Produktentwicklung, Produktion, Einkauf und Lieferanten auf die gleiche Datenbasis zugreifen können, um Schnittstellenprobleme zwischen den Beteiligten zu beseitigen.

Aber das System arbeitet nicht erfolgreich, die Lieferanten beteiligen sich nur zögerlich, die Entwicklung glaubt ein besseres System zu haben – und so droht die Investition zur Ruine zu werden. Der Vorstandsvorsitzende bittet die Berater beim Nachtisch, als unabhängige Dritte die technische Leistungsfähigkeit des Systems anzuschauen.

Die Consultants haben einen spontanen Verdacht: Hier geht es weniger um ein technisches Problem als vielmehr um den Wissens- und Informationsaustausch zwischen den Bereichen, also um Wissensmanagement. Sichtbar ist das klassische Defizit: Ein Schnittstellenproblem zwischen den Geschäftseinheiten entlang der Wertschöpfungskette. Die beteiligten Mitarbeiter zeigen nur ein begrenztes Interesse daran, ihre wertvollen Erkenntnisse und Erfahrungen miteinander auszutauschen. An diesen Schnittstellen haken die Wissensmanagement-Prozesse im Unternehmen am häufigsten, seltener betreffen sie gleich das ganze Unternehmen – wenn etwa die falsche Unternehmenskultur Offenheit und Kreativität zu wenig fördert – oder nur eine Geschäftseinheit oder ein Projekt.

Im Fall der BSP AG holen die McKinsey-Berater einen Kollegen aus ihrem Business Technology Office und einen aus der Knowledge Management Practice zu Hilfe. Sie entwickeln aus den ersten Beobachtungen ihre Arbeitshypothesen und machen sich zwecks Überprüfung zu einer Erkundungstour durch das Unternehmen auf. Das Team sucht das Gespräch mit dem mittleren Management, fragt nach aktuellen Bedürfnissen und Problemen in den betroffenen Prozessen. Nach einer knappen Woche vernetzen die Berater das Gehörte vor dem Hintergrund ihrer Erfahrungen zu einem konsistenten Bild der Defizite. Das Team identifiziert sechs Problemfelder:

- Geschäftsprozesse sind nur teilweise definiert. Für wesentliche Einkaufsprozesse fehlt eine klare Beschreibung.

- Selbst die klar beschriebenen Prozesse haben sich nicht vollständig durchgesetzt. Die Akzeptanz ist von Abteilung zu Abteilung enorm unterschiedlich.

- An den Schnittstellen zwischen Einkauf, Entwicklung, Logistik und Produktion kommt es immer wieder zu Informations- und Wissensverlusten. Dies macht eine optimale Nutzung der Lieferantenbeziehung schwierig.

- Das IT-System verfügt zwar über alle benötigten Funktionalitäten – aber natürlich nur für die eindeutig beschriebenen Prozesse, also längst nicht für alle.

- Das IT-System ersetzt vorhandene Systeme nur unvollständig und erzeugt damit erhebliche Doppelarbeit.

- Viele Mitarbeiter entdecken keinen individuellen Nutzen, wenn sie Informationen teilen. Den unternehmerischen Nutzen der kürzlich vorgenommenen Prozessanpassungen und des IT-Systems haben die Menschen in der Organisation nicht verstanden.

Die BSP AG ist ein typisches Beispiel: Wenn es in einem Unternehmen in Sachen Wissensaustausch schlecht läuft, sind die Gründe selten eindimensional. Deshalb hilft es eben auch nicht, einfach eine noch teurere IT-Plattform zu installieren. Erst ein Ansatz, der die wesentlichen festgestellten Probleme zusammenhängend zu lösen versucht, bringt Erfolg. Das realisiert auch unser Team in der BSP AG und formuliert einen umfassenden Projektvorschlag.

Alles spricht für ein Projekt zum Wissensmanagement

Nachdem sie die Kernprobleme erkannt haben, scheint es den Beratern wenig sinnvoll, nur die technische Leistungsfähigkeit des IT-Systems zu steigern. Sie schlagen die Redefinition des Themas in eine Wissensmanagement-Aufgabe vor. Ihre Argumentation nimmt zwei in diesem Buch beschriebene Gedanken auf: Das Projekt setzt an einem der wichtigsten Prozesse im Unternehmen an, da der Einkauf eine zentrale Funktion für den Erfolg der BSP AG hat. Und von dort kann das Unternehmen die Erkenntnisse auch in andere Funktionsbereiche transferieren, der Einkauf *befruchtet* angrenzende Prozesse.

Der Vorstand der BSP AG interessiert sich schon länger für das Thema Wissensmanagement, bisherige Versuche der Operationalisierung sind aber ohne nachhaltige Wirkung geblieben – auch dies eine typische Situation in vielen Unternehmen. Das Thema ist aber – im Gegensatz zu Sanierungsprojekten – positiv belegt, sicherlich auch, weil die neuen Methoden sich mit geringem Risiko einüben lassen. Schließlich zielt der Ansatz auf einen Standardgeschäftsprozess. Der kann nur besser werden, andernfalls bleibt man einfach beim alten Standard. Da bergen andere Projekte, etwa die Implementierung neuer IT-Systeme, ungleich höhere Risiken – wie die BSP AG gerade erfahren hatte.

Vorgehen: Klassisches Projektmanagement aus der Wissensperspektive

Jetzt verabredet das Beraterteam mit dem Vorstand das Vorgehen. Alle fünf Stufen spiegeln klassisches Projektmanagement wider, erst in der Konkretisierung tauchen die spezifischen Aspekte des Wissensmanagements auf:

- Als Ausgangspunkt soll ein kleines Team die Zielvorgaben erarbeiten. Diese Ziele müssen anspruchsvoll sein. Sie beziehen sich explizit auf den Beitrag des Wissens. Anschließend bestimmen die Arbeitsteams bottom-up die Fähigkeiten der einzelnen Abteilungen, zur Zielerreichung beizutragen. Sie beurteilen dies primär aus der Perspektive einer verbesserten Anwendung des Wissens.

- Die Leitung des Projekts soll im Einkauf und in der Produktentwicklung verankert sein. Die betroffenen Abteilungen können dann durch eine Schwachstellenanalyse hinsichtlich des Wissensaustauschs und der Art der Zusammenarbeit gemeinschaftlich den Anpassungsbedarf erarbeiten.

- Auch in Wissensmanagement-Projekten können Maßnahmen strukturiert abgearbeitet werden. Ein Prozess mit klaren Meilensteinen soll für alle Verlässlichkeit schaffen. Dazu muss die Zielerreichung in jedem Einzelmodul quantifiziert vorliegen.

- Alle betroffenen Vorstände samt Vorsitzendem bilden mit dem Projektteam einen Lenkungsausschuss. Dieses Gremium diskutiert die Projektfortschritte und muss auch alle Richtungsentscheidungen zügig fällen. Als Nebeneffekt wollen alle Beteiligten dieses Forum als Plattform zum Wissensaustausch nutzen und so einen ersten Schritt in eine neue Welt der Wissenskultur machen.

- Das Arbeitsteam hat alle Freiheitsgrade im Denken. Das heißt in diesem Fall: Vorschläge zu veränderten Abläufen und Strukturen, die den Wissensaustausch effektiver gestalten, sind ebenso erwünscht wie das Nachdenken über neuartige Leistungsanreize. Wissen schaffen, anwenden und weitergeben soll sich lohnen. Das Team hinterfragt auch die bestehende IT-Landschaft und die existierenden Diskussionsplattformen kritisch. Der Vorstandsvorsitzende erhofft sich hiervon den Beginn eines Wandels der Unternehmenskultur.

Die Zeitvorgaben für das Team sind typisch für Wissensmanagement-Projekte: Nach sechs Wochen sollten die Zielvorgaben, die Mannschaft und der Projektplan stehen, und nach sechs bis neun Monaten sollte das Projekt so detaillierte Ergebnisse hervorgebracht haben, dass die unterstützenden IT-Systeme neu definiert werden können.

Das Team – die Mischung macht's

Vorstand und Berater stellen gemeinsam das Projektteam zusammen. Alle betroffenen Bereiche sollen von Anfang an vertreten sein; ins Team werden Mitarbeiter aus Produktion, Einkauf, Produktentwicklung und der IT delegiert, im ausgewogenen Mix von erfahrenen Praktikern und frischen Nachwuchskräften.

Was bei der BSP AG so gut gelingt – ein ausgewogenes Team zusammenzustellen – ist ein kritischer Punkt in vielen Projekten: Für den Erfolg braucht man nicht nur den richtigen Mix, sondern auch die besten und engagiertesten Mitarbeiter, deren Zeitbudget erfahrungsgemäß aber ohnehin schon zu 130 Prozent ausgelastet ist. Hier muss das Topmanagement die Prioritäten setzen.

Das Team in der BSP AG diskutiert schon im ersten Meeting lebhaft die Probleme und schafft so nicht nur ein einheitliches Problemverständnis, sondern auch ein neues Arbeitserlebnis der Mitarbeiter. Tenor: Wir lösen unsere Probleme gemeinsam. In den folgenden Wochen erleben alle die Höhen und Tiefen der Teamarbeit. Zu den positiven Erfahrungen gehören Gemeinschaftsgefühl, Leistungsfähigkeit des Teams und die Lernerfahrung des Gebens und Nehmens. Gewöhnungsbedürftig: der Zeitdruck in einem Kernteam sowie die persönlichen Reaktionen auf die extreme räumliche und menschliche Nähe unter dem Stress, den großen Kickoff des Projekts vorzubereiten.

Der Chef gibt den Startschuss

Der Vorstandsvorsitzende staunt, als er das Sitzungszimmer zum Kickoff des Wissensmanagement-Programms betritt: So viele BSP-AG-Mitarbeiter sind vom Thema betroffen? Es sind deutlich mehr Leute geworden, als er ursprünglich gedacht hat. Und das ist gut so: Alle Betroffenen müssen in den Informationsfluss eingebunden sein. Da kommen oft bis zu 100 Personen zusammen.

Der Chef bietet einen gedanklichen Überbau an, spricht über den Zusammenhang zwischen Unternehmenswert und Wissensmanagement: Vom Austausch von Best Practices zwischen Unternehmensteilen. Von der Nutzung von Wissensvorsprüngen im Markt und von der Vermarktung von Wissen als Produkt. Dann spricht er über die Erwartungen der Kapitalmärkte und den Anspruch der BSP AG, diese zu erfüllen. Der Vorstandsvorsitzende legt dar, dass es darum geht, das Wissen im Unternehmen zu mobilisieren und den Prozess des permanenten Lernens zu verstärken. Vor allem macht er den Versuchscharakter des Projekts klar und versucht, die Angst vor Fehlern zu vermindern. Die Mitarbeiter fühlen sich als Pioniere – und die Stimmung ist viel besser als zum Auftakt des Sanierungsprojekts zwei Jahre zuvor.

Beim Kickoff ist in jedem Projekt zum Wissensmanagement der Chef gefragt: Er stellt zum einen den gemeinsamen Kontext für das Team her und arbeitet die Erkenntnisse des Projekts in seine Unternehmensstory, sein Ziel- und Wertesystem für die Firma, ein. Zum anderen macht sein Auftritt klar: Das Topmanagement steht hinter dem Projekt.

Quantifizierung – ohne messbare Ziele geht es nicht

Es klingt nach einer Binsenweisheit, trotzdem verstoßen viele Projektteams gegen diese Regel: Quantifizierte Ziele sind eine elementare Voraussetzung für den Erfolg eines Projekts. Eine Kombination aus einer Top-down-Zielvorgabe vom Team und Bottom-up-Rückmeldungen der Teilprojekte über ihre Lieferfähigkeit von Ergebnisbeiträgen hat sich bereits in zahlreichen anderen Projekten bewährt.

Top-down bekommt der Einkauf der BSP AG eine scharfe Zielvorgabe: 200 Millionen Euro Zusatzbeitrag jährlich, 4 Prozent vom gesamten Einkaufsvolumen. Als Methode, um diesen Zielwert auf die Bereiche zu verteilen, nutzt das Team eine Unternehmenswertanalyse, mit der es den Wert des Wissens der BSP

AG herausrechnet und diesen Wert über einen Schlüssel auf alle Unternehmensfunktionen verteilt. Bottom-up schätzen die Mitarbeiter aus den betroffenen Bereichen ihre Leistung gegenüber Best-Practice-Beispielen ein. Diese Maßstäbe stellt McKinsey zur Verfügung. Das Team passt die Best-Practice-Beispiele auf die Spezifika der BSP AG an. So werden drei Maßnahmenbündel mit deutlichem Nachholbedarf hinsichtlich des Wissensaustausches identifiziert: klarere Arbeitsteilung mit den Lieferanten, neue Methoden der Preisbildung im Einkauf und besseres Management des Einkaufsbedarfs bei Produktänderungen.

Die drei Defizitfelder haben alle mit dem Teilen und Anwenden von Wissen zu tun. Sie stehen für 60 Prozent der Zielvorgaben. Mehrere Einzelmaßnahmen ergeben addiert weitere 20 Prozent. Die verbleibende Lücke führt zu intensiven Diskussionen zwischen dem Vorstandsvorsitzenden und seinem Einkaufschef. Der Unternehmenslenker fordert Kreativität ein, und schon bald hat der Einkauf genug Ideen für eine deutliche Zielübererfüllung.

Die Substanz: Veränderte Prozesse und veränderte Zusammenarbeit zahlen sich aus

Rund 40 Millionen Euro jährlich bringt die neue Arbeitsteilung mit den Lieferanten. Ein neu konzipiertes IT-System vernetzt die BSP AG so mit den Zulieferern, dass diese mit klaren Vorgaben dem Maschinenbauer Entwicklungsleistungen abnehmen, Doppelarbeiten vermeiden, Logistikprozesse verschlanken und Losgrößen optimieren. Das gestiegene Vertrauen zwischen den Beteiligten sorgt schon bald für einen zunehmend besseren Wissensaustausch, bis hin zu gegenseitigen Verbesserungsideen. Das hat es bisher nicht gegeben.

Auch für die Preisbildung mit den Lieferanten ersinnt das Projektteam ein neues System. Weil die neuen Wissensmanagement-Prozesse Erkenntnisse aus Produktentwicklung, Einkauf und Produktion zusammenbrachten, ermöglichten sie den Einsatz neuer analytischer Methoden, die vorher mangels Information nicht anwendbar waren. Bei klar definierten Anforderungen delegiert die BSP AG heute oft die Verantwortung für technische Lösungen an die Lieferanten. Beim Linear Performance Pricing etwa definiert das Unternehmen nur noch die verlangte technische Leistung und den Preis, den es dafür zu zahlen bereit ist. Die Lösung des Problems liegt ganz beim Zulieferer. Mit insgesamt einem Dutzend neuer oder verbesserter Methoden, von gemeinschaftlich getragenen Konzeptwettbewerben bis hin zu wertanalytischen Verfahren, spart die BSP AG heute 60 Millionen Euro pro Jahr. All dies funktioniert nur, wenn jeder sein Wissen in die Prozesse einbringt.

Dritter Ansatzpunkt ist das Änderungsmanagement – eine besondere Herausforderung im Anlagenbau und in der Maschinenbauindustrie. Die Produktpflege mit Änderungen in der laufenden Serie führt auch bei der BSP AG immer wieder zu teuren Zwangssituationen. Weil beschlossene Produktveränderungen meist sehr zügig umgesetzt werden sollen, gibt es regelmäßig Hektik und unklare Vorgaben für die Einkäufer. Diese entstehen, weil bei der BSP AG mehrere Abteilungen parallel die Blaupausen ändern, aber die unterschiedlichen Informationsstände nicht austauschen. Weil aber jeder weiß, dass die Zeit drängt, werden Lieferanten von verschiedenen Abteilungen unterschiedlich gebrieft. So muss der Einkauf die Spezifikationen für neue Teile regelmäßig nachträglich ändern – und die Lieferanten lassen sich ihre Flexibilität teuer bezahlen, wissen sie doch um den Zeitdruck bei ihrem Kunden. Mancher Lieferant dieser Branche verdankt dem mangelhaften Änderungsmanagement seiner Kunden wesentliche Erträge.

Deshalb strukturiert die BSP AG den Prozess erstmals sauber durch, legt Informationspflichten fest – heute weiß der Einkauf schon von einer bevorstehenden Änderung, wenn der Entwickler daraus ein Projekt macht – und definiert für die Prozessschritte Quality Gates, also Aufgaben, die vor dem nächsten Schritt abgearbeitet sein müssen. Das IT-System gibt dabei die Zeittaktung vor. Jetzt gibt es keinen Wirrwarr mehr bei den Bestellungen von geänderten Teilen. Die BSP AG spart so rund 20 Millionen Euro pro Jahr. Angenehmer Nebeneffekt: Heute sind die geänderten Teile und Komponenten zum Bedarfszeitpunkt auch in der Fabrik, was bei dem früher eher chaotischen Bestellwesen nicht selbstverständlich war.

Die IT-Landschaft folgt den neuen Bedürfnissen

Die gemeinsame Arbeit des Projektteams mit den Betroffenen führte zu einem besseren Verständnis für die Bedürfnisse der Abteilungen. Die alte IT-Anwendung war zentral vorgegeben, ohne genaue Analyse dessen, was die Mitarbeiter brauchen, die sich um das Tagesgeschäft kümmern.

Die neue IT-Welt soll mit einer flexiblen Architektur aufgebaut werden, die auf Datenbestände in den bestehenden Systemen zurückgreift und diese in neuen Funktionen weiterverarbeitet. Eine Middleware-Komponente sorgt für den Zusammenschluss der verschiedenen Anwendungsteile, egal ob neu oder schon vorhanden.

Die Benutzeroberfläche wurde vereinheitlicht und erlaubt damit eine durchgängige Unterstützung entlang der neuen Prozesse. Sie ist angenehmer zu bedienen; jetzt nutzen Einkäufer und Lieferanten das System konsequent im Tagesgeschäft. Wegen der dezentralen Anwendbarkeit sind die Daten und Analysen per Laptop auch in Einkaufsverhandlungen oder Besprechungen im eigenen Unternehmen stets zur Hand.

Und zur Freude der Kostenrechner lassen sich in der neuen Anwendungslandschaft Änderungen wesentlich einfacher als früher integrieren, die Kosten für die Pflege der Software werden deutlich sinken.

Mehr Geld und höheres Ansehen

Das Wissensmanagement-Projekt lohnt sich aber nicht allein für das Unternehmen. Auch die BSP-AG-Mitarbeiter in den Teams profitieren. Nicht allein dadurch, dass sie ihr Wissen durch die gemeinsame Projektarbeit wertvoll erweitern. Gerade der Managementnachwuchs begrüßt es, in einem wichtigen Projekt bei Präsentationen und Diskussionen dem Topmanagement aufzufallen. So kommt man auf dem Karrierepfad voran. Nicht zuletzt sind alle begeistert von dem großen Artikel und dem Foto in der Mitarbeiterzeitschrift: Die Teammitglieder haben ihr Unternehmen vorangebracht.

Danach: Ein Toast vom Vorstandsvorsitzenden

In der Woche nach dem Abschluss der ersten Projektphase trifft sich das Team mit dem Vorstandschef zum Abendessen. Er nutzt die Gelegenheit, bei einem Glas Wein seine Erfahrungen zu reflektieren:

- Wissensmanagement ist viel weniger abstrakt als angenommen.
- Die Quantifizierung der Ziele ist der Schlüssel für personalisierte Verantwortung und Zielerreichung.
- Die Mitarbeiter sind von der Thematik begeistert – das steckt an: Viele möchten gerne mitmachen.
- Die ökonomische Wirkung ist auch kurzfristig greifbar.
- Das Unternehmen hat einen wesentlichen Wettbewerbsvorteil, denn nach allem, was der Vorstandschef von seinen Lieferanten, Kunden und Wettbewerbern hört, betreibt bislang kaum einer ein wirksames Wissensmanagement.

Ein voller Erfolg: Darauf kann man anstoßen.

ANHANG

Die internationale Unternehmensbefragung von McKinsey

Die Unternehmensbefragung: Wie McKinsey den Zusammenhang von Wissensmanagement und Unternehmenserfolg untersuchte

Die Bedeutung von Wissensmanagement ist unumstritten. Dies belegen die schmerzlichen Erfahrungen, die Unternehmer machen, wenn ein wichtiger Experte das Unternehmen verlässt und damit auch ein wesentlicher Teil des wettbewerbsrelevanten Wissens verschwindet. Ein weiteres Beispiel in diesem Zusammenhang ist das häufige Problem, dass in jeder Produktgeneration „das Rad neu erfunden" wird, weil Erfahrungs- und Basiswissen verloren gegangen ist.

Vielfältig sind deshalb die angebotenen Wissensmanagement-Konzepte. Wissenschaftler wie Ikujiro Nonaka, Georg von Krogh oder Gilbert Probst liefern fundierte theoretische Modelle, die Wissensmanagement ganzheitlich abbilden. Eine Reihe anderer Forscher diskutiert die Ansätze stärker aus der unternehmensspezifischen Perspektive.

Karl-Erik Sveiby, Thomas H. Davenport oder Laurence Prusak – alle erfahrene Manager – erläutern die vielschichtigen Wissensmanagement-Probleme nah an der unternehmerischen Realität. Sie zeigen Fallstricke und Erfolgsbeispiele aus ihrer langjährigen Managementerfahrung. Empirische Untersuchungen, wie beispielsweise von APQC in den USA oder den Fraunhofer-Instituten in Deutschland, belegen den großen Bedarf an Wissensmanagement in den Unternehmen und dokumentieren gleichzeitig die hohen Erwartungen der Manager an die entsprechenden Programme.

Daran knüpft das Forschungsprojekt „Erfolgreiches Wissensmanagement in der produzierenden Industrie" von McKinsey in Zusammenarbeit mit dem Institut für Produktionstechnik und spanende Werkzeugmaschinen der Technischen Universität Darmstadt (PTW) an. Die internationale Unternehmensbefragung hat erfolgskritische Wissensmanagement-Maßnahmen, die spürbaren Einfluss auf den Gesamterfolg des Unternehmens haben, ermittelt.

Wie unterscheiden sich erfolgreiche und weniger erfolgreiche Unternehmen?

Um diese Maßnahmen identifizieren zu können, haben wir uns des Benchmarkings bedient. Die zentrale Frage lautet: „Was zeichnet erfolgreiche Unternehmen im Wissensmanagement aus und wie unterscheiden sie sich vom Wissensmanagement-Engagement der weniger erfolgreichen Unternehmen?" Erzielt werden die Ergebnisse des Benchmarkings durch das Messen von Korrelationen. Ausgangshypothese ist, dass besonders erfolgreiche Unternehmen auch im Wissensmanagement die richtigen Maßnahmen ergreifen. Korrelation bedeutet hier, dass man beispielsweise den Zusammenhang zwischen „Es regnet" und „Menschen öffnen ihre Regenschirme" misst. Man kann dabei allerdings keine Ursache-Wirkung-Zusammenhänge ermitteln. Wenn viele Menschen ihre Regenschirme bei Sonnenschein aufspannen, wird es deshalb nicht anfangen zu regnen. Trotzdem lassen sich mit etwas gesundem Menschenverstand anhand von Korrelationsanalysen mit großer Wahrscheinlichkeit erfolgskritische Maßnahmen für den Unternehmenserfolg identifizieren.

In unserer Studie untersuchten wir 40 renommierte Unternehmen der produzierenden Industrie. Dabei wählten wir ein breites Unternehmensspektrum – von traditionellen Maschinenherstellern wie John Deere, Ingersoll und Trumpf über Automobilhersteller wie Renault und Toyota bis hin zu High-Tech-Unternehmen wie Intel oder SAP. Wir haben eine Auswahl der als *The Most Admired Knowledge Enterprises (MAKE)* des Marktforschungsinstituts Teleos (siehe Literaturverzeichnis) geführten Unternehmen, einschließlich solcher Vorreiter im Wissensmanagement wie Microsoft, Buckman Laboratories, Fuji Xerox und Skandia, in die Befragung einbezogen. Auf diese Weise stellten wir sicher, dass diejenigen Unternehmen vertreten sind, die im Bereich des Wissensmanagements Best Practice darstellen. Vertraulichkeitsvereinbarungen hindern uns, die übrigen Unternehmen zu nennen, die an der Befragung teilgenommen haben. Die 40 Unternehmen verteilen sich annähernd gleichmäßig auf die Regionen Europa, Japan und USA.

Die Konzentration auf die produzierende Industrie gewährleistet eine homogene Auswahl von Unternehmen mit relativ ähnlichen Kerngeschäftsprozessen. Um mit Wissensmanagement den Unternehmenserfolg zu steigern, ist gerade der richtige Einsatz in den originären Geschäftsprozessen erfolgsrelevant. Bei produzierenden Unternehmen gilt dies insbesondere für den Produktentwicklungs- und Auftragsabwicklungsprozess. Im Kern der Unternehmensbefragung erfassten wir zum einen Kennzahlen für den finanziellen Erfolg und den Prozesserfolg der Unternehmen und zum anderen die angewendeten Wissensmanagement-Maßnahmen, die zur Steigerung dieser Kennzahlen beitragen. Somit konnten wir den Zusammenhang zwischen Unternehmens- bzw. Prozesserfolg und Wissensmanagement messen und die erfolgskritischen Maßnahmen zu einem Leitfaden für Unternehmen zusammenstellen.

Mit Erfolgsindikatoren lassen sich die Unternehmen in einer Rangfolge ordnen

Vor der Unternehmensbefragung definierten wir einen Erfolgsindikator und entwickelten eine Liste mit denjenigen Wissensmanagement-Maßnahmen, die für den Unternehmenserfolg relevant sind.

Der Erfolgsindikator ergibt sich aus finanziellen Kennzahlen sowie Größen, die den Erfolg des Produktentwicklungs- und Auftragsabwicklungsprozesses beschreiben (siehe Abb. Erfolgsindikator). Die Aufnahme von Finanz- und Prozesskennzahlen in die Indikatorberechnung bietet mehrere Vorteile. Erstens gleicht die

Prozesskomponente außerordentliche Finanzergebnisse aus und zweitens wirken sich Management-Maßnahmen häufig schneller und direkter auf Prozessindikatoren aus. Finanzkennzahlen sollten aber keineswegs vernachlässigt werden, da sich die Steigerung der Prozessleistung auch negativ auf das Unternehmensergebnis auswirken kann. Es ist durchaus denkbar, dass eine perfekte Prozessleistung nur mit sehr hohen Kosten realisierbar ist, so dass jeder positive Effekt auf das Ergebnis zunichte ge-

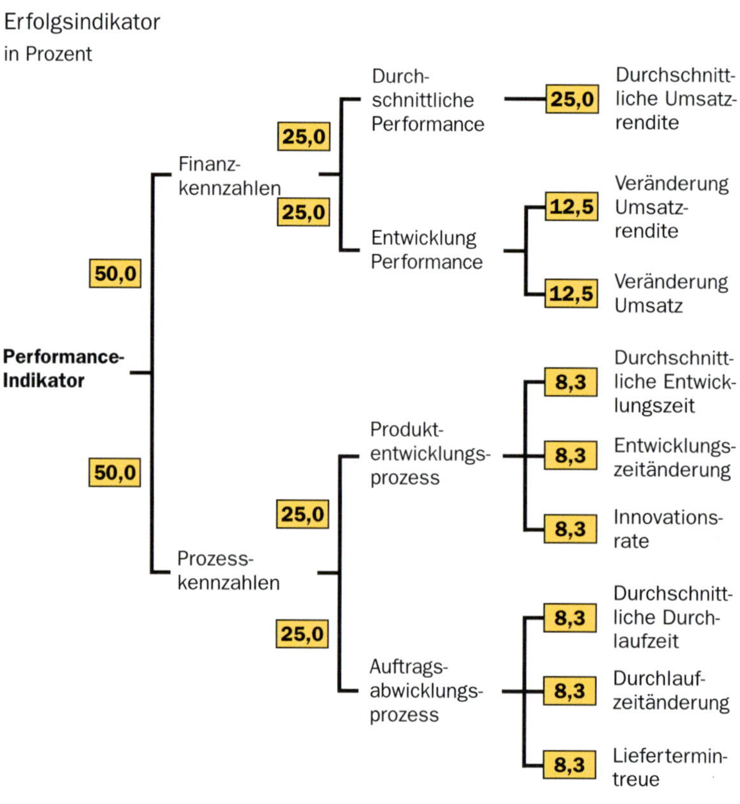

Quelle: Internationale Unternehmensbefragung von McKinsey

macht würde. Die Kennzahlen wurden in umfassenden Fragebögen in den Unternehmen abgefragt.

Anhand dieses Erfolgsindikators wurden alle Unternehmen in eine Rangfolge gebracht. Die 15 führenden Unternehmen stuften wir als erfolgreich ein, die folgenden 10 Unternehmen als durchschnittlich erfolgreich und die verbleibenden 15 Unternehmen als weniger erfolgreich. Einige Beispiele verdeutlichen die Unterschiede: So verkürzte sich die Entwicklungszeit bei den erfolgreichen Unternehmen von 1995 bis 1998 jährlich um durchschnittlich 4,6 Prozent, während sie bei den weniger erfolgreichen Unternehmen nur um 0,7 Prozent sank. Die erfolgreichen Unternehmen verringerten ihre Durchlaufzeiten um fast 11 Prozent pro Jahr, die weniger erfolgreichen um durchschnittlich 1,6 Prozent.

Wie eine genauere Betrachtung der Finanz- und Wachstumskennzahlen der Stichprobe zeigt, sind auch die weniger erfolgreichen Teilnehmer unserer Befragung durchaus solide Unternehmen. Sie verzeichneten zum Zeitpunkt der Studie ein jährliches Umsatzwachstum von durchschnittlich 7 Prozent und eine Umsatzrendite von 4 Prozent. Diese Performance liegt zwar unter dem Durchschnitt der erfolgreichen Unternehmen (ca. 19 Prozent Umsatzsteigerung pro Jahr und knapp 14 Prozent Umsatzrendite), ist aber immer noch beachtlich. Wenn hier also von erfolgreichen und weniger erfolgreichen Unternehmen die Rede ist, so sollte man stets bedenken, dass es sich durchweg um Unternehmen der Spitzenklasse handelt (siehe Abb. Übersicht Leistungskennzahlen).

Als relevante Wissensmanagement-Maßnahmen wählten wir diejenigen aus, die einen besonders großen Einfluss auf die Teilprozesse bei der Produktentwicklung oder der Auftragsabwicklung haben. Unsere Auswahl – konsequent entlang den Wissensmanagement-Aufgaben in den beiden Kernprozessen – diskutierten wir intensiv mit Experten aus Wirtschaft und Wissenschaft. In Pilotinterviews mit Unternehmensvertretern evaluierten wir neben den Wissensmanagement-Maßnahmen auch die Bewer-

Übersicht Leistungskennzahlen

1995 - 1998

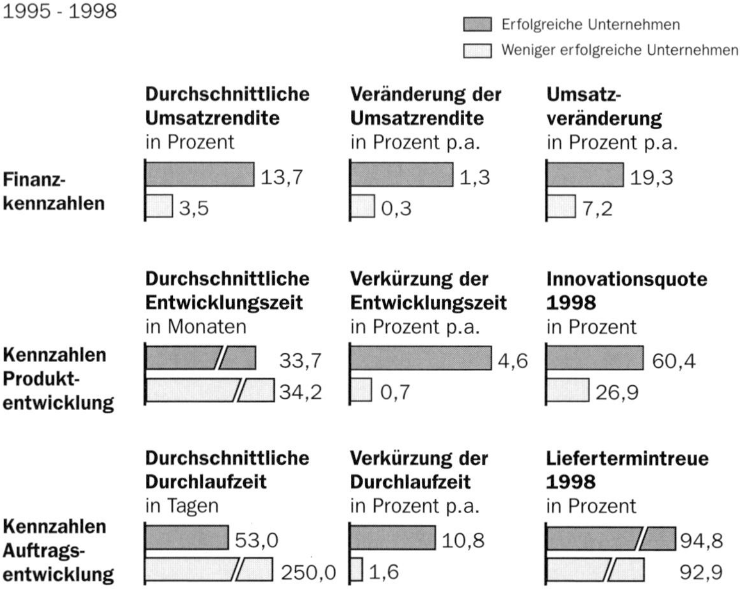

Quelle: Internationale Unternehmensbefragung von McKinsey

tungsmethodik, mit welcher wir deren Einsatz detailliert abbilden wollten. So destillierten wir 139 Wissensmanagement-Maßnahmen heraus, die für die Prozesse von besonderer Bedeutung sind.

Pro Wissensmanagement-Maßnahme dokumentierten und erfassten wir jeweils fünf unterschiedlich intensive Ausprägungen für den Einsatz im Prozess. Bei der Maßnahme „Integration von Wissen aus anderen Funktionsbereichen des Unternehmens im Rahmen des Produktentwicklungsprozesses" reichte dies von „regelmäßigen Videokonferenzen" bis hin zur „dauerhaften Kolokation funktionsübergreifender Teams". Diese Ausprägungen brachten wir anhand einer Skala in eine logische Reihenfolge, wobei wir nicht zwangsläufig zwischen gut und schlecht unterschieden haben. Die Skala reichte vielmehr von „wenig intensiv" bis „sehr intensiv" bzw. von „deterministisch" bis „selbstorganisierend" (siehe Abb. Wissensmanagement-Maßnahmen und Ausprägungen). Der Interviewpartner hatte dann die Möglichkeit, 100 Punkte auf die unterschiedlichen Ausprägungen zu verteilen, um so die reale Situation im Unternehmen möglichst differenziert abzubilden.

Wissensmanagement-Maßnahmen und Ausprägungen

Wissens-management-Maßnahme	Ausprägungen				
	A	**B**	**C**	**D**	**E**
1 **Integration von Wissen aus anderen Funktionsbereichen durch …**	… regelmäßige Videokonferenzen	… unregelmäßige Meetings	… wöchentliche Meetings	… gemeinsame Teamräume	… permanente Kolokation funktionsübergreifender Teams
2 **Anerkennung innovativer Ideen …**	… nicht institutionalisiert	… nur persönlich durch den Vorgesetzten	… vor der gesamten Abteilung	… vor der gesamten Business Unit/dem gesamten Unternehmen	… in öffentlicher Form
3 **…** **…** **…**	… … …	… … …	… … …	… … …	… … …
139 **…**	…	…	…	…	…

Quelle: Internationale Unternehmensbefragung von McKinsey

Intensive Diskussionen runden das Bild vom Wissensmanagement im Unternehmen ab

Um ein umfassendes Bild vom Wissensmanagement-Einsatz im Unternehmen zu erhalten, haben wir persönliche Interviews mit den Bereichsleitern von Marketing und Vertrieb, Produktentwicklung, Einkauf und Produktion geführt. Zusätzlich haben wir mit einem Gesamtentwicklungschef oder Werksleiter über prozessübergreifende Ansatzpunkte für Wissensmanagement gesprochen. Neben dieser anwendungsorientierten Sichtweise haben wir zusätzlich mit Wissensmanagement-Initiatoren oder -Verantwortlichen und mit der Unternehmensleitung über Visionen, Ziele und Umsetzungskonzepte diskutiert. So konnten wir das Bild sowohl hinsichtlich des Einsatzes als auch hinsichtlich der Initiierung von Wissensmanagement abrunden.

In den acht oder mehr persönlichen Interviews je Unternehmen und der zusätzlichen Kennzahlenabfrage erfassten wir somit je Teilnehmer rund 1.300 Daten, was uns eine Basis für das Benchmarking von mehr als 50.000 Daten bescherte. Zur Auswertung führten wir Clusteranalysen bezüglich der Gruppen der erfolgreichen und weniger erfolgreichen Unternehmen durch. Die Basis für diese Einteilung bildet die Klassifizierung anhand des Erfolgsindikators. Um eine deutliche Differenzierung zwischen den verschiedenen Gruppen ermitteln zu können, verglichen wir nur die 15 erfolgreichen mit den 15 weniger erfolgreichen Unternehmen.

In der Analyse der Punkteverteilung je Wissensmanagement-Maßnahme zeigen die Cluster dann auch entsprechende Unterschiede hinsichtlich der Maßnahmenanwendung (siehe Abb. Beispiel: Analyse einer Wissensmanagement-Maßnahme). Bei 68 spezifischen Wissensmanagement-Maßnahmen zeigten sich signifikante Unterschiede zwischen den erfolgreichen und den weniger erfolgreichen Unternehmen. Die Korrelation zwischen Unternehmenserfolg und spezifischem Maßnahmeneinsatz mündet somit in einem Set von Wissensmanagement-Maßnahmen, die wir als „differenzierend" bezeichnen. Die Daten belegen: Differenzierende Wissensmanagement-Maßnahmen stellen den entscheidenden Unterschied zwischen erfolgreichen und weniger erfolgreichen Unternehmen dar. Diese Maßnahmen finden sich gebündelt in den Abbildungen am Ende der Kapitel zu den Fallbeispielen wieder.

Beispiel: Analyse einer Wissensmanagement-Maßnahme

Anteil der Teilnehmer jeder Kategorie (in Prozent)

Weniger erfolgreiche Unternehmen
Erfolgreiche Unternehmen

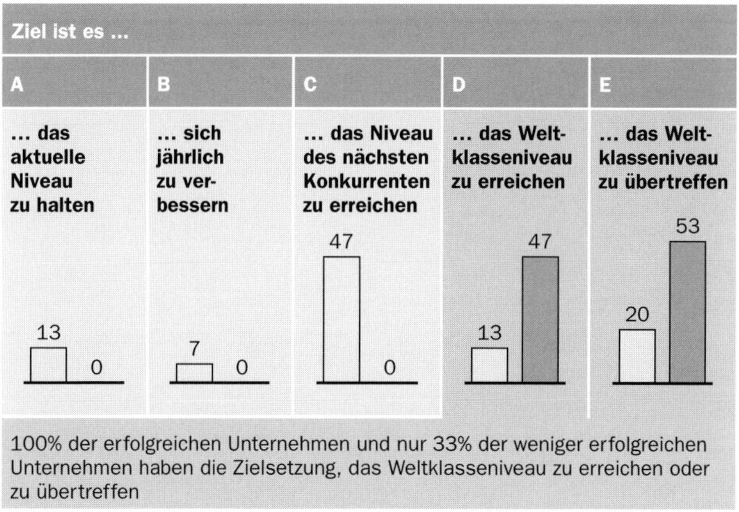

100% der erfolgreichen Unternehmen und nur 33% der weniger erfolgreichen Unternehmen haben die Zielsetzung, das Weltklasseniveau zu erreichen oder zu übertreffen

Quelle: Internationale Unternehmensbefragung von McKinsey

Diese Korrelation spiegelt sich auch im Vergleich des übergeordneten Wissensmanagement-Performance-Index mit dem Index des intangiblen Unternehmenswerts wider. Den Wissensmanagement-Performance-Index entwickelten wir, indem wir die

Anwendung aller differenzierenden Wissensmanagement-Maßnahmen je Unternehmensgruppe aggregierten. Der Index des intangiblen Unternehmenswerts ergibt sich aus dem Quotienten der Marktkapitalisierung und dem Buchwert des Unternehmens. Das Ergebnis unserer Umfrage: Zielgerichtetes Wissensmanagement kann den Unternehmenswert nachhaltig steigern (siehe Abb. Seite 29).

AUSGEWÄHLTE LITERATUR

BUCHVERÖFFENTLICHUNGEN

Axelrod, Robert M. *Die Evolution der Kooperation*. (Oldenbourg, 2000)
Die von Robert Axelrod vorgestellten Strategien zur spieltheoretischen Lösung des Gefangenendilemmas, insbesondere „Tit for Tat" belegen eindrucksvoll, dass Kooperation endogen, aus der Gruppe der rational handelnden Individuen heraus, entstehen kann. Nicht Konkurrenz, sondern Gewinn bringende Kooperation kann ein für alle besseres Ergebnis zur Folge haben.

Davenport, Thomas H. und Laurence Prusak. *Working Knowledge: How Organizations Manage What They Know*. (Harvard Business School Press, 1997)
Davenport und Prusak belegen in ihrem klar und konzise geschriebenen Buch, wie wichtig es ist, im Unternehmen Wissen zu identifizieren, zu managen und zu pflegen, um im Wettbewerb bestehen zu können. Mit zahlreichen Beispielen multinationaler Unternehmen und Handlungsempfehlungen.

Gleich, Michael. *Web of Life: Die Kunst vernetzt zu leben*. (Hoffmann und Campe, 2002)
Das Buch ist Teil des Gesamtkunstwerks Web of Life, zu dem noch eine audiovisuelle Installation im Zentrum für Kunst und Medientechnologie Karlsruhe (ZKM) mit vier Außenterminals, die in Wanderausstellungen rund um den Globus zu erleben sind, und eine Website (www.web-of-life.de) gehören. Im Buch lotet Michael Gleich die neuen Spielräume, die Netzwerke bieten, aus. Ob Normalbürger oder Unternehmer, Politiker oder Planer: Wer die „Gesetze der Netze" versteht, orientiert sich in Zeiten der Globalität leichter. Und trifft selbst in komplexen Situationen die richtige Entscheidung.

Gundling, Ernest. *The 3M Way to Innovation: Balancing People and Profit*. (Kodansha International, 2000)

Anhand der Unternehmensgeschichte beschreibt Ernest Gundling die Grundregeln des Innovationsmotors 3M, im Rahmen derer der Multitechnologiekonzern immer wieder bahnbrechende Innovationen hervorbringt.

Kluge, Jürgen; Wolfram Stein und Thomas Licht. *Knowledge Unplugged: The McKinsey & Company Global Survey on Knowledge Management*. (Palgrave, 2001)
Das Buch zur internationalen Unternehmensbefragung mit dem konzeptionellen Rahmen für die zentralen Wissenseigenschaften. Anschauliche Darstellung aller Befragungsergebnisse und der Anwendung der Wissensmanagement-Maßnahmen bei Best-Practice-Unternehmen.

von Krogh, Georg; Kazuo Ichijo und Ikujiro Nonaka. *Enabling Knowledge Creation: How To Unlock the Mystery of Tacit Knowledge and Release the Power of Innovation*. (Oxford University Press, 2000)
Das von der US-amerikanischen Verlagsvereinigung als bestes professionelles Wirtschaftsbuch des Jahres 2000 ausgezeichnete Werk zählt seit seinem Erscheinen zu den Top-Sellern zum Thema Wissensmanagement. Ein Standardwerk für den interessierten Leser, der sich dem Thema nicht nur aus der operativen Unternehmenssicht nähern will.

Rapoport, Anatol. *N-Person Game Theory: Concepts and Applications*. (Dover Publications, 2001)
Umfassende Darstellung der Ansätze des Spieltheoretikers. Mit diesem erstmals 1970 erschienenen Buch und mit *Prisoner's Dilemma* (1965) begründete er die „Tit for Tat"-Strategie. Diese Kombination aus Kooperationsbereitschaft, Vergeltung und Vergeben hat sich mehrfach bei Wettbewerben zu Gefangenendilemma-Spielen unter verschiedenen Strategien durchgesetzt.

WISSENSCHAFTLICHE ARBEITEN

Die internationale Unternehmensbefragung von McKinsey & Company zum Wissensmanagement bildet die Basis nicht nur für pragmatische Handlungsempfehlungen für Unternehmenslenker, sondern auch für weit reichende wissenschaftliche Forschungsarbeiten. Mehrere Mitglieder des Wissensmanagement-Teams haben die Erkenntnisse der Befragung in wissenschaftlichen Veröffentlichungen festgehalten. Darin gehen die Autoren den Erfolgsfaktoren des Wissensmanagements aus verschiedenen Blickwinkeln systematisch auf den Grund.

Bendler, Alexandra. *Wissensmanagement im internationalen Vertrieb produzierender Unternehmen: Ein Modell zur Auswahl von Wissensmanagement-Maßnahmen in Abhängigkeit unterschiedlicher Internationalisierungsstrategien*. (Shaker Verlag, 2002)

Heckert, Uwe. *Informations- und Kommunikationstechnologie beim Wissensmanagement: Gestaltungsmodell für die industrielle Produktentwicklung*. (Deutscher Universitätsverlag, 2002)

Krönig, Jan. *Do Incentive Systems for Knowledge Management Work? An Empirical Study on the Design and Influence of Incentive Systems on Knowledge Creation and Transfer in the Manufacturing-based Industry*. (Peter Lang, 2001)

Metternich, Joachim. *Wissen als Grundlage von Wettbewerbsstrategien: Ein Modell zur Analyse und Planung von Wissensstrategien*. (Shaker Verlag, 2001)

Rabrenovic, Olga. *Die Rolle der Organisation des Wissensmanagements im Unternehmen: Ein Entscheidungsmodell zur Optimierung des Wissensmanagements am Beispiel des Auftrags- und Auftragsabwicklungsprozesses in der produzierenden Industrie*. (Shaker Verlag, 2001)

Stoffels, André. *Wissensorientiertes Management der Produkt- und Prozessentwicklung: Ein systemischer Modellentwurf für produzierende Unternehmen*. (Shaker Verlag, 2001)

Die MAKE-Studie
Aufbauend auf den Ergebnissen der Studie *The Most Admired Knowledge Enterprises* (MAKE) 1998 und 1999 haben wir die Auswahl der erfolgreichen Unternehmen vorgenommen. Die MAKE-Studie ist eine anerkannte Benchmark für die Ermittlung von Spitzenunternehmen in der Wissensökonomie. Sie wird durchgeführt von Teleos. Teleos betreibt mit „The KNOW Network" ein internetgestütztes Netzwerk führender Wissensorganisationen, die sich mit der Ermittlung und dem Austausch von Best-Practice-Prozessen im Wissensmanagement beschäftigen. (Weitere Informationen unter www.knowledgebusiness.com)

WEB OF LIFE

– Woher die Illustrationen dieses Buches stammen

In einer Produktion des Zentrums für Kunst und Medientechnologie in Karlsruhe (ZKM) verbinden sich Kunst und Wissenschaft zu einem Projekt über lebende Netzwerke. Die Aventis Foundation unterstützt das interaktive Kunstwerk.

Im Foyer des Pharmakonzerns Aventis arbeitet einer von vier Satelliten eines Multimedia-Projekts des Zentrums für Kunst und Medientechnologie in Karlsruhe: Vorn eine Konsole mit dem Umriss einer großen Hand als Kontaktfläche, hinten ein Großbildschirm, auf dem fragmentierte Videoclips laufen, überlagert von spinnwebartigen Strukturen. Ein Scanner nimmt die Handlinien der Besucher auf, der Rechner überträgt die Struktur auf den Bildschirm, das neue Netzwerk verändert das Zusammenspiel der algorithmisch erzeugten Bilderwelt – etwas Neues entsteht, das Netz lebt.

Die Installationen sind Teil des „Web of Life"-Projekts. Es besteht aus vier mobilen audiovisuellen Installationen, die mit einem zentralen Medienkunstwerk im ZKM vernetzt sind, dem Buch *Web of Life: Die Kunst vernetzt zu leben* von Michael Gleich (erschienen bei Hoffmann und Campe) und der Website (www.web-of-life.de; hier erfährt man auch, wo die Installationen gerade aufgestellt sind).

Der Grundgedanke des Gesamtkunstwerks: Netzwerke bestimmen unser Leben. Internet und Verkehrssysteme, Stromleitungen und Pipelines, Nervenbahnen und Gehirnwindungen, aber auch die formellen und informellen Netzwerke, die uns helfen, berufliche oder private Herausforderungen zu meistern, und die eine große Rolle bei den meisten Programmen zum Wissensmanagement spielen. „Web of Life" variiert den Gedanken des vernetzten Daseins, in dem jede Handlung eine Kette von Ereignissen auslöst, bildet ein Leben voller Möglichkeiten und unerwarteter Entwicklungen ab. Engmaschig um die Welt gelegte Netze erschließen dem Menschen neue Räume. Vollzieht sich in den Info- und Technosphären vielleicht sogar die nächste Stufe der Evolution?

Das Projekt, ersonnen von dem Autor Michael Gleich und dem Medienkünstler Jeffrey Shaw und produziert von einem Team des ZKM, gefiel der Aventis Foundation so gut, dass sie als Sponsor die Finanzierung übernahm. Die Stiftung hat die Aufgabe, internationale, interdisziplinäre und zukunftsorientierte Projekte an der Schnittstelle zwischen Kultur, Wissenschaft, Wirtschaft und Politik zu fördern. Bis Ende 2003 touren jetzt die „Web of Life"-Installationen durch die Metropolen der Welt und verzaubern mit ihren surrealistischen Bildern die Besucher.

Wir danken der Aventis Foundation und den beiden Vätern des Projekts, Michael Gleich und Jeffrey Shaw, für die Erlaubnis, die beeindruckenden Bilder aus den Installationen in unserem Buch abzudrucken. Ebenso bedanken wir uns bei den beiden Verantwortlichen für die Computer Images, Christina Zartmann und Bernd Lintermann, für die tatkräftige Hilfe bei der Generierung von Druckdaten für die Illustrationen.

DANKSAGUNG

Die Arbeiten an diesem Buch gehen zurück auf ein gemeinsames Forschungsprojekt des Instituts für Produktionstechnik und spanende Werkzeugmaschinen (PTW) der Technischen Universität Darmstadt und des deutschen Büros von McKinsey & Company. Das Projekt stand unter der Leitung von Professor Dr.-Ing. Herbert Schulz und Dr. Jürgen Kluge, die Ergebnisse wurden 2001 unter dem Titel *Knowledge Unplugged* im Palgrave Verlag erstmals veröffentlicht. Allen Mitarbeitern auf Seiten der TU Darmstadt und McKinsey & Company sowie besonders allen an der Unternehmensbefragung beteiligten Firmen sei hiermit noch einmal unser herzlicher Dank ausgesprochen.

Das vorliegende deutsche Buch *Wissen entscheidet* enthält aktualisierte sowie etliche neue Fallbeispiele. Die vorgestellten Unternehmen und insbesondere ihre Mitarbeiter haben einen ganz wesentlichen Anteil daran, dass unser Buchprojekt mit dieser Praxisorientierung überhaupt durchführbar war. Für die Bereitschaft zum offenen Wissensaustausch möchten wir uns bei allen teilnehmenden Firmen und ihren Mitarbeitern ganz ausdrücklich bedanken.

Bei unseren Interviewpartnern Jürgen Dormann, Professor Dr. Georg von Krogh und Professor Dr. Lutz von Rosenstiel möchten wir uns sehr herzlich bedanken für ihre Mitwirkung an diesem Projekt. Die Begegnungen waren gedankliche und persönliche Bereicherungen, und die Interviewpartner haben einen ganz wesentlichen Anteil daran, dass das Buch um viele interessante interdisziplinäre Aspekte reicher ist.

Dem McKinsey-Kollegen Axel Born gilt unser Dank für die genaue Lektüre und für konstruktive Anregungen. Dagmar Saschek von der Knowledge Management Practice hat das Manuskript sorgfältig gegengelesen und wertvolle Beiträge und Impulse für die endgültige Fassung dieses Buches geliefert.

Michael Gatermann und Peter Saalbach haben den Text in die vorliegende Form gebracht und waren während des gesamten Prozesses kritische Mitdenker und unermüdliche Mitstreiter.

Ein Projekt dieser Größenordnung beschäftigt nicht nur ein kleines Autorenteam im stillen Kämmerlein, sondern hält eine ganze Organisation für einige Zeit in Bewegung. Ungezählte informelle und formelle Austauschrunden halfen, das Konzept zu schärfen; und ohne die Mithilfe der Kolleginnen und Kollegen im deutschen Büro von McKinsey & Company, die in gleich welcher Form zum erfolgreichen Abschluss dieses Projekts beigetragen haben, läge dieses Buch jetzt nicht vor. Vielen Dank.

Zu guter Letzt geht unser Dank an Jürgen Diessl und seine Kollegen vom Ueberreuter Verlag für die gute und freundliche Zusammenarbeit.

Obwohl alle Erwähnten wertvolle Beiträge zu dem Buch leisteten, gehen selbstverständlich alle logischen und inhaltlichen Fehler zu Lasten der Autoren.

Die Autoren
München, im Oktober 2002

DR. JÜRGEN KLUGE

ist Director und seit Anfang 1999 Leiter des deutschen Büros der weltweit tätigen Unternehmensberatung McKinsey & Company. Jürgen Kluge hat in Köln Physik studiert und dabei den Schwerpunkt auf experimentelle Laserphysik gelegt. Im Anschluss an das Studium promovierte er in Essen und arbeitete seit 1983 parallel dazu in der Elektronikentwicklung für einen Laserhersteller im Silicon Valley (USA). Nach Abschluss seiner Doktorarbeit kam Jürgen Kluge 1984 als Berater zu McKinsey. Fünf Jahre später wurde er zum Partner, 1995 zum Director gewählt. Als Leiter des weltweiten Automotive & Assembly Sector hat er vor allem Unternehmen des Automobil-, Maschinen- und Anlagenbaus beraten. Jürgen Kluge hat sich vorrangig auf die Themenbereiche Strategie, Technologiemanagement und Innovation konzentriert und dazu zahlreiche Beiträge und Bücher publiziert, darunter die Bücher *Einfach überlegen*, *Wachstum durch Verzicht* und *Durchstarten zur Spitze*.

WOLFRAM STEIN

ist Principal im weltweit organisierten Business Technology Office von McKinsey & Company. Er studierte Physik und Agrarwissenschaften in München, kam nach zwölfjähriger Tätigkeit bei IBM 1998 zu McKinsey und wurde 1999 zum Partner gewählt. Wolfram Stein berät Klienten aus der Automobil-, Transport- und High-Tech-Branche. Neben Wissensmanagement beschäftigt er sich mit den Themen Informationstechnologie und Transformationsmanagement.

DR. THOMAS LICHT

beriet von 1994 bis 2002 für McKinsey & Company schwerpunktmäßig Kunden aus der Automobil- und Zulieferindustrie sowie aus der Transport- und Bauwirtschaft. Thomas Licht hat Biologie und Geografie in Würzburg, Albany/NewYork, Trinidad und

Israel studiert. Als Projektleiter hat er ab dem Jahr 2000 die internationale Unternehmensbefragung zum Thema Wissensmanagement betreut.

DR. MICHAEL KLOSS

ist Principal und nach Stationen in Hamburg, New York und New Jersey Leiter des Berliner Büros von McKinsey & Company. Der studierte Biologe war Geschäftsführer eines Biotech-Start-ups, bevor er 1991 zu McKinsey kam; 1997 wurde er zum Principal gewählt. Michael Kloss arbeitet für die Knowledge Management und Global Operations Effectiveness Practices und hat Unternehmen aus verschiedensten Branchen beraten, wie beispielsweise aus der Automobilindustrie und aus dem Gesundheitswesen.

DR.-ING. ALEXANDRA BENDLER

bearbeitete mit McKinsey & Company das Wissensmanagement-Forschungsprojekt. Sie studierte Wirtschaftsingenieurwesen (Fachrichtung Maschinenbau) und promovierte am Institut für Produktionstechnik und Spanende Werkzeugmaschinen (PTW) der Technischen Universität Darmstadt über das Thema Wissensmanagement im internationalen Vertrieb. Daneben beschäftigt Alexandra Bendler sich mit Unternehmensstrategie sowie Produkt- und Produktionsplanung.

Die Due Diligence der Unternehmenskultur

Weshalb sehen Fusionen in der Theorie immer anders aus als sie in Wirklichkeit verlaufen? Weshalb verlassen dabei die besten Mitarbeiter oft das Unternehmen? Die Antwort liegt in der Unternehmenskultur, besser gesagt in der Tiefenstruktur der Entscheidungs-, Kommunikations- und Handlungsmuster einer Organisation. Bisher war Unternehmenskultur nicht greifbar. Mit dem Social-Rating-Modell können unterschiedliche Stufen der sozialen Kompetenz dargestellt und die Veränderungsfähigkeit und -geschwindigkeit von Organisationen bewertet werden. Der Wert einer Organisation für Investoren, Management, Mitarbeiter etc. wird somit langfristig von ihrem fünften Faktor, dem sozialen Kapital bestimmt.

224 Seiten
Format 14,5 x 21, Paperback
ISBN 3-8323-0876-8
ca. 32,– Euro (D)

Dr. Manfred della Schiava ist Gesellschafter des MdS Network Unternehmens, das sich auf Wissensmanagement spezialisiert hat. Er war in führenden Managementfunktionen internationaler Unternehmen tätig und hat bereits mehrere Bücher veröffentlicht.
Otto Knapp ist Leiter des Bereiches Personal, Organisation und Informationssysteme bei AGIP Austria. Zuvor war er im Bereich Finanzierung und Leasing von Computeranlagen bei IBM tätig.
Andreas Hailand ist Wirtschaftsinformatiker und Projektmanager für Softwareentwicklung, Qualitätskontrolle und Organisationsanalyse. Zuletzt war er im IT-Management der AGIP Europa Organisation.

REDLINE WIRTSCHAFT
bei ueberreuter

Die Kunst der Menschenführung

Wer führen kann, holt aus seinen Mitarbeitern das Beste heraus, und nur wer führen kann, ist auch erfolgreich! Durch die Kunst der Menschenführung können Sie aus Ihrem Team ein Sieger-Team machen. Und das ist entscheidend, denn nicht nur Sie repräsentieren Ihr Unternehmen nach außen – jeder Mitarbeiter spiegelt gegenüber Kunden und Geschäftspartnern den Geist der Firma wider. Schon deshalb können Sie sich den Luxus nicht leisten, Führen dem Zufall zu überlassen. Sie sollten nicht führen können – Sie müssen es!

128 Seiten
Format 14,5 x 21 cm, Paperback
ISBN 3-8323-0870-9
€ 15,– (D)

Nikolaus B. Enkelmann ist einer der bekanntesten deutschen Top-Trainer für Motivation, Erfolg und Rhetorik. In seinem Institut in Königstein veranstaltet er seit über 35 Jahren Erfolgs- und Persönlichkeitsseminare.

REDLINE WIRTSCHAFT
bei ueberreuter